NomosPraxis

Prof. Dr. Philipp Reimer
Rheinische Friedrich-Wilhelms-Universität Bonn

Verwaltungsdatenschutzrecht

Das neue Recht für die behördliche Praxis

Nomos

Zitiervorschlag: *Reimer*, Verwaltungsdatenschutzrecht, S.

Die Deutsche Nationalbibliothek verzeichnet diese Publikation in der Deutschen Nationalbibliografie; detaillierte bibliografische Daten sind im Internet über http://dnb.d-nb.de abrufbar.

ISBN 978-3-8487-5205-8

1. Auflage 2019

Vorwort

Dieses Buch behandelt das Recht des Datenschutzes aus der Perspektive der öffentlichen Verwaltung. Auch wenn bei der behördlichen Datenverarbeitung die historische Wurzel des Rechtsgebiets liegt, ist das Verwaltungsdatenschutzrecht angesichts der „Datenmacht" der großen privaten Internet-Diensteanbieter zuletzt in den Hintergrund getreten.[1] Nichtsdestoweniger bleibt das Verwaltungsdatenschutzrecht für eine große Zahl von Stellen von Bedeutung, und es ist zum einen durch andere Einzelregelungen, zum anderen und vor allem durch andere grundrechtliche Konstellationen geprägt. Beides zusammen gibt Anlass, das Verwaltungsdatenschutzrecht eigenständig zu behandeln und die „Trennung von öffentlichem und nicht-öffentlichem Datenschutz" nicht zu verwischen.[2] Diese Betrachtung sollte angesichts der insoweit besonders relevanten Öffnungsklauseln des europäischen Datenschutzrechts (insbesondere Art. 6 Abs. 2, 3 DSGVO), die hier „den Anspruch der Vollharmonisierung [...] weitgehend zurück[nehmen]",[3] mitgliedstaatsspezifisch erfolgen.[4]

In Bezug auf den Datenschutz hat sich ein „Klima entwickelt, das von einer nebulösen Gefährlichkeitsvermutung beherrscht wird".[5] Wirkliche Risiken hat die Gesetzgebung nur punktuell zum tatbestandlichen Anknüpfungspunkt gemacht.[6] Jedenfalls für die öffentlichen Stellen droht infolgedessen eine Hypertrophie datenschutzrechtlicher Regulierung. Die in diesem Buch unternommenen Auslegungsanstrengungen bemühen sich angesichts dessen um eine möglichst sachliche Rekonstruktion des von den Normgebern jeweils Gewollten, was nicht zwingend immer die Minimierung der Datenverarbeitung sein muss.

---

1 Überwiegend nur am Rande befassen sich damit auch die inzwischen durchaus zahlreichen Arbeiten zum Informationsverwaltungsrecht; siehe stellvertretend *Gurlit*, DVBl 2003, 1119; *I. Augsberg*, Informationsverwaltungsrecht, 2014. Einen eigenen Teil widmen dem „Datenschutzrecht im öffentlichen Sektor" jetzt aber *Specht/Mantz* (Hrsg.), Handbuch Europäisches und deutsches Datenschutzrecht, 2019.

2 *Rudolf*, FS Maurer, 2001, S. 269 (279); ähnlich auch *Masing*, NJW 2012, 2305. Deutlich anders aber *Roßnagel*, NJW 2019, 1.

3 *Marsch*, Das europäische Datenschutzgrundrecht, 2018, S. 346.

4 Anders geht es grundsätzlich im Unternehmensrecht – speziell hierfür (und dann an Unternehmen jedweder Ansässigkeit gerichtet) etwa *Rücker/Kugler* (Hrsg.), New European General Data Protection Regulation, 2018. Mit Fokus auf das deutsche Ausführungsrecht und insofern gewissermaßen „Seitenstück" zum vorliegenden Band: *Laue/Kremer*, Das neue Datenschutzrecht in der betrieblichen Praxis, 2. Aufl., 2019.

5 *Wysk*, VerwArch 109 (2018), S. 141 (146).

6 Dazu *Veil*, ZD 2015, 347; *Veil*, NVwZ 2018, 686.

Die europäische Datenschutz-Grundverordnung ist kein Ruhmesblatt der Gesetzgebungstechnik; die deutsche Ausführungsgesetzgebung macht die Rechtsanwendung nicht wesentlich leichter. In ziemlich kurzer Zeit hat man – schon allein im Bundesbereich – einen veritablen Vorschriftendschungel geschaffen, wo parallele Regelungen nicht nur an verschiedenen Orten getroffen, sondern dabei auch noch in unterschiedliche Worte gefasst wurden. Eine vorrangige Herausforderung für die Darstellung des Verwaltungsdatenschutzrechts ist es daher, hier erst einmal einige Schneisen zu schlagen und die einschlägigen Vorschriften der diversen Rechtsschichten zu systematisieren. In den Mittelpunkt wird dabei in dem vorliegenden Buch die DSGVO und die darauf bezogene Ausführungsgesetzgebung gestellt, wovon ausgehend aber jeweils auch die Gemeinsamkeiten und Unterschiede zur Datenschutzrichtlinie für den Sicherheitsbereich und zum unionsrechtsfreien Restbereich aufgezeigt werden sollen. Innerhalb der Ausführungsgesetzgebung wird dabei zwar primär das Bundesdatenschutzrecht herangezogen, an dem sich auch die neuen Landesgesetze in vielem orientieren; dabei wurde aber versucht, auch über diese Bestand aufzunehmen, soweit dies sinnvoll erschien, und, wo vorhanden, deren unterschiedliche Regelungsansätze aufzuzeigen.

Rechtsprechung zum seit 2018 anwendbaren neuen Datenschutzrecht gibt es noch wenig. Auch fokussierte Literatur gerade zu den öffentlichen Stellen ist rar; sie wird hier so weit wie möglich zusammengetragen. Groß ist dagegen inzwischen die Zahl an Kommentierungen der neuen Datenschutzvorschriften; insoweit wurde hier mit Rücksicht auf das Format versucht, den Fußnotenapparat nicht ausarten zu lassen.

Großen Dank für ihre Unterstützung bei Literaturbeschaffung, Recherchen und Korrekturen schulde ich meinen studentischen Hilfskräften *Timm Stelzer*, *Antonetta Stephany*, *Larissa Grundmann* und *Jonas Minz*, meiner wissenschaftlichen Hilfskraft *Maximilian Orthmann* und meiner Sekretärin *Monika Sommer*.

Bonn, im Februar 2019 *Philipp Reimer*

Inhaltsverzeichnis

Abkürzungen der Datenschutz-Rechtsakte

BayDSG	Bayerisches Datenschutzgesetz vom 15. Mai 2018 (GVBl. 2018, 230)
BbgDSG	Gesetz zum Schutz personenbezogener Daten im Land Brandenburg (Brandenburgisches Datenschutzgesetz) vom 8. Mai 2018 (GVBl. I 2018, Nr. 7)
BDSG	Bundesdatenschutzgesetz, verkündet als Art. 1 Gesetz zur Anpassung des Datenschutzrechts an die Verordnung (EU) 2016/679 und zur Umsetzung der Richtlinie (EU) 2016/680 vom 30. Juni 2017 (BGBl. I 2017, 2097)
BlnDSG	Gesetz zum Schutz personenbezogener Daten in der Berliner Verwaltung (Berliner Datenschutzgesetz), verkündet als Art. 1 Gesetz vom 13. Juni 2018 (GVBl. 2018, 418)
BremDSGVOAG	Bremisches Ausführungsgesetz zur EU-Datenschutz-Grundverordnung vom 8. Mai 2018 (GBl. 2018, 131)
DSG LSA	Gesetz zum Schutz personenbezogener Daten der Bürger (Datenschutzgesetz Sachsen-Anhalt) i.d.F.d.Bek. vom 13. Januar 2016 (GVBl. LSA 2016, 24) mit Änderungen durch Art. 1 Gesetz vom 21. Februar 2018 (GVBl. LSA 2018, 10)
DSG M-V	Datenschutzgesetz für das Land Mecklenburg-Vorpommern (Landesdatenschutzgesetz), verkündet als Art. 1 Gesetz vom 22. Mai 2018 (GVBl. 2018, 193)
DSG NRW	Datenschutzgesetz Nordrhein-Westfalen, verkündet als Art. 1 Gesetz vom 17. Mai 2018 (GVBl. 2018, 243)
DSGVO	Verordnung (EU) 2016/679 des Europäischen Parlaments und des Rates vom 27. April 2016 zum Schutz natürlicher Personen bei der Verarbeitung personenbezogener Daten, zum freien Datenverkehr und zur Aufhebung der Richtlinie 95/46/EG (Datenschutz-Grundverordnung) (ABl. EU 2016, L 119/1)
DSRL	Richtlinie 95/46/EG des Europäischen Parlaments und des Rates vom 24. Oktober 1995 zum Schutz natürlicher Personen bei der Verarbeitung personenbezogener Daten und zum freien Datenverkehr (ABl. EG 1995, L 281/31)

HDSIG	Hessisches Datenschutz- und Informationsfreiheitsgesetz, verkündet als Art. 1 Gesetz vom 3. Mai 2018 (GVBl. 2018, 82)
HmbDSG	Hamburgisches Datenschutzgesetz, verkündet als Art. 1 Gesetz vom 18. Mai 2018 (GVBl. 2018, 145)
JIRL	Richtlinie (EU) 2016/680 des Europäischen Parlaments und des Rates vom 27. April 2016 zum Schutz natürlicher Personen bei der Verarbeitung personenbezogener Daten durch die zuständigen Behörden zum Zwecke der Verhütung, Ermittlung, Aufdeckung oder Verfolgung von Straftaten oder der Strafvollstreckung sowie zum freien Datenverkehr und zur Aufhebung des Rahmenbeschlusses 2008/977/JI des Rates (ABl. EU 2016, L 119/89)
LDSG BW	Landesdatenschutzgesetz [Baden-Württemberg], verkündet als Art. 1 Gesetz vom 12. Juni 2018 (GVBl. 2018, 173)
LDSG RP	Landesdatenschutzgesetz [Rheinland-Pfalz] vom 8. Mai 2018 (GVBl. 2018, 93)
LDSG SH	Landesdatenschutzgesetz [Schleswig-Holstein], verkündet als Art. 1 Gesetz vom 2. Mai 2018 (GVOBl. 2018, 162)
NDSG	Niedersächsisches Datenschutzgesetz, verkündet als Art. 1 Gesetz vom 16. Mai 2018 (GVBl. 2018, 66)
SächsDSDG	Gesetz zur Durchführung der Verordnung (EU) 2016/679 des Europäischen Parlaments und des Rates zum Schutz natürlicher Personen bei der Verarbeitung personenbezogener Daten zum freien Datenverkehr und zur Aufhebung der Richtlinie 95/46/EG (Sächsisches Datenschutzdurchführungsgesetz), verkündet als Art. 1 Gesetz vom 26. April 2018 (GVBl. 2018, 197)
SDSG	Saarländisches Datenschutzgesetz, verkündet als Art. 1 Gesetz vom 16. Mai 2018 (Amtsbl. I, 254)
ThürDSG	Thüringer Datenschutzgesetz, verkündet als Art. 1 Gesetz vom 6. Juni 2018 (GVBl. 2018, 229)

I. Grundlagen

1. Behördliche Datenverarbeitung im System des Allgemeinen Verwaltungsrechts

a) Einordnung des Rechtsgebiets

1 Das Datenschutzrecht wird sowohl von verwaltungs- als auch von privatrechtswissenschaftlicher Seite behandelt. Zumindest insoweit, als es die Datenverarbeitung privater wie öffentlicher Stellen einseitig regelt und einer behördlichen Aufsicht unterstellt, kann man es dem öffentlichen Recht zuordnen, und zwar dem **Verwaltungsrecht.** Innerhalb des Verwaltungsrechts ist dann aber zu differenzieren.[7] Der hier nicht weiter interessierende Teil des Datenschutzrechts, der die nichtöffentlichen Stellen, insbesondere die Unternehmen und Verbände, betrifft, ist als Besonderes Verwaltungsrecht im Wesentlichen Teil des Öffentlichen Wirtschaftsrechts. Anders dagegen der Teil des Datenschutzrechts, der die Datenverarbeitung der öffentlichen Stellen selbst betrifft: Sein Regelungsthema verdankt sich der übergreifenden Problemlage, dass auch Verwaltungsbehörden personenbezogene Daten verarbeiten, und zwar *quer* durch alle Gebiete des Besonderen Verwaltungsrechts hindurch.[8] Dieser Querschnittscharakter aber ist das Kennzeichen von Strukturen des **Allgemeinen Verwaltungsrechts,**[9] dem man die behördliche Datenverarbeitung daher sinnvollerweise zuordnet.[10] Tatsächlich war einmal erwogen worden, Datenschutzvorschriften für Behörden in das VwVfG einzuordnen,[11] was sicher auch zweckmäßig gewesen wäre.[12] Hier wird jedenfalls die Konsequenz gezogen, das Recht der behördlichen Datenverarbeitung als **Verwaltungsdatenschutzrecht** systematisch als allgemein-verwaltungsrechtliche Querschnittsmaterie zu behandeln.[13]

---

7 Dazu bereits *Reimer*, DÖV 2018, 881 (881 f.).

8 Ebenso *Krumm*, DB 2017, 2182 (2182): „verwaltungsrechtliche Querschnittsmaterie".

9 Vgl. zum parallelen Abgrenzungsproblem bei der Verwaltungsvollstreckung *Schmidt-Aßmann*, Das allgemeine Verwaltungsrecht als Ordnungsidee, 2. Aufl., 2006, Kap. 1 Rn. 16.

10 Ähnlich *Albers*, in: Hoffmann-Riem/Schmidt-Aßmann/Voßkuhle (Hrsg.), Grundlagen des Verwaltungsrechts, Bd. 2, 2. Aufl., 2012, § 22 Rn. 5; sa *Albers*, Rechtstheorie 33 (2002), S. 61.

11 Gesetzentwurf der Bundesregierung, BT-Drs. 11/4306, 6.4.1989, S. 22 (Art. 2 Nr. 3 – neue §§ 3 a–3 f VwVfG), 56–59 (Einzelbegründung dazu); zum weiteren Schicksal Beschlußempfehlung und Bericht des Innenausschusses, BT-Drs. 11/7235, 29.5.1990, S. 110.

12 Vgl. zu Vorteilen einer ausführungsgesetzlichen Differenzierung auch *Marsch*, Das europäische Datenschutzgrundrecht, 2018, S. 349 f.

13 Der Begriff „Verwaltungsdatenschutzrecht" wird bislang nur selten gebraucht; außer *Reimer*, DÖV 2018, 881, und *Reimer*, BRJ 2018, 6 (6), siehe *Yildirim*, Datenschutz im Electronic Government, 2004, S. 263, und *Landesbeauftragter für den Datenschutz Niedersach-*

Die Aufmerksamkeit der Verwaltungsrechtswissenschaft für die **Ressource „Daten“** ist über die letzten Jahre gewachsen.[14] Neben der Datenschutzperspektive geht es dann insbesondere um die behördliche Wissensgenerierung[15] (wo Datenschutz dann nur als „Verbot der Wissenserzeugung“ in Betracht kommt[16]) sowie um diejenigen Regelungsansätze, die Behörden zur Herausgabe von Daten an Interessenten verpflichten, also Informationsfreiheitsrecht (IFG, UIG, entsprechende Landesgesetze) und Informationsweiterverwendungsrecht (Richtlinie 2003/98/EG; IWG).[17] Diese Aspekte geraten im Folgenden nur insoweit in den Blick, als sie gerade für Daten*schutz*fragen erheblich sind (→ Rn. 145). 2

b) Datenverarbeitung als Handlungsform

In das System des Allgemeinen Verwaltungsrechts einpassen lässt sich die **behördliche Datenverarbeitung als eigene Handlungsform,**[18] und zwar am besten als eine besondere Ausprägung des schlichten Verwaltungshandelns[19] oder „Realakts“ (die Begriffe werden hier gleichbedeutend gebraucht[20]). Als ein selbst nicht regelndes und überwiegend von außen nicht sichtbares Geschehen steht sie – wie das schlichte Verwaltungshandeln insgesamt[21] – bis- 3

sen, Die Virtuelle Poststelle im datenschutzgerechten Einsatz, 2004, S. 5, 61. „Öffentliches Datenschutzrecht“ sagt *Marsch*, Das europäische Datenschutzgrundrecht, 2018, S. 346.

14 Vgl. mwN etwa *I. Augsberg*, Informationsverwaltungsrecht, 2014; *Schmidt-Aßmann*, Das allgemeine Verwaltungsrecht als Ordnungsidee, 2. Aufl., 2006, Kap. 1 Rn. 34–44, Kap. 6 Rn. 7–11; *Gusy*, FS Battis, 2014, S. 499 (bes. 513–515); *Vesting*, in: Hoffmann-Riem/Schmidt-Aßmann/Voßkuhle (Hrsg.), Grundlagen des Verwaltungsrechts, Bd. 2, 2. Aufl., 2012, § 20 (bes. Rn. 47–57).

15 Dazu namentlich *B. Wollenschläger*, Wissensgenerierung im Verfahren, 2009; *I. Augsberg*, Informationsverwaltungsrecht, 2014, S. 41 ff.

16 Wendung: *Röhl*, in: ders. (Hrsg.), Wissen – Zur kognitiven Dimension des Rechts, 2010, S. 65 (85); ähnlich *I. Augsberg*, Informationsverwaltungsrecht, 2014, S. 40, 217 ff. Dass Informationsverwaltungsrecht „nicht einmal primär Datenschutzrecht“ sei, betont *Gusy*, in: Hoffmann-Riem/Schmidt-Aßmann/Voßkuhle (Hrsg.), Grundlagen des Verwaltungsrechts, Bd. 2, 2. Aufl., 2012, § 23 Rn. 67.

17 Hierzu etwa *Schoch*, NVwZ 2006, 872; *Sydow*, NVwZ 2008, 481 (483 f.).

18 Ähnlich bereits *Pitschas*, in: Hoffmann-Riem/Schmidt-Aßmann/Schuppert (Hrsg.), Reform des Allgemeinen Verwaltungsrechts, 1993, S. 219 (301).

19 Dazu: *Robbers*, DÖV 1987, 272; *Schulte*, Schlichtes Verwaltungshandeln, 1995; *Siems*, Der Begriff des schlichten Verwaltungshandelns, 1999.

20 Ebenso *Grigoleit*, FS Battis, 2014, S. 27 (38 f.); andere Begriffsbildung etwa bei *Remmert*, Jura 2007, 736 (737) mN.

21 *Pitschas*, in: Blümel/Pitschas (Hrsg.), Reform des Verwaltungsverfahrensrechts, 1994, S. 229 (233).

lang im Schatten des Verwaltungsakts, auf den sich die wissenschaftliche wie die justizielle Aufmerksamkeit konzentriert.

4 Alles nicht regelnde Verwaltungshandeln – ob Grundrechtseingriff (Polizeigriff, Produktwarnung usw) oder nicht (Straßenbau usw) – wird systematisch der unspezifischen **Auffangkategorie des Realakts** zugeordnet, die insofern vielleicht die größte Bandbreite „normalen" Verwaltungshandelns umfasst.[22] Der dogmatische Wert dieser Auffangkategorie liegt im Wesentlichen in der Zuordnung von Rechtsschutzwegen, nämlich der allgemeinen Leistungsklage als Unterlassungs- oder Vornahmeklage, der allgemeinen Feststellungsklage (§ 43 VwGO) und dem Antrag auf Erlass einer einstweiligen Anordnung (§ 123 VwGO);[23] diese Rechtsschutzwege kommen auch bezüglich der behördlichen Datenverarbeitung in Frage (→ Rn. 314).

5 Die Ausdifferenzierung der Datenverarbeitung zur eigenen Handlungsform rechtfertigt sich über deren verfestigten normativen Kontext.[24] Sie ist – soweit sie Personendaten betrifft, → Rn. 53 ff. – durch Unions-, Verfassungs- und Gesetzesrecht so stark in Außenrechtsbeziehungen gestellt, dass sie sich dem Verwaltungsakt in dieser Hinsicht dicht annähert. Insoweit ist sie außerdem subjektivrechtlich spezifisch und nicht nur über einen allgemeinen öffentlich-rechtlichen Unterlassungsanspruch bewehrt (vgl. besonders Art. 15 ff. DSGVO; im Zusammenhang → Rn. 104, 292 ff.). Auch von einem „verwaltungspraktische[n] Bedarf" wird man angesichts der allenthalben gestiegenen Aufmerksamkeit für Datenschutzfragen wohl sprechen können.[25]

2. Datenschutzsphären und Rechtsgrundlagen

6 Der normative Kontext behördlicher Datenverarbeitungen ist freilich nicht einheitlich, sondern ergibt sich aus einer ganzen Reihe verschiedener Rechtsakte, die man (vielleicht zu) freundlich als „System ineinandergreifender Zahnräder" beschrieben hat.[26] Aus dem Zusammenspiel der verschiedenen

22 Gleichsinnig *Schmidt-Aßmann*, Verwaltungsrechtliche Dogmatik, 2013, S. 76 f.

23 Entsprechend kommen Leistungs- und Feststellungsklage sowie Antrag auf Erlass einer einstweiligen Verfügung in Betracht, soweit in Bezug auf behördliches Handeln einmal der Zivilrechtsweg eröffnet ist.

24 Zum Konzept: *Reimer*, Zur Theorie der Handlungsformen des Staates, 2008, S. 39 ff.

25 Zitat: *Pauly*, in: Becker-Schwarze ua (Hrsg.), Wandel der Handlungsformen im öffentlichen Recht, 1991, S. 25 (38).

26 *Raji*, ZD 2019, 61 (63). Deutlicher *Krumm*, DB 2017, 2182 (2187): „eine äußerst anwenderunfreundliche, mitunter intransparente Regelungstechnik" (konkret auf den Finanzdatenschutz bezogen, vgl. → Rn. 17 ff.); HdbDSR/*Kipker/Pollmann*, § 26 Rn. 3: „unpraktikabel" (zum Sozialdatenschutz, vgl. → Rn. 21 ff.).

Rechtsakte können verschiedene **Datenschutzsphären** identifiziert werden, in denen die Datenverarbeitung unterschiedlichen Voraussetzungen und Anforderungen unterliegt. Seit der europäischen Datenschutzreform von 2016/2018[27] ist dabei maßgeblich nach dem Anwendungsbereich der verschiedenen Unionsrechtsakte abzugrenzen, so dass sich drei solcher Sphären ergeben:

- der Bereich der DSGVO (→ Rn. 8 ff.),
- der Bereich der Sicherheitsrichtlinie (→ Rn. 26 ff.) und
- der von beiden ausgesparten Bereich (→ Rn. 41 ff.).

Welcher der so unionsrechtlich definierten Sphären eine konkrete Datenver- 7
arbeitung zuzuordnen ist, hängt nicht von der Identität der Behörde ab (keine personale Anknüpfung), sondern von der **jeweils verfolgten Aufgabe** (sachliche Anknüpfung).[28] **Dieselbe Behörde kann sich also**, wenn ihr verschiedene Aufgaben obliegen, **in verschiedenen Datenschutzsphären befinden.**[29] Zum Beispiel gilt für die Datenverarbeitung einer Gemeindebehörde …

■ bei Durchführung von Bußgeldverfahren	das JIRL-Umsetzungsrecht des jeweiligen Landes (→ Rn. 37 ff.)
■ sonst grundsätzlich	die DSGVO (→ Rn. 8 ff., 69), und zwar in Verbindung mit den Ausführungsvorschriften
■ für Sozialleistungsangelegenheiten	im SGB X (→ Rn. 21 ff.)
■ für Grund- und Gewerbesteuerangelegenheiten (soweit nach Landesrecht den Gemeinden übertragen)	in der AO (gemäß deren § 1 Abs. 2; → Rn. 17 ff.)
■ für Kommunalabgabenangelegenheiten	in der AO, soweit im Landeskommunalabgabengesetz darauf verwiesen wird (→ Rn. 20)
■ für sonstige Angelegenheiten	im jeweiligen Landesdatenschutzgesetz (→ Rn. 24 f.)

27 Dazu im knappen Überblick: *Reimer*, BRJ 2018, 6.

28 Missverständlich daher Formulierungen wie „durch Behörden der Polizei und Justiz“, etwa bei *Wysk*, VerwArch 109 (2018), S. 141 (157).

29 Ebenso *Kugelmann*, in: Seckelmann (Hrsg.), Digitalisierte Verwaltung – Vernetztes E-Government, 2. Aufl., 2019, Kap. 18 Rn. 15.

a) DSGVO-Sphäre: die allgemeine Verwaltung

8 Die größte und für die meisten Behörden wichtigste Datenschutzsphäre wird durch die **Verordnung (EU) 2016/679 des Europäischen Parlaments und des Rates vom 27. April 2016 zum Schutz natürlicher Personen bei der Verarbeitung personenbezogener Daten, zum freien Datenverkehr und zur Aufhebung der Richtlinie 95/46/EG (Datenschutz-Grundverordnung)** konstituiert.[30] Sie lässt sich vorsichtig als Sphäre der allgemeinen Verwaltung apostrophieren – freilich in einem spezifisch datenschutzrechtlichen Sinne und mit Modifikationen gegenüber dem üblichen Sprachgebrauch, denn hierzu gehören auch die Finanz- und Sozialverwaltungen. Auch bleibt an dieser Stelle zu beachten, dass es nicht auf die Identität, sondern die jeweilige Tätigkeit der Behörde ankommt und deshalb insbesondere die Ordnungswidrigkeitenverfolgung nicht zu dieser Sphäre gehört (→ Rn. 31).

9 In dieser Sphäre gilt vorrangig die nach Art. 288 Abs. 2 AEUV **unmittelbar anwendbare DSGVO.** Soweit sie selbst Verarbeitungen definitiv ge- oder verbietet, bedarf es auch für öffentliche Stellen keines ergänzenden Rückgriffs auf deutsches Recht. Soweit die DSGVO Verarbeitungen nur gestattet, muss für die einzelnen Konstellationen überlegt werden, ob für die damit bestehenden Spielräume zusätzlich noch deutsche Grundrechte (Recht auf informationelle Selbstbestimmung) zu beachten sind[31] oder ob auch diese vom Unionsrecht verdrängt werden (→ Rn. 73).

10 Wenngleich zahlreiche Fragen des Verwaltungsdatenschutzes damit bereits kraft Unionsrechts entschieden sind, gibt es doch viel Raum für **deutsche Ausführungsgesetzgebung.** Ein Einfallstor für spezifische Regelungen bildet insbesondere das weitreichende Erfordernis qualifizierter mitgliedstaatlicher Rechtsgrundlagen nach Art. 6 Abs. 3 DSGVO (→ Rn. 138, 160 ff.).[32] Von den diversen Öffnungsklauseln der DSGVO haben Bundes- und Landesgesetzgebung jedenfalls differenziert Gebrauch gemacht, so dass sich für deutsche Behörden der **DSGVO-Bereich in mehrere Untersphären aufteilt** – in beachtlicher Parallele zum Verwaltungsverfahrensrecht, wie es sich auf Bundes-

30 Gemäß Art. 95 DSGVO bleibt für öffentlich zugängliche elektronische Kommunikationsdienste zunächst vorrangig die (ePrivacy-)RL 2002/58 anwendbar. Das betrifft insbesondere Internetangebote von Behörden und hier wiederum die Setzung und Speicherung von Daten auf dem Endnutzergerät („Cookies"; Art. 5 Abs. 3 RL 2002/58).

31 Dafür generell *Bieresborn/Giesberts-Kaminski*, SGb 2018, 449 (451); *Greve*, NVwZ 2017, 737 (744); aA *Klement*, JZ 2017, 161 (168).

32 Zu weit aber wohl *Wolff*, BayVBl 2017, 797 (799): „Mitgliedstaaten im öffentlichen Bereich weitgehend ungehindert".

VwVfG, AO, SGB X und Landesgesetze verteilt.[33] Zu beachten sind in allen Untersphären im Übrigen fachrechtliche Spezialvorschriften (etwa „Fragmente der §§ 11 ff. TMG“[34]).

Wie im Verhältnis zwischen Verordnung und Richtlinie (→ Rn. 7) gilt auch innerhalb der DSGVO-Sphäre, dass sich **dieselbe Behörde in verschiedenen Untersphären** bewegen kann, wenn ihr verschiedene Aufgaben obliegen. So kann etwa ein Landkreis als Sozialleistungsträger dem Sozialdatenschutz (→ Rn. 21 ff.), als Abgabengläubiger in manchen Ländern dem Finanzdatenschutz (→ Rn. 20) und im Übrigen dem allgemeinen Landesdatenschutz unterliegen. 11

Zu beachten sind schließlich auch die Grenzen des sachlichen Anwendungsbereichs nach Art. 2 DSGVO, die **nur im Anwendungsbereich des Unionsrechts, nur auf personenbezogene Daten und nur auf deren automatisierte oder qualifiziert-nichtautomatisierte Verarbeitung** Geltung beansprucht. Da die DSGVO diese Anwendungsvoraussetzungen mit der Richtlinie für den Sicherheitsbereich teilt, sollen sie nachgelagert für beide Rechtsakte gemeinsam betrachtet werden (→ Rn. 41 ff.). 12

aa) DSGVO-Untersphäre 1: das BDSG (Teil 2) als Auffangregelung

Die allgemeine Regelung zur Ausführung der DSGVO in der Bundesrepublik Deutschland enthält das **Bundesdatenschutzgesetz 2018** (BDSG),[35] und zwar für die öffentlichen Stellen besonders in §§ 3–7, 16, 20 BDSG sowie im Teil 2 (§§ 22–44, wovon manche Bestimmungen allerdings nur für nichtöffentliche Stellen gelten). 13

Das BDSG, soweit es Verwaltungsdatenschutzrecht enthält, gilt in erster Linie für **öffentliche Stellen des Bundes** (§ 1 Abs. 1 Nr. 1 BDSG). Daneben ist es auffangweise anwendbar auf **öffentliche Stellen der Länder** (§ 1 Abs. 1 S. 1 Nr. 2 BDSG), allerdings nur unter der doppelten Voraussetzung, dass (1) der Datenschutz in dem fraglichen Punkt nicht durch Landesgesetz geregelt ist und (2) die Behörde Bundesrecht ausführt (vgl. Art. 83 GG). Es gilt damit eine ähnliche Regelungsstruktur wie für die Anwendbarkeit des Verwaltungsverfahrensgesetzes des Bundes (vgl. § 1 Abs. 1–3 VwVfG). 14

---

33 Dabei enthalten AO und SGB X jeweils sogar beides: ein Verwaltungsverfahrens- und ein Verwaltungsdatenschutzrecht, vgl. → Rn. 17 ff., 21 ff.

34 *Jandt*, ZD 2018, 405 (407); sa Sydow/*Reimer*, Art. 6 DSGVO Rn. 81 ff.

35 Art. 1 G v. 30.6.2017 (BGBl. I, 2097).

15 Für alle öffentlichen Stellen weicht das BDSG als Auffangregelung nach § 1 Abs. 2 BDSG aber vor **speziellen Rechtsvorschriften.** Innerhalb des DSGVO-Bereichs unterliegen deshalb namentlich zwei große Bereiche mit eigener umfassender Datenschutzregelung letztlich nicht dem BDSG:

- die Verarbeitung personenbezogener Daten durch Finanzbehörden (§ 2 a Abs. 1 S. 2 AO bedingt hier das BDSG ausdrücklich ab; → Rn. 17 ff.) und
- die Verarbeitung der Sozialdaten (§ 35 Abs. 2 S. 1 SGB I erklärt hier das sozialrechtliche Regime ausdrücklich für „abschließend"; → Rn. 21 ff.); dies kann **uU auch kommunale Behörden** betreffen.

16 Daneben stehen die zahlreichen Einzelbestimmungen zu Verarbeitungszwecken und -vorgängen in den unterschiedlichsten Fachgesetzen wie etwa des Statistikrechts[36] (BStatG usf.), des Archivrechts[37] (BArchG usf.) und des Rechts der Unterlagen des Staatssicherheitsdienstes der ehemaligen Deutschen Demokratischen Republik (StUG).

bb) DSGVO-Untersphäre 2: der Finanzdatenschutz

17 Ein eigenes **Finanzdatenschutzrecht** enthalten die Steuergesetze, insbesondere die §§ 29 b–31 c, 32 a–32 j AO.[38] Es gilt für die Verarbeitung personenbezogener Daten im Anwendungsbereich der Abgabenordnung (§ 2 a AO), dh

- im Zusammenhang mit allen Steuern, einschließlich der Steuervergütungen, die durch Bundesrecht oder Recht der Europäischen Union geregelt sind, soweit sie durch Bundesfinanzbehörden oder durch Landesfinanzbehörden verwaltet werden (§ 1 Abs. 1 S. 1 AO), sowie
- im Zusammenhang mit Grund- und Gewerbesteuer (Realsteuern iSv § 3 Abs. 2 AO), soweit deren Verwaltung landesgesetzlich den Gemeinden übertragen worden ist[39] (§ 1 Abs. 2 Nr. 1 AO).

18 Die damit getroffene Bestimmung des Anwendungsbereichs wird man wohl so verstehen können, dass zunächst alle **Finanzbehörden**, wie abschließend aufgeführt in § 6 Abs. 2 AO, grundsätzlich dem Finanzdatenschutzrecht unterliegen, soweit sie Steuern verwalten (vgl. § 2 a Abs. 1 S. 1 Var. 1, S. 2 AO). Ausgenommen von diesem Datenschutzstatut sind dann nur:

---

36 Vgl. *Richter*, in: Roßnagel (Hrsg.), Das neue Datenschutzrecht, 2018, § 7 Rn. 176–181.

37 Vgl. *I. Augsberg*, Informationsverwaltungsrecht, 2014, S. 170 f. u.ö.

38 Zur ungewöhnlichen Gesetzgebungsgeschichte *Myßen/Kraus*, DB 2017, 1860 (1863 f.).

39 ZB in Nordrhein-Westfalen durch § 1 Gesetz über die Zuständigkeit für die Festsetzung und Erhebung der Realsteuern v. 16.12.1981 (GV. NW., 732).

- die innere Verwaltung der Finanzbehörden, insbesondere in Personalangelegenheiten, die sich für Bundesfinanzbehörden nach dem BDSG (→ Rn. 13 ff.) und für Landesfinanzbehörden nach dem Landesdatenschutz richtet (→ Rn. 24 f.)
- die Verwaltung landesrechtlich geregelter Steuern durch Landesfinanzbehörden, die dem Landesdatenschutz unterliegt (→ Rn. 24 f.)[40]
- die Verfolgung von Steuerstraftaten und -ordnungswidrigkeiten, wofür gemäß § 2 a Abs. 4 AO einheitlich das BDSG (Teil 3) anzuwenden ist (→ Rn. 36).

Potenziell zur Gesetzeskonkurrenz kommt es, wo Finanzbehörden zugleich als Adressaten des Sozialdatenschutzrechts nach § 35 SGB I in Betracht kommen (→ Rn. 22). Das betrifft namentlich die Deutsche Rentenversicherung Knappschaft-Bahn-See sowie die Zollbehörden, § 6 Abs. 2 Nr. 8 bzw. 5 AO. Hier kommt es auf eine eindeutige Abgrenzung an, ob gerade Steuern verwaltet oder Aufgaben nach dem Sozialgesetzbuch wahrgenommen werden.

Daneben – und hier erscheint die Neufassung nicht sauber konzipiert[41] – soll 19
das Finanzdatenschutzrecht auch auf **andere öffentliche Stellen** des Bundes und der Länder „bei der Verarbeitung personenbezogener Daten" anwendbar sein (§§ 2 a Abs. 1 S. 1 Var. 2, 6 Abs. 1 a–1 c AO). Nähme man das beim Wort, würde hierdurch das BDSG (Teil 2) für öffentliche Stellen weitgehend überlagert. Man wird die Wendung in § 2 a Abs. 1 S. 1 AO, es gehe um die „Verarbeitung personenbezogener Daten im Anwendungsbereich dieses Gesetzes", deshalb als tatbestandliche Einschränkung im Sinne einer **sachlichen Anknüpfung** verstehen müssen. Da der Anwendungsbereich der AO allerdings seinerseits an die Zuständigkeit der Bundes- oder Landesfinanzbehörden anknüpft und die Erstreckung auf andere öffentliche Stellen dann leerzulaufen droht, muss hier weiter überlegt werden.

Man könnte die „Verarbeitung im AO-Anwendungsbereich" etwa mithilfe der Regelung des Steuergeheimnisses zu konkretisieren suchen und andere öffentliche Stellen dem Finanzdatenschutzrecht insoweit unterwerfen, als sie personenbezogene Daten oder Betriebs- oder Geschäftsgeheimnisse verarbeiten, die ihnen „durch Mitteilung einer Finanzbehörde oder durch die gesetzlich vorgeschriebene Vorlage eines Steuerbescheids oder einer Bescheinigung über die bei der Besteuerung getroffenen Feststellungen" bekannt geworden sind (§ 30 Abs. 1 Nr. 1 lit. c AO).

---

40 *Myßen/Kraus*, DB 2017, 1860 (1864), mit dem Beispiel der Zweitwohnungsteuer in Berlin.

41 Völlig unklar insoweit die Begründung im AusschussE, BT-Drs. 18/12611, S. 75. Zu Unebenheiten in diesem Zusammenhang vgl. auch *L. Hummel*, DVBl 2019, 211 (212 ff.); *L. Hummel*, DVBl 2017, 1544 (1544 f.).

Noch näher liegt aber wohl ein Verständnis, das die Anwendbarkeit des Finanzdatenschutzrechts für andere öffentliche Stellen auf diejenigen Vorschriften beschränkt, die sich *ausdrücklich* an solche Stellen wenden – denn derartige Bestimmungen gibt es punktuell tatsächlich, namentlich in § 30 Abs. 11 S. 1 Nr. 2 AO betreffend die Verwendung von Finanzbehörden an andere öffentliche Stellen übermittelter geschützter Daten.

20 Im kommunalen Bereich ist das Finanzdatenschutzrecht wie gesehen zwar gemäß § 1 Abs. 2 Nr. 1 AO auf die nach Landesrecht übertragene Grund- und Gewerbesteuerverwaltung übertragen. Es ist dagegen **im Bereich der übrigen Kommunalabgaben nicht als solches anwendbar**, weil diese nicht iSv §§ 1 Abs. 1 S. 1, 6 Abs. 2 AO von Bundes- oder Landesfinanzbehörden vollzogen werden und keine Realsteuern iSv § 3 Abs. 2 AO darstellen. Es kommt hier deshalb darauf an, ob das jeweilige Kommunalabgabengesetz (auch) auf die Datenschutzbestimmungen der AO verweist; in diesem Fall gilt das Finanzdatenschutzrecht als landesgesetzlich gewillkürtes Datenschutzregime (allgemein → Rn. 24 f.). Zumindest für Bremen, Mecklenburg-Vorpommern und Schleswig-Holstein, die die AO-Verweisung pauschal fassen, wird man das annehmen müssen.[42]

cc) DSGVO-Untersphäre 3: der Sozialdatenschutz

21 Die dritte bundesrechtlich konstituierte Untersphäre im Anwendungsbereich der DSGVO bildet das **Sozialdatenschutzrecht,**[43] im Wesentlichen geregelt in § 35 SGB I sowie §§ 67–85 a SGB X.[44] Es regelt die Verarbeitung von Sozialdaten abschließend, § 35 Abs. 2 S. 1 SGB I, so dass insoweit das BDSG und die entsprechenden Landesgesetze verdrängt sind (→ Rn. 15, 24).[45] Dabei erfasst es nicht allein eine Untersphäre der DSGVO, sondern gilt kraft bundesgesetzlicher Erstreckung auch außerhalb von deren Anwendungsbereich für mehr Datenarten (nämlich auch Betriebs- und Geschäftsgeheimnisse sowie Verstorbenendaten, § 35 Abs. 4, 5 SGB I; → Rn. 56) und für mehr Verarbeitungsarten (nämlich auch nichtautomatisierte, § 35 Abs. 2 S. 2 SGB I; → Rn. 65).

---

42 § 3 Abs. 1 Nr. 1 AbgG HB, § 12 Abs. 1 KAG MV, § 11 Abs. 1 S. 2 KAG SH.

43 Dazu im Zusammenhang HdbDSR/*Kipker/Pollmann*, § 26.

44 Fast jedes Buch des SGB enthält auch noch einmal Spezialregelungen, etwa im Unterbereich der öffentlichen Jugendhilfe nach §§ 61–68 SGB VIII; vgl. die Zusammenstellung bei HdbDSR/*Kipker/Pollmann*, § 26 Rn. 82 ff.

45 Die Details dieses Verhältnisses identifizieren als Forschungsdesiderat *Thüsing/Rombey*, NZS 2019, 201 (203).

Zentral bereits für die Anwendbarkeit dieses Regelungskomplexes ist der Begriff der **Sozialdaten.** Diese Teilmenge der personenbezogenen Daten (→ Rn. 53 ff.) wird von § 67 Abs. 2 S. 1 SGB X nicht inhaltlich (etwa nach der Art der Daten als Gesundheitsdaten o.ä.), sondern **über je einen personalen und einen sachlichen Umstand ihrer Verarbeitung definiert.** Damit wird jedes personenbezogene Datum zum Sozialdatum, sobald es 22

1. von einer **Stelle im Sinne des § 35 SGB I,** das heißt für öffentliche Stellen im Einzelnen:[46]
   a) einer der in den §§ 18–29 SGB I genannten Körperschaften (zB Krankenkassen, Berufsgenossenschaften), Anstalten (soweit nach Landesrecht zuständig gemacht) und Behörden (zB Ämtern für Ausbildungsförderung) als „Leistungsträger" gemäß § 12 SGB I.[47] Hierzu gehören grundsätzlich auch die **Kreise und kreisfreien Städte** (§§ 19 a Abs. 2 S. 1, 24 Abs. 2 S. 2, 27 Abs. 2 Hs. 1, 28 Abs. 2 Hs. 1 SGB I)
   b) einem Zusammenschluss solcher Leistungsträger (als Arbeitsgemeinschaft wie zB dem Medizinischen Dienst der Krankenkassen nach § 278 SGB V, als Verband oder als Verband von Arbeitsgemeinschaften) oder einer sonstigen im SGB genannten öffentlich-rechtlichen Vereinigung
   c) einer Zollbehörde (Generalzolldirektion oder Hauptzollamt, vgl. § 1 FVG)
   d) der landesrechtlich zum Versicherungsamt bestellten **staatlichen oder kommunalen Behörde auf Kreisebene** (§ 92 SGB IV)[48]
   e) einer **Gemeinde**behörde

46 Erfasst sind außerdem bestimmte nichtöffentliche Stellen, die auf diese Weise einem strengeren Datenschutzregime unterworfen werden (die DSGVO-Konformität zu erörtern ist hier nicht der Ort):
- die Integrationsfachdienste (§ 192 Abs. 1 SGB IX – vgl. BeckOK SozR/*Jabben*, § 192 SGB IX [1.3.2019] Rn. 5)
- die anerkannten Adoptionsvermittlungsstellen (§ 2 Abs. 2 AdVermiG – insbes. die im Gesetz selbst genannten Wohltätigkeitsorganisationen)
- die Deutsche Post AG (wenn und weil sie durch § 119 SGB VI wohl nicht beliehen, sondern nur beauftragt ist – anders wohl *Scholz*, in: Kasseler Kommentar zum Sozialversicherungsrecht, § 101 a SGB X [2012] Rn. 3)
- im Hinblick auf § 67 c Abs. 3 SGB X: Unternehmensberater, Wirtschaftsprüfer und Lehrbeauftragte.

47 Ergänzend nennt § 35 Abs. 1 S. 4 SGB I auch noch die Datenstelle der Rentenversicherung (gemäß § 145 SGB VI verwaltet von der Deutschen Rentenversicherung Bund) und die Künstlersozialkasse (gemäß § 37 Abs. 1 KSVG ein Hut der Unfallversicherung Bund und Bahn), die wohl noch nicht als Leistungsträger erfasst sind.

48 ZB Bayern: Landratsämter und kreisfreie Gemeinden (Art. 6 Abs. 1 Var. 1 AGSG); Nordrhein-Westfalen: Kreise und kreisfreie Gemeinden (§ 2 Abs. 2 ZuVO SGB).

f) einer Behörde, die für eine andere Stelle dieser Art Aufgaben der Aufsicht, Kontrolle, Disziplinarverfolgung, Rechnungsprüfung, Organisationsuntersuchung, Ausbildung oder Prüfung wahrnimmt (§ 67c Abs. 3 SGB X)

2. **im Hinblick auf die Aufgaben dieser Stelle nach dem Sozialgesetzbuch**[49]

verarbeitet wird.

23 Sobald demnach derartige Daten (a) an eine andere Stelle übermittelt worden sind[50] oder (b) von derselben Stelle für eine andere Aufgabe verwendet werden, **verlieren sie begrifflich automatisch ihre Eigenschaft als Sozialdaten.** Es gelten für den Empfänger bzw. für die anderweitige Verwendung dann nur noch spezielle Verwendungsverbote, die sich allerdings ebenfalls im SGB X finden (namentlich in § 78 SGB X; → Rn. 200, 209 f.).

dd) DSGVO-Untersphären 4–19: der Landesdatenschutz

24 Soweit die Gesetzgebungskompetenz der Länder reicht (Art. 70 Abs. 1 GG), können diese von den Öffnungsklauseln der DSGVO Gebrauch machen und ihre öffentlichen Stellen auf diese Weise dem Zugriff des BDSG (Teil 2), das sonst als Auffangregelung gelten würde (→ Rn. 14), entziehen.[51] Gesperrt sind die Bereiche der Landesfinanzverwaltung, die dem Finanzdatenschutz der AO unterliegt (gemäß Art. 108 Abs. 5 S. 2 GG; → Rn. 17 ff.), und des Vollzugs des SGB, der dem Sozialdatenschutz unterliegt (auf etwas unsichererer Kompetenzgrundlage; → Rn. 21 ff.). Im Übrigen besteht eine gewisse Gestaltungsfreiheit der Landesgesetzgebung, so dass sich hier wiederum 16 verschiedene Datenschutzzonen ergeben, die prinzipiell auch noch sachlich oder räumlich untergliedert werden können. Da eine öffentliche Stelle eines Landes meist nur einem Land angehört,[52] wird im Interesse der Lesbarkeit im Folgenden einfach vom **Landesdatenschutz** gesprochen und damit das je-

---

49 Vgl. *Thüsing/Rombey*, NZS 2019, 201 (205) mwN; für die Sozialversicherungsträger: Kreikebohm/*Köster*, SGB IV, 3. Aufl., 2018, § 30 Rn. 2 ff.

50 Zur Klarstellung: Die Übermittlung im Fall (a) ist grundsätzlich noch ein Akt der Verarbeitung durch die sozialrechtliche Stelle zu einer sozialrechtlichen Aufgabe, so dass sie für diese noch dem Sozialdatenschutz unterliegt. Nur für den Empfänger gilt dieser dann nicht mehr.

51 Allgemein zu den Spielräumen der Landesdatenschutzgesetzgebung vgl. *Kugelmann*, in: Seckelmann (Hrsg.), Digitalisierte Verwaltung – Vernetztes E-Government, 2. Aufl., 2019, Kap. 18.

52 Soweit ausnahmsweise mehrere Länder eine gemeinsame Einrichtung betreiben, sollten sie dafür ein Datenschutzregime bestimmen – so geschehen etwa für das ZDF (§§ 16–18 ZDF-Staatsvertrag) – oder die Verwaltung der Einrichtung dem Recht eines Landes unterstellen – wie geschehen für die Stiftung für Hochschulzulassung (Art. 1 Abs. 1 S. 2 Staatsvertrag über

weilige allgemeine landesgesetzliche Regime gemeint werden (nicht das der Landespolizei und der übrigen JIRL-Sphäre, dazu → Rn. 37 ff.).

Gesetzgebungstechnisch haben die meisten Länder so überschriebene „(Landes-)Datenschutzgesetze“ geschaffen. Nach Regelungsansatz und auch Umfang lassen sich **zwei Hauptgruppen** deutlich voneinander unterscheiden:[53] 25

- sieben Länder, die sich deutlich am Vorbild des Bundesrechts, also des BDSG, orientieren[54] und umfängliche Datenschutzgesetze unter Einschluss einer allgemeinen JIRL-Umsetzung geschaffen haben (Berlin, Hessen, Niedersachsen, Nordrhein-Westfalen, Rheinland-Pfalz, Schleswig-Holstein, Thüringen; vgl. → Rn. 38)
- sieben Länder, die sich in ihren Datenschutzgesetzen grundsätzlich auf Ausführungsvorschriften zur DSGVO beschränken (Baden-Württemberg, Brandenburg, Bremen, Hamburg, Mecklenburg-Vorpommern, Saarland, Sachsen)

Im Einzelnen:[55]

Baden-Württemberg	LDSG BW, 31 Paragraphen, grundsätzlich nur DSGVO-Ausführung
Bayern	BayDSG, Art. 1–27 zur DSGVO-Sphäre, außerdem JIRL-Umsetzung; insgesamt 40 Paragraphen
Berlin	BlnDSG, folgt weitgehend der Systematik des BDSG und enthält auch JIRL-Umsetzungsrecht; insgesamt 70 Paragraphen
Brandenburg	BbgDSG, 35 Paragraphen, grundsätzlich nur DSGVO-Ausführung
Bremen	Bremisches Ausführungsgesetz zur EU-Datenschutz-Grundverordnung (BremDSGVOAG), 26 Paragraphen
Hamburg	HmbDSG, 27 Paragraphen, grundsätzlich nur DSGVO-Ausführung

die Errichtung einer gemeinsamen Einrichtung für Hochschulzulassung). Ausdrücklich: § 2 Abs. 1 S. 2 ThürDSG.

53 Sonderfälle bilden Bayern und Sachsen-Anhalt, siehe sogleich.

54 So explizit LT-Drs. (HE) 19/5725, S. 97.

Hessen	HDSIG, folgt weitgehend der Systematik des BDSG (außer dessen Teil 4 zur unionsrechtsfreien Sphäre) und enthält auch JIRL-Umsetzungsrecht, überdies Regelungen zur Informationsfreiheit; insgesamt 91 Paragraphen
Mecklenburg-Vorpommern	DSG M-V, 24 Paragraphen, grundsätzlich nur DSGVO-Ausführung
Niedersachsen	NDSG, folgt teilweise der Systematik des BDSG (außer dessen Teil 1 mit gemeinsamen Bestimmungen und Teil 4 zur unionsrechtsfreien Sphäre) und enthält auch JIRL-Umsetzungsrecht; insgesamt 61 Paragraphen
Nordrhein-Westfalen	DSG NRW, folgt weitgehend der Systematik des BDSG (außer dessen Teil 4 zur unionsrechtsfreien Sphäre) und enthält auch JIRL-Umsetzungsrecht; insgesamt 72 Paragraphen
Rheinland-Pfalz	LDSG RP, folgt weitgehend der Systematik des BDSG außer dessen Teil 4 zur unionsrechtsfreien Sphäre) und enthält auch JIRL-Umsetzungsrecht; insgesamt 74 Paragraphen
Saarland	SDSG, 28 Paragraphen, grundsätzlich nur DSGVO-Ausführung
Sachsen	SächsDSDG, 24 Paragraphen, grundsätzlich nur DSGVO-Ausführung
Sachsen-Anhalt	DSG LSA, 46 Paragraphen, umfassendes Datenschutzregime in Fortschreibung des bisherigen Rechts
Schleswig-Holstein	LDSG SH, folgt weitgehend der Systematik des BDSG (außer dessen Teil 4 zur unionsrechtsfreien Sphäre) und enthält auch JIRL-Umsetzungsrecht; insgesamt 68 Paragraphen
Thüringen	ThürDSG, folgt weitgehend der Systematik des BDSG (außer dessen Teil 4 zur unionsrechtsfreien Sphäre) und enthält auch JIRL-Umsetzungsrecht; insgesamt 65 Paragraphen

55 Die Fundstellen sind im Abkürzungsverzeichnis auf S. 11 f. nachgewiesen. Kurze Würdigung der einzelnen Landesgesetze bei Simitis/Hornung/Spiecker/*Hornung/Spiecker gen. Döhmann*, Einl. Rn. 285 ff.

Spezialregelungen für einzelne Sachbereiche treten hinzu, etwa im Schulbereich[56] oder im Gesundheitswesen.[57] Auch die teilweise ausgesprochene Verweisung im Kommunalabgabenrecht auf den AO-Datenschutz gehört in diesen Zusammenhang (→ Rn. 20).

b) Richtlinienssphäre: die Sicherheitsverwaltung

Getrennt von der DSGVO-Sphäre liegt die der **Richtlinie (EU) 2016/680 des Europäischen Parlaments und des Rates vom 27. April 2016 zum Schutz natürlicher Personen bei der Verarbeitung personenbezogener Daten durch die zuständigen Behörden zum Zwecke der Verhütung, Ermittlung, Aufdeckung oder Verfolgung von Straftaten oder der Strafvollstreckung sowie zum freien Datenverkehr und zur Aufhebung des Rahmenbeschlusses 2008/977/JI des Rates** (Datenschutzrichtlinie für Justiz und Inneres – im Folgenden: **JIRL**).[58] Diese ist nach Art. 1 Abs. 2, Art. 2 Abs. 1 anwendbar auf die „Verarbeitung personenbezogener Daten durch die zuständigen Behörden zum Zwecke der Verhütung, Ermittlung, Aufdeckung oder Verfolgung von Straftaten oder der Strafvollstreckung, einschließlich des Schutzes vor und der Abwehr von Gefahren für die öffentliche Sicherheit" (entsprechend § 45 S. 1, 2 BDSG); im selben Umfang erklärt sich die DSGVO für unanwendbar (dort Art. 2 Abs. 2 lit. d). Zum einen ist damit der gesamte Bereich der Strafjustiz angesprochen, nämlich die repressive Tätigkeit der (primär: Kriminal-)Polizeien, Staatsanwaltschaften, Strafgerichte und Justizvollzugsanstalten. Zum anderen reicht die Richtlinie auch weit in den Bereich der öffentlichen Verwaltung hinein, indem er von der „Verhütung […] von Straftaten" und der „Abwehr von Gefahren für die öffentliche Sicherheit" spricht. Die Frage, inwieweit die öffentliche Verwaltung der Richtlinie und nicht der DSGVO unterfällt, hängt deshalb maßgeblich am Verständnis dieser Begriffe (→ Rn. 29 ff.). 26

Wie bei der DSGVO (→ Rn. 12) ist der sachliche Anwendungsbereich der Richtlinie gemäß Art. 2 JIRL **begrenzt auf den Anwendungsbereich des Unionsrechts, auf personenbezogene Daten und auf deren automatisierte oder**

56 Siehe die Zusammenstellung einschlägiger landesrechtlicher Vorschriften bei HdbDSR/*Sassenberg*, § 24 Rn. 7.

57 Siehe etwa in Nordrhein-Westfalen das Gesetz zum Schutz personenbezogener Daten im Gesundheitswesen (Gesundheitsdatenschutzgesetz – GDSG NW) vom 22.2.1994 (GV.NW. 84).

58 Zu flankierendem Unionsrecht für den Sicherheitsbereich, etwa der RL 2016/681 über die Verwendung von Fluggastdatensätzen (PNR-Daten) zur Verhütung, Aufdeckung, Ermittlung und Verfolgung von terroristischen Straftaten und schwerer Kriminalität, vgl. mN *Johannes/Weinhold*, Das neue Datenschutzrecht bei Polizei und Justiz, 2018, § 1 Rn. 48 ff.; zur Würdigung dieses Sonderregimes etwa *Schwichtenberg*, DuD 2016, 605 (609).

qualifiziert-nichtautomatisierte Verarbeitung. Diese Anwendungsvoraussetzungen werden nachgelagert für beide Rechtsakte gemeinsam betrachtet (→ Rn. 41 ff.).

27 Infolge der Richtliniennatur im Sinne von Art. 288 Abs. 3 AEUV sind in dieser Sphäre den Mitgliedstaaten nur Ziele vorgegeben, die diese durch legislative und applikative **Umsetzungsakte** zu erreichen haben. Im Ausgangspunkt unterscheidet sich dieser Bereich daher insofern signifikant von der DSGVO-Sphäre, als – anders als dort – der unionale Rechtsakt nicht unmittelbar anwendbar ist und Fälle deswegen eigentlich allein mit dem deutschen Umsetzungsrecht zu lösen sein sollten (dessen Auslegung aufgrund des gesetzgeberischen Umsetzungswillens die Richtlinie berücksichtigen wird). Allerdings nimmt der EuGH in ständiger Rechtsprechung an, im Staat-Bürger-Verhältnis werde die Richtlinie nach Ablauf der Umsetzungsfrist ebenfalls **unmittelbar anwendbar**, wenn ein Mitgliedstaat den Richtlinienzielen nicht entspricht.[59] Prinzipiell ist daher auch im Anwendungsbereich der Sicherheitsrichtlinie denkbar, dass sicherheitsdatenschutzrechtliche Vorschriften des deutschen Bundes- oder Landesrechts unter Berufung auf deren Anwendungsvorrang nach Fristablauf am 6. Mai 2018 (Art. 63 Abs. 1 JIRL) für unanwendbar erklärt werden.[60]

28 Soweit die Datenschutzsphäre der Sicherheitsrichtlinie eröffnet ist, zeigt sich wiederum das differenzierte Bild **verschiedener deutscher Gesetze**, die die vom Unionsrecht gelassenen Spielräume ausfüllen. Auch hier ergeben sich so verschiedene Untersphären, und zwar maßgeblich eine vom Bund (→ Rn. 34 ff.) und sechzehn von den Ländern geschaffene (→ Rn. 37 ff.).

aa) Kriterium: „Abwehr von Gefahren“ oder „Verfolgung von Straftaten“

29 Im Verständnis der deutschen Verwaltungsrechtsdogmatik kennzeichnet der von Art. 1 Abs. 1 JIRL verwendete Ausdruck „Abwehr von Gefahren für die öffentliche Sicherheit“ die Tätigkeit der Ordnungsverwaltung. Legte man dieses Verständnis zugrunde,[61] wären außer dem Polizeivollzugsdienst die allgemeinen Ordnungsbehörden, die Bauaufsichtsbehörden, die Gewerbeaufsichtsbehörden, die Ausländerbehörden und viele andere mehr umfasst. In der Konsequenz wäre der Anwendungsbereich der DSGVO in der öffentlichen Verwaltung erheblich reduziert, nämlich auf die Leistungsverwaltung

59 Dazu mN *Reimer*, JZ 2015, 910 (917 f.).

60 Sa *Johannes/Weinhold*, Das neue Datenschutzrecht bei Polizei und Justiz, 2018, § 1 Rn. 369 ff.

61 In diese Richtung *Weinhold/Johannes*, DVBl 2016, 1501 (1501).

(besonders Sozialleistungen, Hochschulen, Schulen) und die nicht-gefahrenbezogene Eingriffsverwaltung (besonders die Steuerverwaltung). Allerdings verbietet sich ein solcher (Kurz-)Schluss von einer deutschen Gewohnheit auf einen europäischen Rechtsakt schon aus methodischen Gründen, denn die Richtlinienbegriffe sind stattdessen vielmehr **autonom auszulegen.**[62]

Dabei wird man zu berücksichtigen haben, dass die Richtlinie die Gefahren- 30
abwehr wie einen Annex der Strafverfolgung behandelt (als nachträglichen Einfall[63]) und – auch wenn sie im operativen Teil nur von „zuständigen Behörden" spricht – ersichtlich nur die „Tätigkeiten der Polizei oder anderer Strafverfolgungsbehörden" vor Augen hat.[64] Das dürfte dafür sprechen, die **straftatenbezogene[65] Gefahrenabwehrtätigkeit der Polizeien des Bundes und der Länder insgesamt** der Richtliniensphäre zuzuordnen,[66] die der nichtpolizeilichen Ordnungsbehörden[67] (etwa die Führung des Ausländerzentralregisters[68]) dagegen grundsätzlich der DSGVO-Sphäre.[69] Auch eine Tätigkeit der Polizei, die nicht straftatenbezogene Gefahrenabwehr ist,[70] verbleibt in der

62 Für den Begriff „Straftat", der ebenfalls zur Bestimmung des Anwendungsbereichs der Sicherheitsrichtlinie gehört, wird dies in ErwGrd 13 JIRL ausdrücklich erwartet. So im Ergebnis denn auch wohl *Weinhold/Johannes*, DVBl 2016, 1501 (1503).

63 Die Klausel ist erst durch den Rat in das Gesetzgebungsverfahren eingebracht worden, siehe Ratsdok. 9565/15, S. 76; vgl. zur Entstehungsgeschichte auch *Albrecht/Jotzo*, Das neue Datenschutzrecht der EU, 2017, Teil 3 Rn. 27.

64 So ErwGrd 12 JIRL (Zitat: S. 1). Dort werden weiter „polizeiliche Tätigkeiten bei Demonstrationen, großen Sportveranstaltungen und Ausschreitungen" als Beispiele genannt, was von Bau- und Gewerbeaufsicht phänotypisch recht weit entfernt scheint.

65 *Albrecht/Jotzo*, Das neue Datenschutzrecht der EU, 2017, Teil 3 Rn. 27; Gierschmann/*Grafenstein*, Art. 2 DSGVO Rn. 55; *Grzeszick*, NVwZ 2018, 1505 (1509); Auernhammer/*Herbst*, DSGVO/BDSG, JIRL Rn. 9.

66 Zur denkbaren Ausnahme für nicht-straftatenbezogene Gefahrenabwehr durch Polizeibehörden Gierschmann/*Grafenstein*, Art. 2 DSGVO Rn. 55; *Grzeszick*, NVwZ 2018, 1505 (1509).

67 Auch, soweit sie wie in Baden-Württemberg als Polizeibehörden bezeichnet werden (§§ 59, 61 PolG BW). Dort wird allerdings deren Tätigkeit zumindest auf der Grundlage des allgemeinen Ordnungsrechts gleichwohl dem Anwendungsbereich der Richtlinie zugeordnet, vgl. LT-Drs. (BW) 16/3930, S. 90.

68 *Burgi/Krönke*, in: Bogumil ua, Bessere Verwaltung in der Migrations- und Integrationspolitik, 2018, S. 149 (187); BeckOK DatenschutzR/*Schild*, Art. 4 DSGVO (1.2.2019) Rn. 93.

69 Ebenso *Wolff*, BayVBl 2017, 797 (797); *Grzeszick*, NVwZ 2018, 1505 (1509); *Weinhold*, in: Roßnagel (Hrsg.), Das neue Datenschutzrecht, 2018, § 7 Rn. 78; *Johannes/Weinhold*, Das neue Datenschutzrecht bei Polizei und Justiz, 2018, § 1 Rn. 22 mwN.

70 HdbDSR/*Roggenkamp*, § 21 Rn. 8: zB „Vermisstensuche" im Unterschied zur „Suche nach einer entführten Person". Wenn sich das Lagebild ändert, kann sich dementsprechend auch die Datenverarbeitung in eine andere Sphäre bewegen.

DSGVO-Sphäre (Art. 9 Abs. 2 JIRL).[71] Die Richtlinie spricht das ergänzend ausdrücklich aus für die Weiterverarbeitung von Daten zu anderen Zwecken, die nicht Richtlinienzwecke sind (Art. 9 Abs. 1 S. 2 JIRL).

31 Allerdings ist zu beachten, dass nicht nur der Gefahrenabwehr-, sondern auch der Straftatenbegriff autonom ausgelegt werden muss.[72] Die deutsche Unterscheidung zwischen Kriminalstrafrecht und Ordnungswidrigkeitenrecht kennt die Unionsrechtsordnung grundsätzlich nicht.[73] Da beide an ein Verhalten anknüpfende Übel regeln, liegt es für das Unionsrecht nahe, auch beide dem Richtlinienbegriff „Straftat" zuzuordnen. In der Folge wäre **auch die Verfolgung von Ordnungswidrigkeiten** eine Tätigkeit, die der Richtlinie unterfiele, und zwar auch dann, wenn sie nicht von Staatsanwaltschaft oder Polizei, sondern von (nichtjustiziellen und nichtpolizeilichen) Verwaltungsbehörden geleistet würde.[74] So sieht es überwiegend auch das Umsetzungsrecht.[75]

32 Dies gilt nach dem klaren Wortlaut der Richtlinie freilich nur, wenn die verfolgende Behörde nach den mitgliedstaatlichen Regeln für diese Tätigkeit auch wirklich die **Zuständigkeit** besitzt;[76] andernfalls bewegt sie sich doch wieder in der DSGVO-Sphäre.

33 Gewisse Abgrenzungsschwierigkeiten werden hier bis auf Weiteres verbleiben.[77]

---

71 So erkennbar auch *Daimagüler*, NVwZ 2018, 1530 (1533).

72 Siehe wiederum ErwGrd 13 JIRL.

73 Vgl. *Mitsch*, in: Mitsch (Hrsg.), Karlsruher Kommentar zum OWiG, 5. Aufl., 2018, Einl. Rn. 245 mwN.

74 Ebenso RegE BDSG, BT-Drs. 18/11325, S. 110 f.; *Piltz*, NVwZ 2018, 696 (697); *Weinhold*, in: Roßnagel (Hrsg.), Das neue Datenschutzrecht, 2018, § 7 Rn. 76 f.; *Wolff*, BayVBl 2017, 797 (797); tendenziell auch Gierschmann/*Grafenstein*, Art. 2 DSGVO Rn. 56.

75 Vgl. *Johannes/Weinhold*, Das neue Datenschutzrecht bei Polizei und Justiz, 2018, § 1 Rn. 82 ff. und siehe § 45 S. 1 BDSG sowie aus dem Landesrecht Art. 28 Abs. 1 S. 2 BayDSG, § 30 Abs. 1 S. 1 BlnDSG, § 40 Abs. 1 S. 2 HDSIG, § 23 Abs. 2 NDSG, § 20 S. 1 LDSG SH, § 31 S. 1 ThürDSG. Ausdrücklich nur an „Ordnungsbehörden" denken dagegen die JIRL-Umsetzungsregime von § 35 Abs. 2 DSG NRW, § 26 Abs. 1 S. 1 LDSG RP; hier bliebe dann die Ordnungswidrigkeitenverfolgung etwa durch Schulbehörden ungeregelt.

76 Ebenso RegE BDSG, BT-Drs. 18/11325, S. 110.

77 Gleichsinnig *Johannes/Weinhold*, Das neue Datenschutzrecht bei Polizei und Justiz, 2018, § 1 Rn. 27.

bb) Richtlinien-Untersphäre 1: das BDSG (Teil 3) als Auffangregelung

Auch im Richtlinienbereich enthält das neue Bundesdatenschutzgesetz eine allgemeine Auffangregelung für die Datenverarbeitung der öffentlichen Stellen, hier mit den Teilen 1 und 3 (§§ 1–21, 45–84 BDSG). Darin hat die Bundesgesetzgebung den Richtlinientext weitgehend wörtlich übernommen.[78] Angesprochen sind vom BDSG als Richtlinien-Untersphäre in erster Linie wiederum die **öffentlichen Stellen des Bundes** (§ 1 Abs. 1 S. 1 Nr. 1 BDSG). In Anbetracht des sachlichen Anwendungsbereichs fallen darunter namentlich die Behörden der Bundespolizei und das Bundeskriminalamt, für die es allerdings im BPolG und BKAG wiederum vorrangige Spezialregelungen gibt.[79] Erfasst sind aber auch alle nichtpolizeilichen Bundesbehörden, soweit sie Straftaten oder Ordnungswidrigkeiten verfolgen (insbesondere im Rahmen der Steuer- und Zollfahndung → Rn. 36). 34

Wie in der DSGVO-Sphäre sind hier grundsätzlich wieder die **öffentlichen Stellen der Länder nach § 1 Abs. 1 S. 1 Nr. 2 BDSG miterfasst.** Allerdings spielt hier die ausdrückliche Einschränkung, dass dies nur bei Ausführung von Bundesrecht gelte, eine größere Rolle, ist doch das Polizeirecht wesentlich eine Materie der Landesgesetzgebung. Immerhin verbleibt die Verfolgung von Ordnungswidrigkeiten als Ausführung des OWiG; aus dem präventiven Polizeirecht ist zu denken an präventive bundesrechtliche Regelungen wie § 81 b Var. 2 StPO (Lichtbilder und Fingerabdrücke für Zwecke des Erkennungsdienstes) oder § 44 Abs. 2 StVO (Zeichen, Weisungen, Lichtzeichenanlagen). Sollte ein Land die Richtlinie nicht umsetzen, würde das BDSG dieses Versäumnis auffangen und zumindest insoweit die Landesstellen den unionsrechtlich geforderten Bindungen unterwerfen; ein Unionsrechtsverstoß der Bundesrepublik läge dann insgesamt nicht vor. 35

Generell erfasst sind infolge der Rückausnahme in § 2 a Abs. 4 AO auch die **Bundes- und Landesfinanzbehörden**, soweit sie zum Zweck der Verhütung, Ermittlung, Aufdeckung, Verfolgung oder Ahndung von Steuerstraftaten oder -ordnungswidrigkeiten tätig werden. Angesprochen ist damit im Wesentlichen die Tätigkeit der Steuer- und der Zollfahndung nach § 208 Abs. 1 S. 1 Nr. 1 AO.[80] 36

---

78 Kritisch auch *Johannes/Weinhold*, Das neue Datenschutzrecht bei Polizei und Justiz, 2018, § 1 Rn. 64.

79 Dazu BeckOK DatenschutzR/*Albers*, DS-GVO Syst. L (1.5.2018) Rn. 59 ff.

80 Pauschal „der Zoll und die Steuerfahndung" sagt RegE BDSG, BT-Drs. 18/11325, S. 110; auch schon *Weinhold/Johannes*, DVBl 2016, 1501 (1503). In Bezug auf die weiteren Aufgaben von Steuer- und Zollfahndung, Besteuerungsgrundlagen zu ermitteln und unbekannte

cc) Richtlinien-Untersphären 2–17: der Landessicherheitsdatenschutz

37 Soweit nach dem Vorstehenden nicht ausnahmsweise das BDSG für Landesbehörden gilt, unterliegen diese auch in der Richtliniensphäre der Datenschutzgesetzgebung des jeweiligen Landes. Für deren Ausübung sind vielfältige Varianten denkbar. Tatsächlich lassen sich vor allem vier Typen landesgesetzlicher Regelung beschreiben (nicht überschneidungsfrei):

- Einfach und „anwenderfreundlich“[81] ist es, im Landesrecht ein **einheitliches Datenschutzregime sowohl für die DSGVO- als auch für die Richtliniensphäre** zu schaffen, wobei nur gelegentliche Sonderregelungen für Letztere vorzusehen wären.[82] Am deutlichsten, nämlich ausdrücklich, verweist in diesem Sinne Mecklenburg-Vorpommern für die Richtliniensphäre auf die DSGVO nebst der dazu ergangenen Ausführungsgesetzgebung des Landes (§ 3 DSG M-V). Vier weitere Länder kennen ebenfalls generelle Auffangverweisungen für Verarbeitungen außerhalb der DSGVO-Sphäre, was dann außer der unionsrechtsfreien prinzipiell auch die JIRL-Sphäre einschließt (Bayern, Brandenburg, Saarland, Sachsen).[83] Das bayerische Gesetz arbeitet dabei mit einer komplizierten Technik von Verweisungen auf das DSGVO-Regime (Art. 28 BayDSG) und punktuellen Spezialregelungen, die im Ergebnis möglicherweise nicht die ganze Breite der Richtlinienforderungen umsetzen (Art. 29–37 BayDSG); Folge könnte hier die unmittelbare Anwendbarkeit einzelner Richtliniennormen sein (→ Rn. 27). Rheinland-Pfalz hat trotz eines ähnlichen Ausgangspunkts[84] ein eigenes JIRL-Umsetzungsregime im Stile des BDSG-Teils 3 (→ Rn. 38).

Steuerfälle aufzudecken (§ 208 Abs. 1 S. 1 Nr. 2, 3 AO), überzeugt das jedenfalls nicht restlos; insoweit dürfte eher der DSGVO-Finanzdatenschutz gelten (→ Rn. 17 ff.).

81 LT-Drs. (BB) 6/7365, S. 4; ähnlich („Vollzugserleichterung“) LT-Drs. (BY) 17/19628, S. 46.

82 Dagegen mit der apodiktischen Bemerkung, es lasse „sich eine einheitliche Regelung für die Verwaltung, unabhängig davon, welche Rechtsgrundlage sie anwendet, nicht aufstellen“: LT-Drs. (BW) 16/3930, S. 90.

83 Siehe Art. 2 S. 1 BayDSG, § 2 Abs. 6 BbgDSG, § 3 Abs. 1 SDSG, § 2 Abs. 4 SächsDSDG. Dagegen erstrecken § 2 Abs. 4 LDSG BW, § 2 Abs. 6 BremDSGVOAG, § 2 Abs. 4, 6 HmbDSG, § 2 NDSG, § 2 Abs. 3 LDSG SH, § 2 Abs. 4 ThürDSG den DSGVO-Landesdatenschutz nur auf unionsrechtsfreie Bereiche (vgl. → Rn. 69), explizit jedoch nicht auf die Richtliniensphäre. Die brandenburgische und die sächsische Regelung sind wirkungsgleich, weil das bisherige Sächsische Datenschutzgesetz (SächsDSG 2003) in dessen neugefasstem § 2 Abs. 1 S. 1 und das bisherige Brandenburgische Datenschutzgesetz in § 35 Abs. 2 S. 1 BbgDSG übergangsweise explizit zu Spezialregelungen für die Richtliniensphäre erklärt wurden.

84 Siehe die Auffangverweisung in § 10 LDSG RP.

- Regelungsstandort für die allgemeine JIRL-Umsetzung ist oftmals, wie im Falle des BDSG mit dessen Teil 3, ein **separater Abschnitt eines übergreifenden Landesdatenschutzgesetzes,** der dann insbesondere für die Durchführung von Bußgeldverfahren durch Landesbehörden gilt. Sieben Länder gehen diesen Weg jeweils unter weitgehend wörtlicher Übernahme aus dem BDSG bzw. der JIRL in jeweils ca. 40 Paragraphen (Berlin, Hessen, Niedersachsen, Nordrhein-Westfalen, Rheinland-Pfalz, Schleswig-Holstein, Thüringen).[85] Einzelne Verweisungen auf DSGVO-Regelungen und -Ausführungsregelungen enthalten allerdings auch manche dieser Landesgesetze, die eigentlich den Ansatz einer Vollregelung auch der Richtliniensphäre verfolgen (siehe zB § 67 DSG NRW). 38
- Teilweise ist der Sicherheitsbereich einer Spezialregelung durch ein **eigenständiges Stammgesetz** erst noch vorbehalten (so explizit § 30 LDSG BW,[86] § 35 Abs. 2 S. 1 BbgDSG[87]). 39
- Im Übrigen erfolgt die **Richtlinienumsetzung im Fachrecht** und ist aus dem allgemeinen Landesdatenschutzgesetz ausgeklammert (so ausdrücklich § 2 Abs. 6 S. 2 BremDSGVOAG,[88] § 2 Abs. 4 HmbDSG). Auch in Ländern mit einheitlichem Datenschutzregime oder einer Vollregelung für die Richtliniensphäre ist aber typischerweise eine fachrechtliche Spezialregelung zumindest für die Datenverarbeitung der **Landespolizei** erfolgt,[89] in deren Rahmen die JIRL dann ebenfalls umgesetzt werden müsste.[90] Auch der Justizvollzug erfährt teilweise eine separate Regelung.[91] 40

85 Siehe §§ 30–70 BlnDSG, §§ 40–79 HDSIG, §§ 23–58 NDSG, §§ 35–69 DSG NRW, §§ 26–72 LDSG RP, §§ 20–68 LDSG SH, §§ 31–60 ThürDSG.

86 In Baden-Württemberg befindet sich ein Landesdatenschutzgesetz für Justiz- und Bußgeldbehörden (LDSG-JB) in Vorbereitung, siehe den Anhörungsentwurf v. 18.7.2018 unter https://beteiligungsportal.baden-wuerttemberg.de/fr/mitmachen/lp-16/anpassung-datenschutzrecht/ (21.2.2019); vorgesehen ist ein Verweis auf Teil 3 des BDSG (§ 3). Die Vollzugspolizei bleibt hier ausgespart.

87 Vorgesehen ist danach ein Gesetz des Landes Brandenburg zur Umsetzung der Richtlinie (EU) 2016/680 für den Bereich der Polizei; die JIRL-Sphäre würde damit allerdings sachlich nicht erschöpfend geregelt werden.

88 Zum JIRL-Umsetzungsprogramm hier Bü-Drs. (HB) 19/1501, S. 31.

89 Siehe etwa Art. 30–66 BayPAG, §§ 9–33 c PolG NRW. Hamburg hat mit dem Gesetz über die Datenverarbeitung der Polizei v. 2.5.1991 (GVBl., 187, 191) hierfür sogar ein eigenes Stammgesetz geschaffen.

90 Vgl. zu Regelungsbestand und verbleibendem Umsetzungsbedarf HdbDSR/*Roggenkamp*, § 21 Rn. 20 ff., 95.

91 Siehe Hamburgisches Justizvollzugsdatenschutzgesetz v. 18.5.2018 (GVBl., 158); Justizvollzugsdatenschutzgesetz Nordrhein-Westfalen v. 12.10.2018 (GV. NRW., 555). In Vorberei-

c) Unionsrechtsfreie Sphäre

41 Wo weder die DSGVO noch die Sicherheitsrichtlinie Geltung beansprucht, eröffnet sich den Mitgliedstaaten eine **unionsrechtsfreie Sphäre des Datenschutzes.** Das ist zunächst dort der Fall, wo die behördliche Tätigkeit „nicht in den Anwendungsbereich des Unionsrechts fällt" (Art. 2 Abs. 2 lit. a DSGVO, Art. 2 Abs. 2 lit. a JIRL; dazu sogleich → Rn. 43 ff.). Daneben gilt dies, wo die verarbeiteten Daten im unionsrechtlichen Sinne nicht als personenbezogen gelten (→ Rn. 53 ff.) oder wo die behördliche Tätigkeit zwar personenbezogene Daten verarbeitet, jedoch nicht automatisiert und nicht mit einem Dateisystem (Art. 2 Abs. 1 DSGVO, Art. 2 Abs. 2 JIRL; → Rn. 57 ff.) oder unterhalb der Schwelle des Verarbeitungsbegriffs, weil Vorgänge sich innerhalb des Verantwortungsbereichs einer und derselben verantwortlichen Behörde abspielen (→ Rn. 67 f.). In diesen Bereichen ist die deutsche Gesetzgebung deutlich freier, nämlich nur an die innerstaatlichen (dh verfassungsrechtlichen) Kautelen gebunden; es zeigt sich allerdings, dass sie von dieser Freiheit so gut wie keinen Gebrauch macht, sondern in großem Umfang das DSGVO-Regime auch hier zur Anwendung beruft (zusammenfassend → Rn. 69).

42 Unionsrechtsfrei heißt im Übrigen nicht frei von Anforderungen höherrangigen Rechts – hier gilt unmodifiziert das deutsche Recht auf informationelle Selbstbestimmung (→ Rn. 75, 125 ff.).

aa) Variante 1: außerhalb des Anwendungsbereichs des Unionsrechts oder im GASP-Bereich (Art. 2 Abs. 2 lit. a, b DSGVO, Art. 2 Abs. 2 lit. a JIRL)

(1) Reichweite der Unionsrechtsbindung und -freiheit

43 Zu bestimmen, wo die Grenze des „Anwendungsbereichs des Unionsrechts" in diesem Sinne verläuft, ist im ersten Schritt eine Aufgabe der Auslegung von DSGVO und JIRL. Da diese mit der Wendung aber wohl auf die primärrechtlichen Kompetenzgrenzen der Unionsgesetzgebung verweisen dürften,[92] führt der zweite Schritt dann auf die Ebene der europäischen Verträge. Einige wenige Tätigkeiten der Mitgliedstaaten sind hier als unionsrechtsfrei konsentiert; im Übrigen darf man diese Sphäre getrost als überschaubar an-

---

tung auch in Sachsen-Anhalt, siehe Gesetzentwurf Landesregierung, LT-Drs. (ST) 7/3858, 21.1.2019.

92 Doch meint *Wolff*, BayVBl 2017, 797 (797), die sekundärrechtliche Abgrenzungsbestimmung müsse mehr beinhalten als eine bloße Nachzeichnung der Kompetenzgrenzen; ähnlich *Grzeszick*, NVwZ 2018, 1505 (1506 f.).

sehen.[93] Abgestellt werden sollte wie bei der Vorgängerregelung jedenfalls auf eine abstrakte Abgrenzung der Tätigkeiten, nicht auf eine Einzelfallbetrachtung.[94]

Außerhalb des Anwendungsbereichs des Unionsrechts liegt zunächst die **nationale Sicherheit** im Sinne des Art. 4 Abs. 2 S. 3 EUV, wie auch die Erwägungsgründe anerkennen.[95] Hierzu gehören sicherlich die Streitkräfte[96] und die Nachrichtendienste[97] von Bund und Ländern (wobei zumindest deren Personalverwaltung von der EU durchaus bereits berührt wurde[98] und insofern offenbar nicht in jeder Hinsicht aus dem Anwendungsbereich des Unionsrechts herausfällt). Die auswärtige Sicherheitspolitik darf man diesen Bereichen beigesellen. Auch die recht eindeutig in den Anwendungsbereich der Verträge fallende, nämlich in Art. 23 ff. EUV primärrechtlich geregelte *gemeinsame* Außen- und Sicherheitspolitik ist in Art. 2 Abs. 2 lit. b DSGVO ausdrücklich vom unionsrechtlichen Datenschutzregime ausgenommen;[99] dass das auch für die Richtlinie gelten soll, macht Erwägungsgrund 14 JIRL deutlich. 44

Alsdann wird man auch die mitgliedstaatlichen **demokratischen Verfahren** als unionsrechtsfrei ansehen müssen. Hierzu gehören nicht nur die Parlamentswahlen, sondern insbesondere auch die politische Tätigkeit der gewählten Parlamente von Bund und Ländern;[100] ob dazu auch die Bearbeitung von Petitionen gehört, ist noch offen.[101] Manche Länder nehmen diese Möglichkeit auch für ihre Rechnungshöfe in Anspruch; Ähnliches gilt für die staatsleitungsnahen Ordens- und Gnadenangelegenheiten (→ Rn. 51). 45

93 Vor den Unwägbarkeiten dieses Tatbestands warnt *Grzeszick*, NVwZ 2018, 1505 (1507).

94 So zu Art. 3 Abs. 2 DSRL EuGH, U. v. 6.11.2003 – C-101/01 – Lindqvist, Rn. 42.

95 Vgl. ErwGrd 16 S. 1 DSGVO, ErwGrd 14 JIRL.

96 Ebenso *Wolff*, BayVBl 2017, 797 (797).

97 Ebenso Gierschmann/*Grafenstein*, Art. 2 DSGVO Rn. 31; *Weinhold/Johannes*, DVBl 2016, 1501 (1502); *Wolff*, BayVBl 2017, 797 (797); speziell für die Verfassungsschutzbehörden der Länder *Kugelmann*, in: Seckelmann (Hrsg.), Digitalisierte Verwaltung – Vernetztes E-Government, 2. Aufl., 2019, Kap. 18 Rn. 23.

98 Siehe zur Frage der Geschlechterdiskriminierung bei den Streitkräften EuGH, U. v. 11.1.2000 – C-285/98 – Kreil, Rn. 15 ff.

99 Sa ErwGrd 16 S. 2 DSGVO.

100 In diesem Sinne *Grzeszick*, NVwZ 2018, 1505 (1508 f.: soweit „Teil der parlamentarisch-politisch[en] Willensbildung"; anders wohl für fiskalische Hilfsgeschäfte); *Schröder*, ZRP 2018, 129 (130: „unstreitig").

101 Dazu jetzt das Vorabentscheidungsersuchen des VG Wiesbaden, B. v. 28.3.2019 – 6 K 1016/15.WI (sub II 1), das allerdings nicht auf Art. 2 Abs. 2 lit. a DSGVO rekurriert.

46 Eine Sonderstellung nimmt das mitgliedstaatliche **Steuersystem** ein, dessen Personendatenverarbeitung die Bundesgesetzgebung zwar offenbar ganz im Anwendungsbereich der DSGVO verortet, das aber nicht vollständig einer EU-Gesetzgebungskompetenz unterliegt.[102] Hier könnten deshalb im Ergebnis manche Bereiche aus der DSGVO-Sphäre hinausfallen.[103]

47 Wohl zu weit geht aber ein Verständnis des „Anwendungsbereichs des Unionsrechts", das für den öffentlichen Bereich sämtliche reinen **Inlandssachverhalte** ausklammern möchte.[104]

(2) Deutsche Rechtslage: weitgehende Erstreckung des DSGVO-Regimes

48 Auch innerhalb der nach Art. 2 Abs. 2 lit. a, b DSGVO, Art. 2 Abs. 2 lit. a JIRL unionsrechtsfreien Sphäre ergeben sich mehrere Unterbereiche nationalen Datenschutzrechts, auch hier abhängig von der Gesetzgebungskompetenz und abgegrenzt nach Sachgebieten.[105]

49 Soweit **Bundesrecht** anwendbar ist, hat sich die Gesetzgebung im unionsrechtsfreien Bereich für die verhältnismäßig einfache Lösung entschieden, grundsätzlich die DSGVO sowie das DSGVO-Ausführungsrecht der §§ 1–44 BDSG für entsprechend anwendbar zu erklären (§ 1 Abs. 8 BDSG;[106] als eigenständige Ergänzung tritt nur § 85 BDSG mit punktuellen Sonderregelungen hinzu[107]). Entsprechendes gilt auch für den Sozialdatenschutz für den

---

102 Vgl. nur Grabitz/Hilf/Nettesheim/*Seiler*, Das Recht der EU, Art. 113 AEUV (2016) Rn. 9 ff. mwN.

103 Dazu *Krumm*, DB 2017, 2182 (2186).

104 Dafür *Roßnagel*, in: Roßnagel (Hrsg.), Das neue Datenschutzrecht, 2018, § 2 Rn. 35; *Schaller*, ebd., § 7 Rn. 5; aA *Hoidn*, ebd., § 7 Rn. 116; *Kieck/Pohl*, DuD 2017, 567; *Kugelmann*, in: Seckelmann (Hrsg.), Digitalisierte Verwaltung – Vernetztes E-Government, 2. Aufl., 2019, Kap. 18 Rn. 9 (zur JIRL).

105 Vgl. *Bäcker/Hornung*, ZD 2012, 147 (149).

106 Die Anordnung „entsprechend[er] Anwendung" der „Teile 1 und 2" des BDSG ergibt eigentlich nur in Bezug auf Teil 2 einen Sinn, enthält Teil 1 doch gerade „Gemeinsame Bestimmungen", die nicht tatbestandlich an die Anwendbarkeit der DSGVO anknüpfen. Laut RegE BDSG, BT-Drs. 18/11325, S. 80, war damit nur eine „Klarstellung" beabsichtigt.

107 Vorgesehen ist noch die Anfügung eines § 86 Abs. 2 BSDG zur Regelung der „Verarbeitung personenbezogener Daten für Zwecke staatlicher Auszeichnungen und Ehrungen", siehe RegE 2. DSAnpUG-EU, BT-Drucks. 19/4674, S. 26 (Art. 12 Nr. 8).

Fall, dass einmal Sozialdaten außerhalb des Anwendungsbereichs der EU-Verträge verarbeitet werden sollten[108] (§ 35 Abs. 2 S. 2 SGB I).[109]

Für den Finanzdatenschutz fehlt es zwar an einer ausdrücklichen Parallelregelung, doch wird man angesichts der vom Ausführungsrecht beanspruchten Reichweite und des ausgeschlossenen Rückgriffs auf das BDSG (§ 2 a Abs. 1 AO) annehmen dürfen, dass hier nur nicht das für sich genommen unvollständige Ausführungsrecht gelten soll, sondern stillschweigend auch mit auf die DSGVO verwiesen wird.[110]

Auch wer verwaltungsrechtliche Inlandssachverhalte als nicht vom Anwendungsbereich der DSGVO umfasst ansieht (→ Rn. 47), kommt deshalb auf diesem einfachrechtlichen Wege dann doch wieder bei deren Normen an. Auch die parlamentarische Datenverarbeitung wurde durch die Bundesgesetzgebung zumindest nicht ausdrücklich davon ausgenommen.[111]

Trotz der grundsätzlichen Verweisung auf das DSGVO-Regime sind für 50 staatliche Tätigkeiten außerhalb des Anwendungsbereichs des Unionsrechts bedeutsame Sonderregelungen geschaffen worden. Das gilt namentlich für die Nachrichtendienste des Bundes, deren Datenverarbeitung die BVerfSchG, BNDG und MADG vorrangig regeln.[112]

Den Weg einer Auffangverweisung auf das in der DSGVO-Sphäre geltende 51 Datenschutzrecht wählen auch die **Landesrechte**[113] (mit Ausnahme von Sachsen-Anhalt[114]), wenn auch teilweise mit Ausnahmen für die nichtqualifi-

108 Angesichts der Anknüpfung des Sozialdatenbegriffs von § 67 Abs. 2 S. 1 SGB X (auch) an den Behördenkatalog des § 35 Abs. 1 SGB I dürften dies wenige Fälle sein, da hierunter weder Streitkräfte noch Nachrichtendienste noch Parlamente fallen.

109 Das gilt jedenfalls, wenn die Worte „dieses Gesetz“ auf das gesamte Sozialgesetzbuch und nicht nur das SGB I bezogen werden dürfen; in diesem Sinne AusschussE, BT-Drs. 18/12611, S. 97.

110 Die Entwurfsbegründung verhält sich dazu freilich nicht, siehe AusschussE, BT-Drs. 18/12611, S. 75 f.

111 Eine eigene Datenschutzordnung auch für den Bundestag war zwischenzeitlich in Beratung, wurde aber letztlich nicht verwirklicht; vgl. *Schröder*, ZRP 2018, 129 (129 f.).

112 Vgl. § 27 BVerfSchG, § 32 BNDG, § 13 MADG und zum Ganzen BeckOK DatenschutzR/*Albers*, DS-GVO Syst. L (1.5.2018) Rn. 88 ff.

113 § 2 Abs. 4 S. 1 LDSG BW, Art. 2 S. 1 BayDSG, § 2 Abs. 9 BlnDSG, § 2 Abs. 6 S. 1 BbgDSG, § 2 Abs. 6 S. 1 BremDSGVOAG, § 2 Abs. 6 HmbDSG, § 1 Abs. 8 HDSIG, § 2 NDSG, § 5 Abs. 8 DSG NRW, § 10 LDSG RP, § 3 Abs. 1, 2 SDSG, § 2 Abs. 4 S. 1 SächsDSDG (mit abschließender Aufzählung zahlreicher DSGVO-Bestimmungen), § 2 Abs. 6 LDSG SH, § 2 Abs. 4 S. 1 ThürDSG.

114 Hier hat man äußerlich bis auf Weiteres am Prä-DSGVO-Datenschutzgesetz festgehalten, dessen Anwendungsbereich in § 3 Abs. 1 DSG LSA die gesamte Datenverarbeitung der öf-

zierte nichtautomatische Verarbeitung.[115] Die Landesdatenschutzgesetze nehmen allerdings meist die Landesparlamente – soweit diese nicht verwaltend tätig sind – aus dem Anwendungsbereich aus, teilweise unter dem Vorbehalt oder mit dem begleitenden Gebot der Aufstellung einer eigenen parlamentarischen Datenschutzordnung.[116] Teilausnahmen gibt es auch *persönlich* zugunsten der Landesrechnungshöfe[117] und *sachlich* für Ordens-[118] und Gnadenangelegenheiten.[119]

52 Die Wahl einer **Erstreckungslösung** führt dazu, dass die DSGVO auf Sachverhalte anwendbar wird, für die sie selbst keine Geltung beansprucht. Die Regelungen der DSGVO **gelten dann insoweit** nicht als Unionsrecht, sondern **als mitgliedstaatliches (Bundes- bzw. Landes-)Recht,** was prinzipiell den Weg zu einer eigenständigen, von der europäischen Rechtsprechung durchaus unabhängigen Auslegung ihrer Vorschriften im Anwendungsbereich der Erstreckung eröffnet. In solchen Fällen müsste jedenfalls dem Europäischen Gerichtshof eine Anwendungsfrage wohl nicht nach Art. 267 AEUV vorgelegt werden und wäre dessen etwaige Antwort wohl auch nicht verbindlich.[120]

---

fentlichen Stellen ist – ohne Sphärenunterscheidung also. Insgesamt ergibt auch diese Regelungstechnik allerdings die Geltung des DSGVO-Landesdatenschutzes für den Bereich des unionsrechtsfreien Landesdatenschutzes. Vgl. auch Simitis/Hornung/Spiecker/*Hornung/Spiecker gen. Döhmann*, Einl. Rn. 300.

115 Ohne Art. 13, 14 DSGVO: § 5 Abs. 9 DSG NRW. – Ohne Art. 30, 35, 36 DSGVO: § 2 Abs. 4 S. 2 LDSG BW, Art. 2 S. 2 BayDSG, § 2 Abs. 6 S. 2 BbgDSG, § 2 Nr. 1 NDSG, § 3 Abs. 2 SDSG, § 2 Abs. 4 S. 2 SächsDSDG, § 2 Abs. 4 S. 2 ThürDSG.

116 § 2 Abs. 5 LDSG BW, Art. 1 Abs. 1 S. 2 BayDSG, § 2 Abs. 3 BlnDSG, § 2 Abs. 2 BbgDSG, § 2 Abs. 4 BremDSGVOAG, § 2 Abs. 5 HmbDSG, § 2 Abs. 4 DSG M-V, § 1 Abs. 3 NDSG, § 5 Abs. 3 DSG NRW, § 2 Abs. 3 LDSG RP, § 2 Abs. 2 SDSG, § 2 Abs. 1 S. 3, 4 SächsDSDG, § 2 Abs. 3 LDSG SH, § 2 Abs. 6 ThürDSG.

117 § 2 Abs. 4 S. 3 LDSG BW, Art. 1 Abs. 1 S. 3 BayDSG, § 2 Abs. 3 DSG M-V, § 5 Abs. 4 DSG NRW, § 2 Abs. 2 LDSG SH, § 2 Abs. 9 ThürDSG.

118 § 71 BlnDSG, § 30 BbgDSG, § 13 DSG M-V, § 2 Nr. 2 lit. a NDSG, § 22 DSG NRW, § 62 ThürDSG.

119 Hier begegnen zwei Varianten: (1) Die Gnadenangelegenheiten werden vom Landesgesetz generell ausgenommen: Art. 1 Abs. 6 BayDSG, § 3 Abs. 2 Nr. 3 DSG LSA. (2) Die Gnadenangelegenheiten sind in den Landesdatenschutz einbezogen, aber mit Modifikationen vor allem bei den subjektiven Betroffenenrechten: § 31 BbgDSG, § 14 DSG M-V, § 2 Nr. 2 lit. b NDSG, § 23 DSG NRW, § 63 ThürDSG.

120 So überzeugend *Krumm*, DB 2017, 2182 (2184 f.).

bb) Variante 2: nicht personenbezogen (Art. 2 Abs. 1 DSGVO, Art. 2 Abs. 2 JIRL)

(1) Reichweite der Unionsrechtsbindung und -freiheit

Unionsrechtsfrei ist weiterhin eine Verarbeitung von Daten, die nicht im relevanten Sinne „personenbezogen" sind.[121] DSGVO und JIRL regeln insofern nur die Verarbeitung von Daten, die sich auf **lebende natürliche Personen** beziehen.[122] Dabei ist zunächst der Begriff des Datums ausgesprochen weit und erfasst jede – verkörperte oder erinnerte – „Information" (Art. 4 Nr. 1 Hs. 1 DSGVO bzw. Art. 3 Nr. 1 Hs. 1 JIRL, § 46 Nr. 1 Hs. 1 BDSG[123]).[124] Eine Eingrenzung des Verarbeitungsobjekts und damit des sachlichen Anwendungsbereichs erfolgt praktisch erst durch den sodann geforderten Bezug auf eine lebende natürliche Person. Diese muss dabei aber **identifiziert oder identifizierbar** sein (Art. 4 Nr. 1 Hs. 1 DSGVO bzw. Art. 3 Nr. 1 Hs. 1 JIRL, § 46 Nr. 1 Hs. 1 BDSG), sei es „direkt oder indirekt, insbesondere mittels Zuordnung zu einer Kennung wie einem Namen, zu einer Kennnummer, zu Standortdaten, zu einer Online-Kennung oder zu einem oder mehreren besonderen Merkmalen, die Ausdruck der physischen, physiologischen, genetischen, psychischen, wirtschaftlichen, kulturellen oder sozialen Identität dieser natürlichen Person sind" (Art. 4 Nr. 1 Hs. 2 DSGVO bzw. Art. 3 Nr. 1 Hs. 2 JIRL, § 46 Nr. 1 Hs. 2 BDSG). Erst, wenn auch unter Zuhilfenahme eines solchen Schlüssels die natürliche Person nicht mehr bestimmt werden kann, gelten die Daten nicht mehr als personenbezogen (Anonymisierung).[125] Der Bezug zwischen dem Datum als solchem und der so identifizierbaren Person wird dann ebenfalls sehr weit verstanden. Nicht nur der Person zugeschriebene Eigenschaften, Handlungen und Werke nebst deren jeweiliger behördlicher 53

121 Zu Verständnismöglichkeiten und Problemfällen vgl. etwa *Herbst*, NVwZ 2016, 902 (noch auf der Grundlage des bisherigen Rechts).

122 Andere Daten unterliegen nach dem Unionsrecht teilweise einem eigenen Regime, dem es vor allem auf die *Erleichterung* ihrer Zirkulation ankommt – siehe die Richtlinie 2003/98/EG.

123 Entsprechend: § 31 Nr. 1 BlnDSG, § 41 Nr. 1 HDSIG, § 24 Nr. 1 NDSG, § 36 Nr. 1 DSG NRW, § 27 Nr. 1 LDSG RP, § 21 Nr. 1 LDSG SH, § 32 Nr. 1 ThürDSG.

124 Vgl. Sydow/*Ziebarth*, Art. 4 DSGVO Rn. 8; zu Daten- und Informationsbegriffen im Zusammenhang *Albers*, in: Hoffmann-Riem/Schmidt-Aßmann/Voßkuhle (Hrsg.), Grundlagen des Verwaltungsrechts, Bd. 2, 2. Aufl., 2012, § 8 ff.

125 Vgl. Sydow/*Ziebarth*, Art. 4 DSGVO Rn. 24 ff. Eine Legaldefinition enthält § 24 Nr. 18 NDSG; danach ist Anonymisierung „das Verändern personenbezogener Daten derart, dass die Einzelangaben über persönliche oder sachliche Verhältnisse nicht mehr oder nur mit einem unverhältnismäßig großen Aufwand an Zeit, Kosten und Arbeitskraft einer bestimmten oder bestimmbaren natürlichen Person zugeordnet werden können" – Puristen dürfte die Unverhältnismäßigkeitsvariante allerdings nicht genügen.

Bewertung,[126] sondern auch Merkmale wie IP-Adressen, die erst im Zusammenspiel mit weiteren Merkmalen die Identifizierung erlauben, sollen darunterfallen.[127]

54 Von den Unionsrechtsakten nicht erfasst, weil nicht auf einen tauglichen personalen Gegenstand bezogen, sind damit insbesondere Daten von

- Verstorbenen[128]
- juristischen Personen und anderen nichtnatürlichen Rechtsträgern[129]
- Tieren und
- Grundstücken.[130]

55 In all diesen Fällen löst erst das Hinzutreten eines Personenbezugs die unionsdatenschutzrechtliche Relevanz aus (der Umstand, dass X Erbin nach V, Geschäftsführerin von J, Halterin von T oder Bewohnerin von Grundstück G sei).

(2) Deutsche Rechtslage: teilweise Erstreckung des DSGVO-Regimes

56 Sowohl im Finanz- als auch im Sozialdatenschutz arbeitet die Ausführungsgesetzgebung allerdings auch hier teilweise mit der Technik der **Erstreckung,** und zwar bezogen

- auf **Verstorbene,** die einbezogen werden durch § 2 a Abs. 5 Nr. 1 AO bzw. § 35 Abs. 5 SGB X) und
- auf **nichtnatürliche Personen,** die einbezogen werden durch § 2 a Abs. 5 Nr. 2 AO („Körperschaften, rechtsfähige oder nicht rechtsfähige Personenvereinigungen oder Vermögensmassen")[131] bzw. § 35 Abs. 4 SGB X („Betriebs- und Geschäftsgeheimnisse") – dies nicht zuletzt vor einem grundrechtlichen Hintergrund (→ Rn. 76).

---

126 ZB Prüfungsarbeiten: EuGH, U. v. 20.12.2017 – C-434/16 – Nowak, Rn. 62.

127 Vgl. ErwGrd 30 DSGVO.

128 Vgl. ErwGrd 158 S. 1 und 160 DSGVO. Dementsprechend sind insbesondere die archivrechtlichen Schutzfristen *nach* dem Tod der Betroffenen nicht unionsrechtlich gefordert, so *Johannes*, in: Roßnagel (Hrsg.), Das neue Datenschutzrecht, 2018, § 7 Rn. 235.

129 Für Art. 8 EUGRCh ist die Frage umstritten, vgl. etwa Calliess/Ruffert/*Kingreen*, EUV/AEUV, 5. Aufl., 2016, Art. 8 EU-GRCharta Rn. 11 mwN. Dass „Daten der Schule" als solcher nicht Gegenstand des Datenschutzrechts sind, gab es Anlass zu betonen für das VG Berlin, B. v. 1.6.2018 – 62 K 2.18 PVL, juris, Rn. 16.

130 Dementsprechend eignen sich Geodaten durchaus als „Pionier des E-Government", dazu *Neumann*, in: Seckelmann (Hrsg.), Digitalisierte Verwaltung – Vernetztes E-Government, 2. Aufl., 2019, Kap. 24 (Zitat aus dem Titel).

131 Der Finanzdatenschutz erreicht hierdurch die auch sonst in der AO angestrebte Rechtsformneutralität, vgl. *Myßen/Kraus*, DB 2017, 1860 (1864).

cc) Variante 3: nichtautomatisiert und nichtqualifiziert (Art. 2 Abs. 1 DSGVO, Art. 2 Abs. 2 JIRL)

(1) Reichweite der Unionsrechtsbindung und -freiheit

Die Unionsrechtsakte regeln nur eine solche Verarbeitung personenbezogener Daten, die automatisiert oder in einer qualifizierten Weise nichtautomatisiert durchgeführt wird. Ähnlich dem Verhältnis der Begriffe „Datum" und „personenbezogen" (→ Rn. 53) fungiert dabei auch die „Verarbeitung" als zunächst extrem weiter Grundtatbestand, der erst durch die Qualifikation eingeschränkt wird. Als Oberbegriff umfasst „Verarbeitung" grundsätzlich jeden Umgang mit Daten und wird in Art. 4 Nr. 2 DSGVO und Art. 3 Nr. 2 JIRL, § 46 Nr. 2 BDSG[132] nur beispielhaft umschrieben,[133] und zwar als Erheben, Erfassen, Organisieren, Ordnen, Speichern, Anpassen/Verändern, Auslesen, Abfragen, Verwenden, Offenlegen, Abgleichen/Verknüpfen, Einschränken, Löschen oder Vernichten. Weder die Kenntnis einer Stelle noch die Speicherform der Daten muss sich ändern, damit eine Verarbeitung vorliegt.[134] 57

Unter all diesen Verarbeitungen erfasst das Unionsrecht jedoch nur die automatisierte generell (→ Rn. 59 ff.), die nichtautomatisierte dagegen nur in Ausnahmefällen (im Folgenden: qualifiziert-nichtautomatisierte Verarbeitungen; → Rn. 63 f.). 58

(a) Automatisierte Verarbeitung

Ganz oder teilweise automatisiert ist die Verarbeitung, wenn sie – ausschließlich oder durch menschliches Eingreifen ergänzt – unter Einsatz von Computern im weitesten Sinne erfolgt, wozu bereits die Recheneinheiten moderner Kopiergeräte oder von Digitalkameras[135] genügen.[136] 59

132 Entsprechend: § 31 Nr. 2 BlnDSG, § 41 Nr. 2 HDSIG, § 24 Nr. 2 NDSG, § 36 Nr. 2 DSG NRW, § 27 Nr. 2 LDSG RP, § 21 Nr. 2 LDSG SH, § 32 Nr. 2 ThürDSG.

133 Sydow/*Reimer*, Art. 4 DSGVO Rn. 43.

134 Sydow/*Reimer*, Art. 4 DSGVO Rn. 50.

135 Vgl. EuGH, U. v. 11.12.2014 – C-212/13 – Ryneš, Rn. 25 (laufende Aufzeichnung); EuGH, U. v. 14.2.2019 – C-345/17 – Buivids, Rn. 35 (einmalige Aufzeichnung).

136 Vgl. Paal/Pauly/*Ernst*, Art. 2 DSGVO Rn. 5; Simitis/Hornung/Spiecker/*Roßnagel*, Art. 2 Rn. 14. Enger war noch das Verständnis zum früheren Recht, vgl. *Zilkens*, Datenschutz in der Kommunalverwaltung, 4. Aufl., 2014, Rn. 57: der Computer musste „zur selbsttätigen Datenverarbeitung imstande sein".

60 Eindeutige Anwendungsfälle sind insofern jede Form von **elektronischer Aktenführung**, wo entweder (1) die Bearbeitung der Vorgänge von vornherein computergestützt erfolgt oder (2) neben einer originären Papierform auch eine elektronische Speicherung vorgenommen wird oder (3) die zunächst entstehende Papierakte ersetzend eingescannt wird.

Neben der äußerlichen elektronischen Aktenführung eröffnen aber auch **einzelne automatisierte Datenverarbeitungen** im Rahmen der Bearbeitung einer Papierakte den sachlichen Anwendungsbereich.[137] Zu denken ist namentlich an

- das behördeninterne oder -externe Versenden von E-Mails oder anderen elektronischen Nachrichten
- das Abfragen von Datenbanken
- das Überwachen von Datenverkehren
- das optische und akustische Überwachen von Menschen oder Orten mit technischen Geräten
- möglicherweise auch: das Nutzen von Social-Media-Diensten (auch wenn hier die Verarbeitung auf Seiten des Plattformbetreibers von der Behörde nur angestoßen wird).[138]

61 Über das Qualifikationsmerkmal „automatisiert" wären danach vom unionalen Datenschutzregime nur „rein manuelle Maßnahmen wie etwa eine Personenkontrolle" ausgenommen (sofern sie ohne Dateiabgleich und Speicherung erfolgen).[139] Hier würden zwar personenbezogenen Daten erhoben, aber eben nicht in der erforderlichen qualifizierten Weise.

62 Zu erwägen wäre, ob dem unionssekundärrechtlichen Verarbeitungsbegriff – der deutschen Verfassungsrechtsprechung zum Grundrecht auf informationelle Selbstbestimmung folgend – solche Fälle nicht zugeordnet werden sollten, wo eine von der Behörde eingesetzte technische Anlage, etwa eine Videokamera, Daten nur als gewissermaßen durchlaufende Posten behandelt, ohne dass sich „das behördliche Interesse an den betroffenen Daten bereits derart verdichtet [hätte], dass ein Betroffensein in einer einen Grundrechts-

---

137 Beispiele aus dem Richtlinienbereich bringen *Weinhold/Johannes*, DVBl 2016, 1501 (1503): „Körperscanner, Vorratsdatenspeicherung, Telekommunikationsüberwachung, Videoüberwachung, interaktive Cybercrimeanalyse, KFZ-Kennzeichenerfassung, IMSI-Catcher, Big Data-Analysen, Früherkennung von Straftaten oder Predictive Policing".

138 So *Milker*, NVwZ 2018, 1751 (1757f.), im Anschluss an EuGH, U. v. 5.6.2018 – C-210/16 – Wirtschaftsakademie Schleswig-Holstein, Rn. 31ff.

139 *Bäcker/Hornung*, ZD 2012, 147 (149).

eingriff auslösenden Qualität zu bejahen ist".[140] Auf dieser Linie liegt es auch, wenn für die Anwendbarkeit von Art. 9 DSGVO eine „Auswertungsabsicht" bezüglich zunächst erfasster Daten vorausgesetzt[141] oder bei Unterbleiben einer Zwischenspeicherung der laufenden Bildaufnahmen eine Verarbeitung verneint wird.[142]

(b) Qualifiziert-nichtautomatisierte Verarbeitung

Auch die nichtautomatisierte Verarbeitung unterfällt dem unionalen Verwaltungsdatenschutzrecht, dies jedoch nur, soweit Daten „in einem **Dateisystem** gespeichert sind oder gespeichert werden sollen" (Art. 2 Abs. 1 DSGVO, Art. 2 Abs. 2 JIRL). „Dateisystem" ist dabei „jede strukturierte Sammlung personenbezogener Daten, die nach bestimmten Kriterien zugänglich sind, unabhängig davon, ob diese Sammlung zentral, dezentral oder nach funktionalen oder geografischen Gesichtspunkten geordnet geführt wird" (Art. 4 Nr. 6 DSGVO bzw. Art. 3 Nr. 6 JIRL, § 46 Nr. 6 BDSG[143]). Außer der elektronisch geführten Datei wird also **auch die papierförmige Kartei** erfasst, solange sie irgendwie sortiert ist.[144] Die Rechtsprechung des Europäischen Gerichtshofs hält diese Schwelle schnell für erreicht.[145] Eine ordentliche behördliche Registratur wird daher auch insoweit, als sie nicht auf EDV umgestellt ist, normalerweise dem unionalen Datenschutzregime unterliegen.[146] 63

Den verbleibenden Freiraum formuliert die Unionsgesetzgebung so: „Akten oder Aktensammlungen sowie ihre Deckblätter, die nicht nach bestimmten 64

140 Vgl. BVerfGE 115, 320 (343) [2006]; 120, 378 (398) [2008]; B. v. 18.12.2018 – 1 BvR 142/15, Rn. 43; → Rn. 128.

141 Dafür *Schneider/Schindler*, ZD 2018, 463 (467); dagegen *Reuter*, ZD 2018, 564 (565 f.).

142 So *Kühling/Klar/Sackmann*, Datenschutzrecht, 4. Aufl., 2018, Rn. 215.

143 Entsprechend: § 31 Nr. 6 BlnDSG, § 41 Nr. 6 HDSIG, § 36 Nr. 7 DSG NRW, § 27 Nr. 6 LDSG RP, § 21 Nr. 6 LDSG SH, § 32 Nr. 6 ThürDSG. Niedersachsen hat diese Definition nicht übernommen (ohne Begründung im Gesetzentwurf).

144 So schätzen *Bäcker/Hornung*, ZD 2012, 147 (149), es könnte „bereits ausreichen, wenn eine Akte ein Aktenzeichen trägt und etwa nach dem Deliktstyp oder dem Namen des Betroffenen umsortiert werden kann".

145 Vgl. zur insoweit gleichlautenden DSRL EuGH, U. v. 10.7.2018 – C-25/17 – Jehovan todistajat, Rn. 61 f.: es müssten nur „die Daten über eine bestimmte bereits aufgesuchte Person leicht wiederauffindbar" sein, dann genügten auch die papierförmigen Aufzeichnungen „im Rahmen einer Verkündigungstätigkeit von Tür zu Tür".

146 Die Annahme von *Martens*, PinG 2015, 213, für Behörden sei infolge der Automatisierungsanforderung das Unionsrecht nur von peripherer Bedeutung, wäre daher wohl zu relativieren. Gegenposition etwa bei *Krumm*, DB 2017, 2182 (zur DSGVO – 2186: „Übergangsdiskussion"); *Bäcker/Hornung*, ZD 2012, 147 (zur JIRL – 149: „in naher Zukunft so gut wie alle Datenverarbeitungen der Kriminalbehörden" erfasst).

Kriterien geordnet sind, sollten nicht in den Anwendungsbereich […] fallen".[147] Zugespitzt: **Durch chaotische Aktenführung könnte sich eine Behörde dem Datenschutzrecht entziehen.** Das ist vom Schutzzweck her womöglich sachgerecht, denn eine so geführte Behörde wäre vielleicht weniger gefährlich für private Rechte und Freiheiten. Freilich dürfte die Aufgabenerfüllung darunter leiden.

(2) Deutsche Rechtslage: punktuelle Erstreckung des DSGVO-Regimes

65 Noch der Klärung harrt die Frage, inwieweit die Ausführungsgesetzgebung die Anwendbarkeit des DSGVO-Regimes **auf weitere nichtautomatisierte Verarbeitungen erstreckt** hat.

Eindeutig scheint der Fall **bundesrechtlich** in Bezug auf Beschäftigtendaten zu liegen, wo zumindest die Regelungen des § 26 Abs. 1–6 BDSG auch Anwendung finden sollen, soweit Daten nicht „in einem Dateisystem gespeichert sind oder gespeichert werden sollen" (§ 26 Abs. 7 BDSG[148]). Dagegen sprechen die allgemeinen Verweisungen sowohl in § 1 Abs. 8 BDSG als auch speziell in § 35 Abs. 2 S. 2 SGB I nur von einer Erstreckung auf „Verarbeitungen […] im Rahmen von […] Tätigkeiten", die nicht in den Anwendungsbereich der Unionsrechtsakte fallen. Diese Normaussagen muss man nicht zwingend dahingehend verstehen, dass das Datenschutzrecht hier auf jede nichtautomatisierte Verarbeitung erstreckt wird: Erweitert wird schließlich nicht der Verarbeitungs-, sondern der Tätigkeitstatbestand. Eher dürften diese Klauseln sich insofern darauf beschränken, das Datenschutzrecht außerhalb des Anwendungsbereichs des Unionsrechts entsprechend anwendbar zu machen (→ Rn. 49).[149]

66 Im **Landesrecht** finden sich dagegen – neben einigen Parallelregelungen zu § 1 Abs. 8 BDSG[150] und neben einzelnen sogar expliziten Bezugnahmen auf die nichtautomatisierte Verarbeitung[151] – auch Erstreckungsklauseln, die

147 ErwGrd 15 S. 3 DSGVO und ErwGrd 18 S. 3 JIRL.

148 Vgl. Gierschmann/*Grafenstein*, Art. 2 DSGVO Rn. 28.

149 Anders aber Kühling/Buchner/*Klar*, § 1 BDSG Rn. 7, 10; wohl auch *Bieresborn/Giesberts-Kaminski*, SGb 2018, 449 (450 f.); *Hoidn*, in: Roßnagel (Hrsg.), Das neue Datenschutzrecht, 2018, § 7 Rn. 132 („wenn sie [sc. die Sozialdaten] sich ein Mitarbeiter nur im Kopf merkt").

150 Siehe § 2 Abs. 4 LDSG BW, § 2 Abs. 9 BlnDSG, § 1 Abs. 8 HDSIG, § 5 Abs. 8 DSG NRW, § 2 Abs. 4 S. 1 Var. 2 SächsDSDG. Nur für Einzelthemen ausgesprochen in §§ 13 Abs. 4, 14 Abs. 2 DSG M-V. § 3 SDSG spricht zwar von „Tätigkeiten" (Abs. 1), bezieht die nichtautomatisierte Verarbeitung aber ausdrücklich mit ein (Abs. 2).

151 Siehe § 2 Nr. 1 NDSG, § 3 Abs. 2 SDSG, § 2 Abs. 4 S. 2 ThürDSG.

nicht an die Tätigkeit, sondern an die Verarbeitung selbst anknüpfen.[152] Hier könnte man dann in der Tat das DSGVO-Regime als auf den unionsrechtsfreien Bereich der nichtqualifiziert-nichtautomatisierten Verarbeitungen erstreckt ansehen.

dd) Variante 4: unterhalb der Schwelle des Verarbeitungstatbestands (Art. 4 Nr. 2 DSGVO)? Datenübermittlung innerhalb desselben Verantwortlichen

Schließlich lassen sich als ein unionsrechtsfreier Bereich auch diejenigen Verarbeitungen identifizieren, die insofern unterhalb des DSGVO- und JIRL-Radars bleiben, als sie sich zwar als Offenlegung/Übermittlung darstellen, aber nicht zwischen „Verantwortlichen" iSv Art. 4 Nr. 7 DSGVO, Art. 3 Nr. 8 JIRL stattfinden, sondern zwischen Teileinheiten desselben Verantwortlichen.[153] Dies ist der Ort der „intrabehördlichen Informationsbeziehungen",[154] die – ungeachtet möglicher rechtlicher Strukturierungen – sich doch zumindest dem normalen Regime des Datenschutzrechts entziehen.[155] Wie groß dieser Bereich effektiv ist, hängt vor allem davon ab, wie die „Verantwortlichen" im Verwaltungsdatenschutzrecht abgegrenzt werden (vgl. zum persönlichen Anwendungsbereich auch noch → Rn. 77 ff.). 67

Im Ausgangspunkt sind Verantwortliche nach der Legaldefinition in Art. 4 Nr. 7 DSGVO, Art. 3 Nr. 8 JIRL diejenigen Personen, Behörden, Einrichtungen oder sonstigen Stellen, die – ggf. gemeinsam mit anderen – über die Zwecke und Mittel der Personendatenverarbeitung entscheiden.[156] In Bezug auf „Behörden" als Verantwortliche kommt es vor diesem Hintergrund be- 68

152 Siehe Art. 2 S. 1 BayDSG, § 2 Abs. 2 BbgDSG, § 2 Abs. 6 BremDSGVOAG, § 2 Nr. 1 NDSG, § 10 LDSG RP, § 2 Abs. 4 S. 1 Var. 1 SächsDSDG, § 2 Abs. 6 LDSG SH; auch § 3 Abs. 1 DSG LSA, der nicht an die DSGVO anknüpft, wird man so lesen dürfen. Wohl nur „für im Einzelnen bezeichnete Situationen" (§ 1 S. 2) gilt die entsprechende Klausel des § 2 Abs. 6 HmbDSG.

153 Vgl. aus dem Wirtschaftsdatenschutzrecht das Parallelproblem des Betriebsrats; dazu *Kleinebrink*, DB 2018, 2566; *Jung/Hansch*, ZD 2019, 143 (146 f.); *Laue*, in: Laue/Kremer, Das neue Datenschutzrecht in der betrieblichen Praxis, 2. Aufl., 2019, § 1 Rn. 42.

154 Vgl. dazu *Holznagel*, in: Hoffmann-Riem/Schmidt-Aßmann/Voßkuhle (Hrsg.), Grundlagen des Verwaltungsrechts, Bd. 2, 2. Aufl., 2012, § 24 Rn. 9 ff.

155 Immerhin punktuell finden sich Bestimmungen dazu im selben Regelungszusammenhang wieder, etwa § 30 Abs. 8 Var. 1 AO bezüglich der „Einrichtung eines automatisierten Verfahrens, das den Abgleich geschützter Daten *innerhalb* einer Finanzbehörde [...] ermöglicht".

156 Dabei bedürfte allerdings die Frage weiterer Untersuchungen, ob nach den Zweck-und-Mittel-Entscheidungsträgern nur innerhalb eines feststehenden Kreises von Personen Behörden, Einrichtungen und Stellen zu suchen ist oder ob der personale Zurechnungspunkt

sonders darauf an, wie man den **unionssekundärrechtlichen Behördenbegriff** versteht. Dafür kommen vor allem zwei Ansätze in Betracht:

- Verstünde man unter einer Behörde im Sinne der Unionsrechtsakte eine **im eigenen Namen nach außen handelnde Stelle** (ähnlich § 1 Abs. 4 VwVfG[157]), so würden etwa Datenübermittlungen zwischen verschiedenen Sachgebieten derselben Finanzbehörde[158] oder zwischen verschiedenen Dezernaten oder Ämtern derselben Gemeinde- oder Kreisverwaltung nicht erfasst[159] (mit der möglichen Ausnahme von Stellen, die gesetzlich trotz ihrer Zuordnung zu der Verwaltung zu eigenem Auftreten nach außen ermächtigt worden sind[160]).
  Soweit mitgliedstaatliches Recht für solche intrabehördlichen Verhältnisse ebenfalls Datenschutz anordnet – wie beim Sozialdatenschutz innerhalb der Gebietskörperschaften nach § 67 Abs. 4 S. 2 SGB X geschehen, → Rn. 79 aE –, täte es das nach diesem Verständnis aus freiem Entschluss.
- Anders ist das Ergebnis, wenn man „Behörde" als offene **Verweisung auf mitgliedstaatliche Strukturen** versteht[161] oder allgemein Art. 4 Nr. 7 Hs. 2 DSGVO, Art. 3 Nr. 8 Hs. 2 JIRL eine Befugnis der Mitgliedstaaten zur Konkretisierung des „Verantwortlichen" entnimmt.[162] Dann würde, in-

---

erst durch die Entscheidungsmöglichkeit zu identifizieren ist (Behörde usw also nur etwas ist, was über Zwecke und Mittel entscheidet). Den Gesichtspunkt der Bestimmung von Zwecken und Mitteln stellt in den Vordergrund HdbDSR/*Sassenberg*, § 24 Rn. 25 ff., die überzeugend die Notwendigkeit einer „sorgfältigen Analyse der jeweiligen Entscheidungsstrukturen" betont (Rn. 27).

157 Da der Unionsrechtsbegriff autonom auszulegen ist, darf auf diese deutsche Bestimmung nicht direkt zurückgegriffen werden; so aber *Kühling/Klar/Sackmann*, Datenschutzrecht, 4. Aufl., 2018, Rn. 313.

158 So wohl auch *Brendle-Weith*, ZD 2019, 112 (113).

159 So zur entsprechenden dänischen Konstellation *Mortensen*, in: Gottrup/Mortensen (Hrsg.), Nye tendenser i nordisk kommunalretsforskning, 2019, S. 9 (31, auch zu Ausnahmen).

160 Dafür Gola/*Gola*, Art. 4 DSGVO Rn. 62, mit den Beispielen des Standesamts und des Jugendamts.

161 Eine solche Offenheit für mitgliedstaatliche Bestimmungen scheint etwa Großbritannien in Anspruch zu nehmen, siehe die Definitionsnorm der s. 7 Data Protection Act 2018 (*Meaning of "public authority" and "public body"*). Ähnlich auch *Schaller*, in: Roßnagel (Hrsg.), Das neue Datenschutzrecht, 2018, § 7 Rn. 6.

162 So ausdrücklich Gola/*Gola*, Art. 4 DSGVO Rn. 55 (namentlich in Bezug auf Verarbeitungen nach Art. 6 Abs. 1 lit. c und e DSGVO); Kühling/Buchner/*Hartung*, Art. 4 Nr. 7 DSGVO Rn. 14; *Kleinebrink*, DB 2018, 2566 (2566); aA offenbar Sydow/*Raschauer*, Art. 4 DSGVO Rn. 138 ff.

dem das deutsche Gesetz eine Stelle zur Adressatin des Datenschutzrechts erklärt,[163] diese Stelle zugleich unionsrechtlich in die Pflicht genommen. Wiederum am Sozialdatenschutz (§ 67 Abs. 4 SGB X) verdeutlicht, der hier die klarste Regelung zum Ausdruck bringt,[164] hieße das: Verantwortlicher wäre bei den Gebietskörperschaften jeweils die handelnde „Organisationseinheit" der Behörde (also: Ebene der Organ[teil]e), bei den übrigen Leistungsträgern, wie namentlich den Sozialversicherungsträgern, der Träger selbst (also: Ebene der juristischen Personen). Auch die baden-württembergische Regelung, die für der Landesaufsicht unterstehende juristische Personen „das vertretungsberechtigte Organ" zum Verantwortlichen erklärt (§ 25 Abs. 2 S. 2 LDSG BW), hätte dann einen unionsrechtlich anschlussfähigen Sinn.

ee) Zusammenfassung und Folgen für den Gang der Darstellung

Nicht alle Datenverarbeitungen unterliegen der DSGVO oder der JIRL. Erfüllen Vorgänge (1) nicht den inhaltlichen Bezug zum Anwendungsbereich des Unionsrechts (→ Rn. 43 ff.), (2) nicht den Personenbezug (→ Rn. 53 ff.), (3) nicht die Qualifikation als nichtautomatisierte Verarbeitung (→ Rn. 63 f.) oder (4) schon nicht den Verarbeitungstatbestand der Unionsrechtsakte (→ Rn. 67 f.), so gehören sie zu einer grundsätzlich unionsrechtsfreien Sphäre, die dem vollen Regelungszugriff der mitgliedstaatlichen Gesetzgebung unterliegt. Für die Varianten 1 bis 3 dieser unionsrechtsfreien Sphäre hat das deutsche Recht gleichwohl in nicht unerheblichem Umfang eine grundsätzliche **Erstreckung der Regelungen aus den Unionsrechtsakten** angeordnet. Die Erstreckungsbestimmungen seien hier nochmal zusammengefasst: 69

163 Eine derartige Regelung müsste allerdings aussagekräftiger sein als § 4 Abs. 1 S. 2 DSG M-V, wonach die „öffentliche Stelle" als „Verantwortlicher" iSd DSGVO bestimmt wird – das dürfte der unionsrechtlichen Vorstrukturierung inhaltlich noch nichts hinzufügen.

164 Ebenfalls als mitgliedstaatliche Verantwortlichkeitsabgrenzung versteht die Bestimmung der „öffentlichen Stellen" in § 1 Abs. 1, § 2 Abs. 1 BDSG offenbar HdbDSR/*Bock*, § 20 Rn. 17.

Die DSGVO nebst Ausführungsgesetzgebung erstrecken:

	aus dem BDSG	*aus der AO*	*aus dem SGB X*	*im Landesdatenschutz*
(1) auf Verarbeitungen außerhalb des Anwendungsbereichs des Unionsrechts (→ Rn. 48 ff.)	§ 1 Abs. 8	§ 2 a Abs. 1 implizit?	§ 35 Abs. 2 S. 2	alle Landesrechte
(2) auf Verarbeitungen nicht personenbezogener Daten (→ Rn. 56)	./.	§ 2 a Abs. 5	§ 35 Abs. 5	./.
(3) auf nichtqualifiziert-nichtautomatisierte Verarbeitungen (→ Rn. 65 f.)	nur § 26 Abs. 7	./. (aber beachte § 30)	./. (aA: § 35 Abs. 2 S. 2)	möglicherweise: sieben Landesrechte (BY, BB, HB, NI, RP, SN, SH)

70 Die unionsrechtsfreie Sphäre zumindest der Variante 1 (außerhalb des Anwendungsbereichs des Unionsrechts), für den Finanz- und Sozialdatenschutz aber auch der Variante 2 (bezüglich Verstorbener und nichtnatürlicher Personen) kann angesichts der weitreichenden Anwendungsbefehle des Bundes- und Landesrechts im weiteren Verlauf dieses Buches deshalb **als grundsätzlich mit der DSGVO mitbehandelt** gelten. Lediglich signifikante Sonderregelungen sollen jeweils an Ort und Stelle Erwähnung finden. Unter diesen sei nur eine Gruppe bereits hier hervorgehoben, nämlich das Datenschutzregime für die Nachrichtendienste: Insoweit ist in BVerfSchG, BNDG und MADG sowie den Verfassungsschutzgesetzen der Länder jeweils ein ausführliches Sonderregime geschaffen worden, dem mehr oder weniger ausdrückliche Bereichsausnahmen aus dem allgemeinen Datenschutzregime korrespondieren;[165] das Nachrichtendienstrecht bedürfte insofern einer gesonderten Betrachtung.[166]

Verarbeitungen der Variante 3, die also als nichtqualifiziert-nichtautomatisierte unterhalb des europäischen wie auch des deutschen Datenschutzradars bleiben, werden dagegen ausgeblendet. Auch für sie können allerdings

165 Siehe namentlich § 2 Abs. 1 S. 3 Nr. 1, § 30 Abs. 3 LDSG BW, § 2 Abs. 3 DSG M-V, § 31 VerfSchG NRW, § 2 Abs. 1 S. 2 SächsDSG 2003, § 2 Abs. 7 LDSG SH.

166 Vgl. dazu im Zusammenhang *Lindner/Unterreitmeier*, DÖV 2019, 165 mwN.

grundrechtliche Anforderungen bestehen[167] und dann gesetzliche Befugnisnormen erforderlich werden (vgl. → Rn. 75, 125 ff.).

d) Reichweite der Grundrechtsbindung in den Sphären

Aufmerksamkeit verdienen die unterschiedlichen Rollen der Grundrechte in 71
den verschiedenen Datenschutzsphären.

In der **DSGVO-Sphäre** steht das unmittelbar geltende Unionsrecht im Vor- 72
dergrund, das nur den Bindungen des Primärrechts unterliegt, insbesondere des Datenschutzgrundrechts nach Art. 8 EUGRCh.[168] Erweist sich eine Bestimmung der DSGVO als grundrechtlich problematisch, obliegt ihre Überprüfung und etwaige Verwerfung dem Europäischen Gerichtshof (Art. 267 Abs. 1 lit. b AEUV). Anders liegt es hier nur insoweit, als die DSGVO den Mitgliedstaaten Spielräume zur eigenen Ausfüllung überlässt. In diesen Fällen muss, wie bei einer Richtlinie,[169] das mitgliedstaatliche Handeln sowohl den deutschen Maßstäben[170] (Art. 2 Abs. 1 GG als Recht auf informationelle Selbstbestimmung sowie Art. 10 GG; entsprechende Landesgrundrechte;[171] zum Inhalt dieser Bindungen → Rn. 126 ff.) als auch – soweit es sich um die „Durchführung des Rechts der Union“ handelt[172] – dem Maßstab der Grundrechtecharta (Art. 8 iVm Art. 51 Abs. 1 S. 1 Var. 2 EUGRCh) gerecht werden.[173] Diese doppelte Bindung gilt überall dort, wo der mitgliedstaatlichen Gesetzgebung Öffnungsklauseln in der DSGVO zur Verfügung stehen (legislative Umsetzung).[174]

167 Man denkt hier leicht an BVerfGE 27, 344 [1970], wo es um einen Einzelfall manueller Weitergabe von Informationen durch ein Gericht an eine Behörde ging; allerdings dürfte die fragliche Gerichtsakte bereits als zu einem Dateisystem gehörig gelten, vgl. → Rn. 63.

168 Dazu monographisch jetzt *Marsch*, Das europäische Datenschutzgrundrecht, 2018.

169 Zur DSGVO als „Handlungsformenhybrid“ *Kühling/Martini*, EuZW 2016, 448 (449).

170 *Bieresborn/Giesberts-Kaminski*, SGb 2018, 449 (451); *Greve*, NVwZ 2017, 737 (744); aA *Klement*, JZ 2017, 161 (168).

171 Art. 11 Abs. 1 Verf BB, Art. 4 Abs. 2 Verf NW, Art. 4 a Verf RP, Art. 2 S. 2 Verf SL, Art. 33 Verf SN, Art. 6 Abs. 1 S. 1 Verf ST.

172 Für die Schaffung von Rechtsgrundlagen nach Art. 6 Abs. 1 lit. c, e, Abs. 3 DSGVO macht dies überzeugend vom jeweiligen Fachrecht abhängig *Marsch*, Das europäische Datenschutzgrundrecht, 2018, S. 347; wohl insgesamt ablehnend *Timmermann*, DÖV 2019, 249 (258); in diese Richtung auch *Klement*, JZ 2017, 161 (167).

173 Ebenso *Greve*, NVwZ 2017, 737 (744). Zur Problematik allgemein etwa Calliess/Ruffert/*Kingreen*, EUV/AEUV, 5. Aufl., 2016, Art. 51 EU-GRCharta Rn. 14; ausgehend von der DSGVO *Buchholtz*, in: Piecha ua (Hrsg.), Rechtskultur und Globalisierung, 2017, S. 97.

174 Ebenso *Krumm*, DB 2017, 2182 (2185).

73 Noch nicht ganz geklärt erscheint dagegen die Frage nach einer doppelten Bindung mit Geltung der mitgliedstaatlichen Grundrechte auch für die mitgliedstaatlichen Behörden (applikative Umsetzung[175]), soweit sie nicht unmittelbar geltende Verarbeitungs*pflichten* erfüllen (→ Rn. 130 ff.), sondern von unmittelbar geltenden Verarbeitungs*erlaubnissen* (besonders nach Art. 6 Abs. 1 lit. d DSGVO) Gebrauch machen (→ Rn. 190 ff.).[176] Ein gangbarer Weg könnte womöglich darin liegen, den formellen Aspekt der deutschen Grundrechtsbindung (Vorbehalt des Gesetzes) durch die unionsrechtlichen Erlaubnisse als erfüllt anzusehen, aber den materiellen Aspekt (Verhältnismäßigkeit) noch jeweils im Einzelfall zur Prüfung zu stellen.

74 In der **Richtliniensphäre** – soweit die Richtlinie nicht ausnahmsweise unmittelbar angewandt wird, → Rn. 27 – ist vor allem das Umsetzungsrecht an Grundrechten zu messen. Auch dieses muss sowohl dem deutschen Recht auf informationelle Selbstbestimmung als auch – da es sich bei der Richtlinienumsetzung um die Durchführung von Unionsrecht iSv Art. 51 Abs. 1 S. 1 Var. 2 EUGRCh handelt[177] – dem Chartagrundrecht gerecht werden, jeweils allerdings nur innerhalb der von der Richtlinie gelassenen Spielräume.[178] Erweist sich eine Bestimmung der Richtlinie selbst als grundrechtlich problematisch, obliegt ihre Überprüfung und etwaige Verwerfung am Chartamaßstab wiederum dem Europäischen Gerichtshof.[179]

75 Soweit die behördliche Verarbeitung **unionsrechtsfrei** ist, gilt ungemildert der grundgesetzliche Vorbehalt des Gesetzes, wann immer in das Grundrecht auf informationelle Selbstbestimmung aus Art. 2 Abs. 1 GG eingegriffen werden soll. Das ist nach der Rechtsprechung auch bei nichtautomatisierter Verarbeitung namentlich dann der Fall, wenn Daten, die eine natürliche Person betreffen,[180] einer anderen Stelle offengelegt werden.[181] Umgekehrt ist aller-

175 Begriffspaar: *Burger*, Verantwortung und Verantwortlichkeit für die Umsetzung supranationalen Rechts im Bundesstaat, 2010, S. 198 u.ö.

176 Nur die Unionsgrundrechte hält offenbar für einschlägig *Klement*, JZ 2017, 161 (167), „soweit die DSGVO die Mitgliedstaaten ausnahmsweise positiv zu einer Datenverarbeitung ermächtigt".

177 Vgl. nur Calliess/Ruffert/*Kingreen*, EUV/AEUV, 5. Aufl., 2016, Art. 51 EU-GRCharta Rn. 8.

178 Vgl. BVerfGE 125, 260 [2009] – Vorratsdatenspeicherung.

179 Vgl. EuGH, U. v. 8.4.2014 – C-293/12 und C-594/12 – Digital Rights Ireland (ebenfalls zur Vorratsdatenspeicherung).

180 Landesgrundrechtliche Bestimmungen wie Art. 4 Abs. 2 Verf NW („Jeder") ließen sich anders verstehen, aber sollen ebenfalls nur auf natürliche Personen bezogen werden, vgl. *Rudolf*, FS Maurer, 2001, S. 269 (275). Klarer ist insoweit Art. 4 a Verf RP („Jeder Mensch").

181 So bereits BVerfGE 27, 344 (352) [1970] – Scheidungsakten.

dings nicht jede Form der Verarbeitung im DSGVO-Sinne zugleich ein Grundrechtseingriff.[182]

Prinzipiell neben den spezifischen Datenschutzgrundrechten zu beachten wären auch die Grundrechte privater Unternehmensträger auf Schutz ihrer Betriebs- und Geschäftsgeheimnisse. Dieser tritt als „**Unternehmensdatenschutz**" funktional an die Stelle des Schutzes personenbezogener Daten und wird auch selbst grundrechtlich durch Art. 12, 14 GG[183] bzw. Art. 8,[184] 16 EUGRCh gefordert. Das Thema findet im allgemeinen Datenschutzregime kaum statt, ist aber immerhin im Finanz- und Sozialdatenschutz durch deren Erstreckung auf Unternehmensdaten (§ 2 a Abs. 5 Nr. 2 AO, § 35 Abs. 4 SGB X, → Rn. 56) in den Regelungsbereich des Verwaltungsdatenschutzrechts einbezogen und mündet nunmehr in Umsetzung der Richtlinie (EU) 2016/943 in ein (Bundes-)Gesetz zum Schutz von Geschäftsgeheimnissen;[185] beide Rechtsakte bleiben in ihrem Anspruch aber erkennbar hinter dem Personendatenschutzrecht zurück. 76

3. Persönlicher Anwendungsbereich des Verwaltungsdatenschutzrechts

a) Öffentliche Stellen bzw. Behörden

Datenschutzrecht gilt heutzutage für jedermann, da die DSGVO grundsätzlich ohne Einschränkung ihres persönlichen Anwendungsbereichs daherkommt. Das hier behandelte Verwaltungsdatenschutzrecht betrifft dabei die spezifische Konstellation, dass eine grundrechtsgebundene öffentliche Gewalt grundrechtsberechtigten Privaten gegenübertritt. In Anerkennung dieser Grundrechtsbindung, die in Deutschland das Recht auf informationelle Selbstbestimmung aus Art. 2 Abs. 1 iVm Art. 1 Abs. 1 GG aktiviert, treffen das Unionsrecht ebenso wie das deutsche Ausführungs- bzw. Umsetzungsrecht gewisse Sonderregelungen für öffentliche Stellen im Gegensatz zu nichtöffentlichen (also insbesondere Unternehmen und Verbänden). Die per- 77

182 Vgl. BVerfGE 115, 320 (343) [2006]; 120, 378 (398) [2008]; B. v. 18.12.2018 – 1 BvR 142/15, Rn. 43; *Wysk*, VerwArch 109 (2018), S. 141 (146) mN.

183 Vgl. nur BVerfGE 115, 205 (229) [2006]; Maunz/Dürig/*Scholz*, Art. 12 GG (2006) Rn. 132; *Depenheuer*, FS Schenke, 2011, S. 97.

184 Die Einschlägigkeit dieser Norm ist umstritten, vgl. etwa Calliess/Ruffert/*Kingreen*, EUV/AEUV, 5. Aufl., 2016, Art. 8 EU-GRCharta Rn. 11 mwN.

185 Entwurf auf BT-Drucks. 19/4724; Beschlussempfehlung auf BT-Drucks. 19/8300; BT-Beschluss vom 21.3.2019, PlProt 19/89, S. 10656D; BR-Beschluss vom 12.4.2019, PlProt 976, S. 134, 161 (Ausfertigung und Verkündung standen bei Redaktionsschluss noch aus).

sönlichen Anwendungsbereiche von Unions-, Verfassungs- und Gesetzesrecht sind rechtstechnisch zu unterscheiden, aber im Ergebnis – bei punktuellen Abweichungen – weitgehend deckungsgleich.

78 Die als Unionsrechtsakt autonom auszulegende **DSGVO** verwendet für ihre einschlägigen Sonderregelungen nebeneinander die Ausdrücke **„öffentliche Stelle“ (*public body*) und „Behörde“ (*public authority*)**, wobei beides nicht näher bestimmt wird.[186] Damit geht die Unionsgesetzgebung offenbar von zwei verschiedenen Dingen aus; die weitgehende Nebeneinanderstellung der Begriffe lässt die Absicht einer *Catch-all*-Formulierung vermuten, wodurch der gesamte staatliche Bereich erfasst werden sollte.[187] Der Begriff „Behörde“ wird dort allein gebraucht, wo es um die Ausübung hoheitlicher Befugnisse geht.[188] Das passt auch zum Sprachgebrauch der **JIRL**, deren persönlicher Anknüpfungspunkt die **„zuständige Behörde“ (*competent authority*)** ist, wiederum legaldefiniert als eine (qualifizierte) *public authority* oder, mit Blick auf den Beleihungsfall, *any other body or entity* (Art. 3 Nr. 7 JIRL[189]).

In den Begriffsbestimmungen beider Unionsrechtsakte erscheint die Behörde *neben* der juristischen Person (*legal person*) und der öffentlichen Einrichtungen oder Stellen (*public […] agency or other body*),[190] was erkennen lässt, dass hier dem Kriterium der Rechtsfähigkeit eine geringere Bedeutung zukommen soll als in der deutschen Organisationsrechtsdogmatik üblich. Im Übrigen treten die Begriffe „Behörde“ und „öffentliche Stelle“ stets paarweise auf.[191]

79 Die **Ausführungs- und Umsetzungsgesetzgebung** vereinfacht hier die Dinge, indem sie grundsätzlich den Begriff **„öffentliche Stelle“** verwendet und hierunter „die Behörden, die Organe der Rechtspflege und andere öffentlich-

---

186 Vgl. zum Behördenbegriff die beiden Auslegungsvorschläge bei → Rn. 68.

187 Ebenso Gola/*Gola*, Art. 4 DSGVO Rn. 65.

188 Siehe Art. 2 Abs. 2 lit. d, 6 Abs. 2 UAbs. 2, 45 Abs. 2 lit. a, 49 Abs. 3, 55 Abs. 2, 57 Abs. 1 lit. h, 59, 79 Abs. 2 S. 2 DSGVO. Behörden sind auch die „Aufsichtsbehörden“ (*supervisory authorities*, Art. 51 ff. DSGVO), die „Justizbehörden“ (*judicial authorities*, Art. 58 Abs. 5 DSGVO) und die den Gerichten gegenübergestellten „Verwaltungsbehörden“ (*administrative authorities*, Art. 48 DSGVO).

189 Die deutsche Sprachfassung gibt hier, anders als in der DSGVO, *public authority* zwar nicht mit „Behörde“, sondern mit „staatliche Stelle“ wieder. Dass in beiden Bestimmungen kaum etwas Unterschiedliches gemeint ist, darf der englischen (Arbeits-)Sprachfassung gewiss entnommen werden.

190 Siehe Art. 4 Nr. 7–10 DSGVO, Art. 3 Nr. 9, 10 JIRL.

191 Siehe Art. 27 Abs. 2 lit. b, 37 Abs. 1 lit. a, Abs. 3, 41 Abs. 6, 46 Abs. 2 lit. a, Abs. 3 lit. b, 83 Abs. 7 DSGVO. „Behörde“ und „öffentliche Einrichtung“ sind juxtaponiert in Art. 86 DSGVO.

rechtlich organisierte Einrichtungen" der Gebietskörperschaften und sonstigen juristischen Personen des öffentlichen Rechts versteht (§ 2 Abs. 1, 2 BDSG,[192] § 6 Abs. 1 a, 1 b AO,[193] ohne Parallele im SGB). Es sollen also **grundsätzlich nicht die Verwaltungsträger, sondern deren** nichtrechtsfähige, aber **selbstständig in Erscheinung tretende Organisationseinheiten** jeweils die Anforderungen des Verwaltungsdatenschutzrechts erfüllen müssen. So wird es zumal innerhalb der unmittelbaren Staatsverwaltung regelmäßig verschiedene Verarbeitungsverantwortliche innerhalb eines Verwaltungsträgers geben, in deren Verhältnis zueinander etwa Datenübermittlungen dadurch problematisch werden.

Anderes gilt aus Sicht der Ausführungsgesetzgebung nur im Sozialdatenschutz, wo grundsätzlich der rechtsfähige Leistungsträger selbst zum Verantwortlichen bestimmt wird (§ 67 Abs. 4 S. 1 SGB X); nur für Gebietskörperschaften wird auf die Ebene der Organisationseinheiten gewechselt, allerdings nicht auf die Behörden im organisationsrechtsdogmatischen Sinne, sondern auf deren jeweils funktional zuständige Untereinheiten (§ 67 Abs. 4 S. 2 SGB X).[194]

b) Einzelfälle mit Besonderheiten

Außer den Behörden der unmittelbaren Bundes- und Landesverwaltung ge- 80
hören zu den öffentlichen Stellen insbesondere auch die **Selbstverwaltungsträger** der mittelbaren Staatsverwaltung mit ihren Organen. Das gilt namentlich für die kommunalen Gebietskörperschaften (Kreise und Gemeinden),[195] wo verantwortliche Stelle grundsätzlich immer das Leitungsorgan ist, also typischerweise die Behörde „Der (Ober-)Bürgermeister" oder „Der Landrat"

192 Ebenso § 2 Abs. 1 S. 2 BremDSGVOAG, § 2 Abs. 1 S. 1 HDSIG, § 1 Abs. 1 S. 1 Nr. 1 NDSG, § 5 Abs. 1 S. 1 DSG NRW, § 3 Abs. 1 DSG LSA; ähnlich § 2 Abs. 1 DSG M-V, § 2 Abs. 1 ThürDSG; differenzierter noch § 2 Abs. 1 HmbDSG, § 2 Abs. 1 LDSG RP (mit je sechs Nummern). „Behörden und sonstige (öffentliche) Stellen" der Verwaltungsträger sagen der Sache nach: § 2 Abs. 1 LDSG BW, Art. 1 Abs. 1 S. 1 BayDSG, § 2 Abs. 1 BlnDSG, § 2 Abs. 1 BbgDSG (ergänzt um „Einrichtungen"), § 2 Abs. 1 SDSG, § 2 Abs. 1 S. 1 SächsDSDG, § 2 Abs. 1 S. 2 LDSG SH.

193 Zur Problematik dieser Definitionen *L. Hummel*, DVBl 2019, 211 (212 ff.); *L. Hummel*, DVBl 2017, 1544 (1544 f.).

194 ZB nicht Landkreis (Rechtsträger) oder Landrat(samt) (Behörde) als Jugendamt, sondern „das *Sachgebiet* innerhalb des Jugendamts[...], das nach dem Geschäftsverteilungsplan für die Bearbeitung des Falls intern zuständig ist": so *Hoffmann*, in: Münder/Wiesner/Meysen (Hrsg.), Kinder- und Jugendhilferecht, 2. Aufl., 2011, Kap. 6.2 (zur Vorfassung des § 67 SGB X). Noch enger für bestimmte Aufgaben § 68 SGB VIII, wonach sogar nur der zuständige „Beamte oder Angestellte" maßgeblicher Bezugspunkt ist.

195 Speziell zu diesen *Berger*, Der Landkreis 2017, 693.

(bzw. „Landratsamt“, „Kreisverwaltung“).[196] Auch die Körperschaften der funktionalen Selbstverwaltung haben meistens nur *ein* Leitungsorgan, das dann verantwortlich ist, etwa der Vorstand der Handwerkskammer (§ 109 HwO). Das Vertretungsorgan kann daneben für seine eigenen Datenverarbeitungen ebenfalls Verantwortlicher sein.[197]

Für die Sozialversicherungsträger gilt im Ausgangspunkt zwar das Gleiche (Leitungsorgan Vorstand nach § 35 SGB IV), doch erklärt die Spezialregelung des § 67 Abs. 4 S. 1 SGB X in ihrem Fall die Körperschaft als solche zum Verantwortlichen (vgl. → Rn. 68).

81 Entsprechendes gilt grundsätzlich für die **Hochschulen** als Träger funktionaler Selbstverwaltung und zugleich staatliche Einrichtungen.[198] Wenn und soweit die Ausführungsgesetzgebung auch hier nicht die Personen-, sondern die Organebene für maßgeblich erklärt (→ Rn. 79), dann wäre nicht die Körperschaft „Hochschule“ als solche datenschutzrechtliche Verantwortliche,[199] sondern deren einzelne zentrale und fakultäre Organe (Rektorate, Dekanate, wissenschaftliche Einrichtungen, Betriebseinheiten, Prüfungsausschüsse usf.). Diese Zuordnungsfrage hat insofern eine erhebliche Tragweite, als damit namentlich vorentschieden wird, ob Vorgänge der Datenübermittlung zwischen den verschiedenen Organen einer Hochschule unterhalb der Schwelle des Verarbeitungstatbestands bleiben oder jeweils datenschutzrechtlich gerechtfertigt werden müssen (vgl. → Rn. 67 f.).

Im Bereich der **Lehre** geht es dabei nicht nur um das Prüfungswesen, sondern auch beispielsweise um die inzwischen verbreiteten E-Learning-Systeme.[200]

Im Rahmen ihrer **Forschungstätigkeit** profitieren die Hochschulen von einer Reihe von Privilegierungen, was insbesondere

196 Vgl. *Lück*, KommJur 2018, 81 (82). Ausgenommen ist gemäß § 67 Abs. 4 S. 2 SGB X die gebietskörperschaftliche Wahrnehmung von Aufgaben nach dem Sozialgesetzbuch, wo die jeweils funktional zuständigen Untereinheiten die relevanten öffentlichen Stellen bilden (vgl. auch → Rn. 68). Im früheren Recht wurde die Körperschaft als solche für verantwortlich gehalten, vgl. *Wohlfarth/Eiermann/Schaust*, Datenschutz in der Gemeinde, 2016, S. 40.

197 So für die (freilich nur in Grenzen vergleichbaren) Berliner Bezirke *Çalışkan*, LKV 2018, 451 (452 f.), demzufolge in Berlin die Bezirksämter und die Bezirksverordnetenversammlungen je für sich verantwortliche öffentliche Stellen sind.

198 Zum Hochschuldatenschutz vgl. im Zusammenhang HdbDSR/*Golla*, § 23.

199 So aber *Roßnagel*, ZD 2019, 157 (160).

200 Vgl. HdbDSR/*Golla*, § 23 Rn. 74 ff., bes. 86 ff.

- die Weiterverarbeitung zu anderen Zwecken erhobener Daten (Art. 5 Abs. 1 lit. b Hs. 2 DSGVO, vgl. → Rn. 206)
- die Verarbeitung besonders sensibler Daten (Art. 9 Abs. 2 lit. j DSGVO iVm § 27 BDSG,[201] → vgl. Rn. 158)
- die Verpflichtung zur Löschung (Art. 17 Abs. 3 lit. d DSGVO,[202] vgl. → Rn. 255) oder Berichtigung von Forschungsdaten (wenn sonst voraussichtlich die Zweckverwirklichung unmöglich oder ernsthaft beeinträchtigt würde: § 27 Abs. 2 S. 1 BDSG,[203] gestützt auf Art. 89 Abs. 2 DSGVO,[204] vgl. → Rn. 262) und
- die Belastung mit Informationspflichten (Art. 14 Abs. 5 lit. b S. 1 Hs. 2 DSGVO, vgl. → Rn. 282)

angeht.[205] Im Gegenzug ist hier den Betroffenen uU ein besonderes Widerspruchsrecht eingeräumt (Art. 21 Abs. 6 DSGVO).

Die Privilegierungen gelten auch für die Staats- und anderen öffentlichen **Archive.**

Eine Sonderstellung haben die öffentlich-rechtlichen **Rundfunkanstalten,** denen der Medienprivilegierungsauftrag des Art. 85 DSGVO zugutekommt.[206] Sie werden auch im Landesdatenschutzrecht gesondert behandelt.[207] 82

Grundsätzlich dem gleichen Datenschutzregime unterworfen wie Verwaltungsbehörden sind die **Gerichte.** Art. 55 Abs. 3 DSGVO, Art. 45 Abs. 2 JIRL reduzieren nur die aufsichtsbehördlichen Ingerenzen in Anbetracht der richterlichen Unabhängigkeit. Angesichts der Sonderregelungen, die die Bun- 83

201 Entsprechend: § 13 LDSG BW, Art. 25 BayDSG, § 17 BlnDSG, § 25 BbgDSG, § 13 BremDSGVOAG, § 11 HmbDSG, § 24 HDSIG, § 9 DSG M-V, § 13 NDSG, § 17 DSG NRW, § 22 LDSG RP, § 23 SDSG, § 12 SächsDSDG, § 27 DSG LSA, § 13 LDSG SH, § 28 ThürDSG.

202 Vgl. ergänzend § 9 BbgDSG, § 10 Abs. 1 DSG NRW, § 7 S. 1 SächsDSDG: Löschung bei anzubietenden Unterlagen erst nach Ablehnung der Archivwürdigkeit.

203 Entsprechend: § 31 c Abs. 2 AO; aus dem Landesrecht: § 13 Abs. 4 LDSG BW, Art. 25 Abs. 4 BayDSG (ohne Statistik), § 17 Abs. 4 S. 1 BlnDSG, § 25 Abs. 5 Var. 1 BbgDSG, § 13 Abs. 3 S. 1 BremDSGVOAG, § 11 Abs. 5 HmbDSG, § 24 Abs. 2 S. 1 HDSIG, § 9 Abs. 5 DSG M-V, § 13 Abs. 5 NDSG, § 17 Abs. 5 DSG NRW, § 23 Abs. 4 SDSG, § 12 Abs. 4 SächsDSDG, § 13 Abs. 5 LDSG SH, § 28 Abs. 5 ThürDSG. Keine derartige Berichtigungsausnahme in Rheinland-Pfalz und Sachsen-Anhalt.

204 RegE BDSG, BT-Drs. 18/11325, S. 99; AusschussE, BT-Drs. 18/12611, S. 84.

205 Vgl. zum „Datenschutz in der Forschung" im Zusammenhang *Roßnagel*, ZD 2019, 157.

206 Vgl. Sydow/*Specht/Bienemann*, Art. 85 DSGVO Rn. 12.

207 So in den Ländern mit eigenen Rundfunkanstalten sowie in den Trägerländern des SWR: § 27 LDSG BW, Art. 21 BayRG, §§ 2 Abs. 5, 14 BremDSGVOAG, §§ 1 Abs. 4, 28 HDSIG, § 2 Abs. 6 LDSG RP. Im Übrigen sind die Vorschriften im (Staatsvertrags-)Fachrecht zu suchen.

desgesetzgebung hierfür getroffen hat (vgl. besonders §§ 474 ff. StPO, §§ 35 a ff. BVerfGG, außerdem § 299 ZPO, § 13 FamFG), kann aber für den deutschen mitgliedstaatlichen Bereich von einem eigenen Justizdatenschutzrecht gesprochen werden.[208] Das Verwaltungsdatenschutzrecht wird daher für die Zwecke dieses Buches begrifflich auf die Datenverarbeitung durch die Exekutive beschränkt.

84 Zur grundrechtsgebundenen Staatsgewalt gehören nach inzwischen weitgehend akzeptiertem deutschem Verständnis auch die **öffentlichen Unternehmen.**[209] Auch diese sind insofern Privaten gegenüber zur Achtung des Rechts auf informationelle Selbstbestimmung verpflichtet. Gleichwohl werden sie datenschutzgesetzesrechtlich den Privaten gleichgestellt, „soweit sie [...] am Wettbewerb teilnehmen" (§ 2 Abs. 5 BDSG[210]). Konsequenzen hat dies namentlich für die Verarbeitungsbefugnisse (Anwendbarkeit von Art. 6 Abs. 1 lit. f DSGVO, → Rn. 115) und für die Sanktionsmöglichkeiten (Geldbußen, → Rn. 99). Auf die Rechtsform kommt es dabei nicht an, so dass die öffentlich gehaltene Aktiengesellschaft ebenso erfasst ist wie der Eigen- oder Regiebetrieb. In der DSGVO-Sphäre ist bei ihnen darauf zu achten, ob unionale Sonderregelungen getroffen sind für „Behörden" (zB Art. 6 Abs. 1 UAbs. 2 DSGVO – worunter öffentliche Unternehmen nicht fallen werden[211]) oder für „öffentliche Stellen" im DSGVO-Sinne (zB Art. 37 DSGVO – wo dies auch öffentliche Unternehmen umfassen dürfte[212]).

c) Abgrenzungsposten

85 Obschon gemäß Art. 137 Abs. 5 WRV iVm Art. 140 GG teilweise als Körperschaften des öffentlichen Rechts verfasst, sind weder nach unionalem noch nach mitgliedstaatlichem Verständnis die **Religionsgemeinschaften** öffentliche Stellen. Sie fallen dementsprechend als private Stellen grundsätzlich

208 Hierzu HdbDSR/*Engeler*, § 22 mwN; *Mäsch/Ziegenrücker*, JuS 2018, 750; *Ory/Weth*, NJW 2018, 2829 (zur ZPO); *Bieresborn/Giesberts-Kaminski*, SGb 2018, 449 (zum SGG).

209 BVerfGE 128, 226 (244 ff.) [2011] – Fraport; 147, 50 Rn. 241 f. [2017] – Deutsche Bahn.

210 Entsprechend: § 6 Abs. 1 e AO, ohne Parallele im SGB; aus dem Landesrecht: § 2 Abs. 6 LDSG BW, Art. 1 Abs. 3 BayDSG, § 2 Abs. 6 BlnDSG, § 2 Abs. 4 BbgDSG, § 2 Abs. 3 BremDSGVOAG, § 2 Abs. 3 HmbDSG, § 2 Abs. 2 HDSIG, § 2 Abs. 5 DSG M-V, § 1 Abs. 4 NDSG, § 2 Abs. 4, 5 LDSG RP (modifiziert für Kreditinstitute und Versicherungsanstalten), § 2 Abs. 3 SDSG, § 2 Abs. 5 LDSG SH. Differenziertere Formulierung in § 5 Abs. 5 DSG NRW, § 2 Abs. 3 SächsDSDG, § 3 Abs. 2 DSG LSA; andere Regelungstechnik (Anwendungs-, nicht Begriffsbestimmung) in § 26 ThürDSG.

211 Vgl. Sydow/*Raschauer*, Art. 4 DSGVO Rn. 130; *Schaller*, in: Roßnagel (Hrsg.), Das neue Datenschutzrecht, 2018, § 7 Rn. 6.

212 Vgl. Sydow/*Raschauer*, Art. 4 DSGVO Rn. 132.

voll in den DSGVO-Bereich. Nirgends unterfällt ihre Tätigkeit der Sicherheitsrichtlinie (auch nicht die kirchliche Strafverfolgung) oder steht ihre Tätigkeit außerhalb des Anwendungsbereichs der Verträge (es gilt lediglich die Schonklausel des Art. 17 AEUV). Besondere Rücksicht auf die Religionsgemeinschaften nehmen Art. 91 DSGVO sowie im Verfassungsrecht das Selbstbestimmungsrecht aus Art. 137 Abs. 3 WRV, die jeweils Raum für innerkirchliche Datenschutznormen eröffnen.[213]

Ebenfalls nicht dem gewöhnlichen Verwaltungsdatenschutzrecht unterliegen 86
die **Organe, Ämter, Agenturen und sonstigen Einrichtungen der EU**, die Art. 2 Abs. 3 S. 1 DSGVO, Art. 2 Abs. 3 lit. b JIRL explizit ausnehmen. Für sie gilt ein besonderes Datenschutzregime nach der Verordnung (EG) Nr. 45/2001, das immerhin perspektivisch an die DSGVO-Regelung herangeführt werden soll (Art. 98 S. 2 DSGVO).

Deutlich betont sei an dieser Stelle, dass für die **Bediensteten der Verwaltung** 87
das Verwaltungsdatenschutzrecht nicht unmittelbar gilt. Dessen Adressaten sind grundsätzlich nur die Behörden und sonstigen öffentlichen Stellen selbst. Lediglich ein Verbot unbefugter Verarbeitung wird als „Datengeheimnis" den Bediensteten in der Richtliniensphäre (§ 53 BDSG[214]) sowie teilweise auch in der DSGVO-Sphäre auferlegt.[215] Nur im Finanzdatenschutz besteht mit dem Steuergeheimnis der Amtsträger nach § 30 AO eine andere Regelungstradition,[216] die auch nach der europäischen Reform weitergeführt wird. Verpflichtungen der Bediensteten betreffend den Umgang mit Daten ergeben sich im Übrigen aus deren jeweiligem Dienstrecht, wonach insbesondere Beamte die Pflicht haben, rechtmäßig zu handeln (§ 63 Abs. 1 BBG, § 36 Abs. 1 BeamtStG) und insofern Daten nur so zu verarbeiten, wie es ihre Dienststelle darf, sowie Verschwiegenheit zu bewahren (§ 67 BBG, § 37 BeamtStG). Spezialvorschriften, die Datenschutzvorkehrungen auf die dienstrechtliche Ebene transformieren, treten hinzu (etwa zur *Bring-your-own-device*-Problematik[217] oder zur Zeugnisverweigerung[218]). Entsprechend

213 Dazu etwa Sydow/*Hense*, Art. 91 DSGVO Rn. 1, 9 ff., 32 f.; *Hoeren*, NVwZ 2018, 373; HdbDSR/*Paschke*, § 27.

214 Entsprechend: Art. 11 Abs. 1 iVm Art. 28 Abs. 2 S. 1 Nr. 2 BayDSG, § 38 BlnDSG, § 48 HDSIG, § 36 NDSG, § 41 DSG NRW, § 35 LDSG RP, § 29 LDSG SH, § 49 Abs. 2 ThürDSG.

215 § 3 Abs. 2 LDSG BW, Art. 11 BayDSG, § 3 Abs. 1 HmbDSG, § 8 LDSG RP, § 13 SDSG, § 5 DSG LSA.

216 Zur bisherigen Rechtslage im Überblick etwa *Beckmann*, E-Government im Besteuerungsverfahren am Beispiel der E-Bilanz, 2016, S. 91 ff.

217 Vgl. zB § 14 SchulDSVO [SH] v. 18.6.2018 (NBl.MBWK.Schl.-H. 2018, 187).

218 Vgl. § 35 Abs. 3 SGB I.

ist auf der Sanktionsebene deutlich zu trennen zwischen Maßnahmen, die die Behörde treffen, und solchen, die sich gegen einzelne Bedienstete richten (→ Rn. 107 ff.).

4. Räumlicher Anwendungsbereich des Verwaltungsdatenschutzrechts

88 In räumlicher Hinsicht erfährt der Anwendungsbereich für die mitgliedstaatliche Verwaltung keine Einschränkung, wenn die vorstehend behandelten sachlichen Voraussetzungen gegeben sind. Das gilt sowohl für die Maßstäbe des Unionsrechts als auch für die des Grundgesetzes, soweit diesen eigenständiger Raum verbleibt.

89 In der **DSGVO-Sphäre** (→ Rn. 8 ff.) kommt es primär auf die **Niederlassung in der Union** an (Art. 3 Abs. 1 DSGVO). An die besondere Situation der öffentlichen Stellen ist dabei ersichtlich nicht gedacht worden.[219] Nach der deutschen Verwaltungsrechtskonzeption, die alles hoheitliche Handeln einem Verwaltungsträger zurechnet, läge es nahe, allgemein auf dessen Sitz abzustellen; dieser befände sich für den Bund, die Länder und die jeweilige mittelbare Verwaltung (bzw. deren jeweilige Organe) stets im Inland. Doch die Konzeption der Unionsgesetzgebung ist eigenständig und weniger auf juristische Personen fokussiert. Sie stellt vielmehr beim Verarbeitungsverantwortlichen generell „juristische Person" und „Behörde" *nebeneinander* (Art. 4 Nr. 7 Hs. 1 DGSVO, → Rn. 68, 78) und legt es insofern nahe, auch bei der Niederlassung die einzelne Behörde zu betrachten. Darauf deutet Erwägungsgrund 25 in der Tat hin, der Art. 3 Abs. 3 DSGVO damit erklärt, so könnten die Auslandsvertretungen erfasst werden, wo kraft Völkerrechts das Recht des entsendenden Staats gelte;[220] Entsprechendes könnte nach dem Flaggenstaatsprinzip für Schiffe deutscher Behörden gelten (etwa: die Arbeitsschiffe des Bundesamts für Seeschifffahrt und Hydrographie oder der Wasserstraßen- und Schifffahrtsämter).[221] Eine Anwendungslücke entstünde nach dieser – offenbar von der Unionsgesetzgebung gewollten – Lesart allerdings bezüglich solcher deutscher Stellen, die im Ausland sitzen, ohne völ-

219 Nach Simitis/Hornung/Spiecker/*Hornung*, Art. 3 Rn. 2, soll diese Regelung auf öffentliche Stellen gar nicht zu beziehen sein; das passt aber zumindest nicht recht zu ErwGrd 25, siehe sogleich im Text.

220 Vgl. Sydow/*Ennöckl*, Art. 3 DSGVO Rn. 5.

221 Ähnlich Simitis/Hornung/Spiecker/*Hornung*, Art. 3 Rn. 66.

kerrechtlich exemt zu sein.[222] Konsequenzen hat die Niederlassungsfrage auch im Hinblick auf die internationale Zuständigkeit für die von Art. 79 DSGVO garantierten gerichtlichen Rechtsbehelfe (→ Rn. 311).

In der **Richtliniensphäre** (→ Rn. 26 ff.) ist der räumliche Anwendungsbereich demgegenüber von vornherein nicht eingeschränkt, sondern gibt allein die Zugehörigkeit zum Kreis der erfassten „zuständigen Behörden" der Mitgliedstaaten den Ausschlag (Art. 2 Abs. 1 JIRL). Wo diese Behörden die Verarbeitung durchführen, ist insoweit nicht von Bedeutung. 90

Für das Grundrecht auf informationelle Selbstbestimmung – soweit dieses nicht vom Unionsrecht überlagert wird, also insbesondere in der **unionsrechtsfreien Sphäre,** → Rn. 41 ff. – gilt im Einklang mit den allgemeinen Grundrechtslehren ebenfalls, dass nach Art. 1 Abs. 3 GG die **deutsche Staatsgewalt, wo immer sie tätig wird,** daran gebunden ist. Damit bindet das Grundrecht namentlich die Auslandsvertretungen und die im Ausland eingesetzten Polizei- und Streitkräfte. 91

222 Zu denken ist dabei wohl im Wesentlichen an Truppenteile im Auslandseinsatz, für die freilich die DSGVO ohnehin nicht gilt (→ Rn. 44). Zum besonderen Rechtsstatus von Auslandsvertretungen siehe statt aller *von Arnauld*, Völkerrecht, 2. Aufl., 2014, Rn. 574 ff.

II. Die Folgen von Datenschutzverstößen

92 Das System des Verwaltungsdatenschutzrechts wird am besten verstanden, wenn nicht nur die Verpflichtungen betrachtet werden, sondern auch von den Konsequenzen eines Verstoßes her gedacht wird.[223] Auf diese Weise lassen sich verschiedene Aspekte der drohenden Folgen trennen und damit zugleich die Verpflichtungen nach ihrer Relevanz und Tragweite abschichten.

93 Unterscheiden lassen sich mindestens **fünf Problemebenen:** zunächst spezifisch datenschutzrechtliche Konsequenzen in Gestalt von (1) Informationspflichten (→ Rn. 94 ff.) und (2) Ingerenzrechten der Aufsicht (→ Rn. 98 f.), sodann (3) zivil-, (4) verwaltungs- und (5) strafrechtliche Folgen (→ Rn. 100 ff., 104 ff. bzw. 107 ff.).

1. Information von Aufsichtsbehörde und Betroffenen

94 Bestimmte Verstöße gegen Datenschutzvorschriften muss die Behörde unverzüglich von Amts wegen melden, und zwar zum einen gegenüber der Aufsichtsbehörde (Art. 33 Abs. 1 DSGVO bzw. Art. 30 Abs. 1 JIRL, § 65 Abs. 1 BDSG[224]), zum anderen gegenüber der betroffenen Person (Art. 34 DSGVO bzw. Art. 31 JIRL, § 66 BDSG[225]). Voraussetzung ist in beiden Vorschriften, dass **infolge des Verstoßes ein Risiko** (bezüglich der Benachrichtigung der betroffenen Person: ein hohes Risiko) **für die Rechte und Freiheiten natürlicher Personen** gegeben ist. Zu melden sind jeweils

223 Allgemeiner Überblick zum Sanktionssystem der DSGVO bei *Martini/Wagner/Wenzel*, VerwArch 109 (2018), S. 163 (165–169). Zur Problematik der Sanktionierung von DSGVO-Verstößen, wenn eine unionsrechtswidrige deutsche Vorschrift befolgt wurde, vgl. *Franck*, ZD 2018, 345.

224 Entsprechend: § 51 BlnDSG, § 60 HDSIG, § 54 LDSG RP, § 41 LDSG SH, § 55 ThürDSG. Auf Art. 33 DSGVO verweisen Art. 28 Abs. 2 S. 2 BayDSG, § 41 Abs. 1 NDSG, § 59 S. 1 DSG NRW.

225 Entsprechend: § 52 BlnDSG, § 61 HDSIG, § 55 LDSG RP, § 42 LDSG SH, § 56 ThürDSG. Auf Art. 34 DSGVO verweisen Art. 28 Abs. 2 S. 1 Nr. 3 BayDSG, § 42 Abs. 1 S. 2 NDSG, § 67 Nr. 5 DSG NRW.

- die Art des Verstoßes (für die betroffene Person „in klarer und einfacher Sprache“)
- die wahrscheinlichen Folgen des Verstoßes
- die zur Behebung des Verstoßes ergriffenen oder zu ergreifenden Maßnahmen sowie
- die Kontaktdaten des eigenen Datenschutzbeauftragten (→ Rn. 237 ff.)

(Art. 33 Abs. 3, 34 Abs. 2 DSGVO bzw. Art. 30 Abs. 3, 31 Abs. 2 JIRL, §§ 65 Abs. 3, 66 Abs. 2 BDSG).

Die strengere Regelung gilt für die **Meldung an die Aufsichtsbehörde.** Nicht nur setzt sie die Meldeschwelle mit dem einfachen Risiko niedriger an, überdies ergänzt sie das Erfordernis der Unverzüglichkeit um eine Frist von 72 Stunden ab Kenntnis der Behörde von dem Verstoß. Versäumt die Behörde die 72-Stunden-Frist, so muss sie dies zumindest begründen (Art. 33 Abs. 1 S. 2 DSGVO bzw. Art. 30 Abs. 1 JIRL, § 65 Abs. 1 BDSG). Dass noch nicht alle erforderlichen Informationen vorlägen, wird als Argument nicht zugelassen;[226] vielmehr sind die Informationen notfalls schrittweise der Aufsichtsbehörde weiterzugeben (Art. 33 Abs. 4 DSGVO bzw. Art. 30 Abs. 4 JIRL, § 65 Abs. 4 BDSG). 95

Ergänzend ist im Sozialdatenschutz auch noch die eigene (allgemeine) Rechts- oder Fachaufsichtsbehörde zu benachrichtigen (§ 83 a SGB X), im Falle der bundesunmittelbaren Sozialversicherungsträger also das Bundesversicherungsamt (§ 90 SGB IV).

Die **Benachrichtigung der betroffenen Person** kann demgegenüber bereits unterbleiben, wenn 96

- kein hohes Risiko bestand, weil die Daten durch Verschlüsselung o.ä. geschützt waren (Art. 34 Abs. 3 lit. a DSGVO bzw. Art. 31 Abs. 3 lit. a JIRL, § 66 Abs. 3 Nr. 1 BDSG)
- ein hohes Risiko bestand, aber nachträglich beseitigt werden konnte (Art. 34 Abs. 3 lit. b DSGVO bzw. Art. 3 Abs. 3 lit. b JIRL, § 66 Abs. 3 Nr. 2 BDSG)
- die individuelle Benachrichtigung unverhältnismäßig wäre (Art. 34 Abs. 3 lit. c DSGVO bzw. Art. 31 Abs. 3 lit. c JIRL, § 66 Abs. 3 Nr. 3 BDSG – hier muss jedoch stattdessen grundsätzlich eine öffentliche Bekanntmachung erfolgen) oder

226 Vgl. Simitis/Hornung/Spiecker/*Dix*, Art. 33 Rn. 22.

- die Verarbeitung oder ihr Inhalt wegen einer Rechtsvorschrift[227] oder „wegen der überwiegenden berechtigten Interessen eines Dritten"[228] (§ 29 Abs. 1 S. 3 BDSG,[229] gestützt auf Art. 23 Abs. 1 lit. i DSGVO,[230] bzw. Art. 31 Abs. 5 iVm Art. 13 Abs. 3 JIRL, § 66 Abs. 5 iVm § 56 Abs. 2 BDSG[231]) oder im Interesse der öffentlichen Sicherheit oder der Strafverfolgung (so die meisten Landesrechte in der DSGVO-Sphäre[232] und die genannten Normen der Richtliniensphäre) geheim gehalten werden muss.

---

227 Unter den nichtöffentlichen Stellen gilt dies vor allem für die Berufsgeheimnisträger des § 203 Abs. 1 StGB; offenbar sogar nur diese haben bei der Vorschrift im Blick Paal/Pauly/*Gräber/Nolden*, § 29 BDSG Rn. 5 ff. Für den öffentlichen Bereich bedeutet der Verweis auf fachrechtlich angeordnete Geheimhaltung im Ergebnis Subsidiarität der datenschutzrechtlichen Benachrichtigungspflicht.

228 Über diese Fallgruppe hinaus, im Gesetz nur mit „insbesondere" eingeleitet, dürfte die Klausel den Anforderungen des Art. 23 Abs. 1 DSGVO nicht mehr gerecht werden, dessen von der Bundesregierung allein in Anspruch genommene lit. i (RegE BDSG, BT-Drs. 18/11325, S. 100) nur auf den Schutz anderer Personen abstellt (wenn auch nicht notwendig natürlicher Personen, vgl. Sydow/*Peuker*, Art. 23 DSGVO Rn. 35: auch der Verantwortliche selbst kann darunterfallen). Dass „praktisch nur" die Fälle der insbesondere-Klausel auftreten werden, meint BeckOK DatenschutzR/*Uwer*, § 29 BDSG (1.8.2018) Rn. 10.

229 § 29 Abs. 1 S. 4 BDSG statuiert eine Gegenausnahme für den Fall, dass doch „die Interessen der betroffenen Person [...] überwiegen". Dann dürften aber ohnehin keine „überwiegenden [sic!] berechtigten Interessen eines Dritten" gegeben sein, wie Satz 3 sie voraussetzt. – Aus dem Landesrecht vgl. Art. 13 iVm Art. 6 Abs. 2 Nr. 3 lit. d BayDSG, § 27 iVm § 23 Abs. 1 S. 2 Nr. 3 BlnDSG, § 12 Nr. 2 BbgDSG, § 10 Abs. 1 Nr. 3 BremDSGVOAG, § 18 Abs. 1 Nr. 3 HmbDSG, § 26 Abs. 3 HDSIG, § 7 Nr. 2 DSG M-V, § 10 Nr. 3 NDSG, § 13 Nr. 2 DSG NRW, § 13 Nr. 3 LDSG RP, § 12 Abs. 1 Nr. 3 SDSG, § 10 Abs. 1 Nr. 3 SächsDSDG, § 14 b Abs. 2 Nr. 2 iVm § 15 Abs. 4 Nr. 3 DSG LSA, § 10 Abs. 1 Nr. 3 LDSG SH, § 24 Nr. 2 ThürDSG.

230 RegE BDSG, BT-Drs. 18/11325, S. 100.

231 Entsprechend: § 52 Abs. 5 iVm § 42 Abs. 2 BlnDSG, § 61 Abs. 5 iVm § 51 Abs. 2 HDSIG, § 42 Abs. 2 iVm § 51 Abs. 3 NDSG, § 55 Abs. 5 iVm § 44 Abs. 2 LDSG RP, § 42 Abs. 5 iVm § 32 Abs. 2 LDSG SH, § 56 Abs. 5 iVm § 41 Abs. 2 ThürDSG.

232 Siehe Art. 13 iVm Art. 6 Abs. 2 Nr. 3 lit. a, b BayDSG (überdies: im Interesse des Gemeinwohls), § 27 iVm § 23 Abs. 1 S. 2 Nr. 1, 2 BlnDSG, § 10 Abs. 1 Nr. 1, 2 BremDSGVOAG, § 18 Abs. 1 Nr. 1, 2 HmbDSG, § 10 Nr. 1, 2 NDSG, § 13 Nr. 1, 2 LDSG RP, § 12 Abs. 1 Nr. 1, 2 SDSG, § 10 Abs. 1 Nr. 1, 2 SächsDSDG, § 14 b Abs. 2 Nr. 2 iVm § 15 Abs. 4 Nr. 1, 2 DSG LSA (statt Strafverfolgung gesamte Aufgabenerfüllung), § 10 Abs. 1 Nr. 1, 2 LDSG SH, § 24 Nr. 1, 3 ThürDSG; ohne Nennung der Strafverfolgung: § 12 Nr. 1 BbgDSG, § 7 Nr. 1 DSG M-V, § 13 Nr. 1 DSG NRW. Die **IT-Sicherheit** (die man sonst wohl der öffentlichen Sicherheit als Integrität staatlicher Einrichtungen und Veranstaltungen zuordnen dürfte) als weiteren Ausnahmetatbestand kennen § 12 Nr. 3 BbgDSG, § 10 Abs. 1 Nr. 4 BremDSGVOAG, § 18 Abs. 1 Nr. 4 HmbDSG, § 7 Nr. 3 DSG M-V, § 10 Nr. 4 NDSG, § 13 Nr. 3 DSG NRW, § 13 Nr. 4 LDSG RP, § 12 Abs. 1 Nr. 4 SDSG, § 10 Abs. 1 Nr. 4 SächsDSDG, § 10 Abs. 1 Nr. 4 LDSG SH, § 24 Nr. 4 ThürDSG.

Die aufgrund der Meldung nach Art. 33 DSGVO unterrichtete Aufsichtsbehörde kann verbindlich feststellen, dass einer dieser Fälle vorliegt,[233] und so der Behörde zumindest darin Sicherheit geben, nicht durch Versäumen der Benachrichtigung auch noch der betroffenen Person einen Folgeverstoß zu begehen (Art. 34 Abs. 4 Var. 2 DSGVO). 97

2. Untersuchungs- und Abhilfebefugnisse der Aufsichtsbehörde

Im Falle eines Verstoßes stehen der Aufsichtsbehörde diverse Befugnisse zur Untersuchung und zur Erzwingung von Behebungsmaßnahmen auch gegenüber Behörden zur Verfügung (dazu im Einzelnen → Rn. 326 ff.). In erster Linie kommt die Verwarnung in Frage.[234] 98

Dagegen droht deutschen Behörden grundsätzlich **keine Geldbuße.** In der – allein öffentliche Stellen betreffenden – Richtliniensphäre ist diese Sanktion ohnehin nicht vorgesehen. In der DSGVO-Sphäre figuriert sie dagegen eigentlich prominent und ist potenziell massiv (vgl. Art. 83 DSGVO). Behörden sind von den entsprechenden Bußgeldtatbeständen auch nicht zwangsläufig ausgeschlossen.[235] Allerdings *gestattet* Art. 83 Abs. 7 DSGVO es den Mitgliedstaaten, in Bezug auf ihre öffentlichen Stellen Ausnahmen vorzusehen. Davon haben der Bund (§ 43 Abs. 3 BDSG, § 384 a Abs. 4 AO, § 85 a Abs. 3 SGB X) und alle Länder[236] Gebrauch gemacht, jeweils mit der Gegenausnahme ihrer öffentlichen Wettbewerbsunternehmen (§ 2 Abs. 5 BDSG, § 6 Abs. 1 e AO, nicht jedoch im Sozialdatenschutz).[237] Soweit allerdings in einem Landesgesetz keine Regelung getroffen wird und auch das BDSG nicht subsidiär anwendbar ist (§ 1 BDSG!), sind Behörden der (unmittelbaren oder mittelbaren) Landesverwaltung potenziell bußgeldgefährdet. 99

---

233 Diese Befugnis wird man auch auf kompetenzgemäß hinzugesetzte Ausnahmefälle nach mitgliedstaatlichem Recht, wie den nach § 29 Abs. 1 S. 3 BDSG, beziehen können.

234 *Martini/Wenzel*, PinG 2017, 92 (94 f.).

235 Entgegen *Martini/Wagner/Wenzel*, VerwArch 109 (2018), S. 163 (176), wäre dies auch nicht als In-sich-Verfahren widersprüchlich (vgl. auch → Rn. 350). Es sind ja verschiedene Stellen, die nur eben demselben Rechtsträger zugerechnet werden. Allfällige verwaltungsprozessuale Komplikationen in den Mitgliedstaaten sind der Unionsgesetzgebung erfahrungsgemäß gleichgültig.

236 § 28 LDSG BW, Art. 23 Abs. 3 BayDSG, § 28 BlnDSG, § 32 Abs. 3 BbgDSG, § 23 Abs. 3 BremDSGVOAG, § 24 Abs. 3 HmbDSG, § 36 Abs. 2 HDSIG, § 22 Abs. 3 DSG M-V, § 20 Abs. 5 NDSG, § 33 Abs. 4 DSG NRW, § 24 Abs. 3 LDSG RP, § 20 Abs. 5 S. 2 SDSG, § 19 Abs. 3 SächsDSDG, § 22 Abs. 1 S. 3 DSG LSA, § 19 Abs. 1 LDSG SH, § 7 Abs. 2 S. 2 ThürDSG.

237 Vgl. *Martini/Wagner/Wenzel*, VerwArch 109 (2018), S. 163 (176 f.).

3. Zivilrechtliche Schadenersatzpflicht des Rechtsträgers

100 Eine weitere Konsequenz des Datenschutzverstoßes ist die Schadensersatzhaftung. Ergänzend zur allgemeinen Amtshaftung nach § 839 BGB iVm Art. 34 S. 1 GG,[238] deren Voraussetzungen verhältnismäßig schwer zu begründen sind, ist nach dem unionalen Datenschutzregime ein spezieller Anspruch vorgesehen, der jeder geschädigten Person zugutekommt.[239]

101 In der DSGVO-Sphäre ist die **Anspruchsgrundlage Art. 82 Abs. 1 DSGVO.**[240] Voraussetzung ist lediglich „eine nicht dieser Verordnung entsprechende Verarbeitung" (Art. 82 Abs. 2 S. 1 DSGVO) und ein daraus resultierender Schaden, der ausdrücklich kein Vermögensschaden zu sein braucht.[241] Die Exkulpationsmöglichkeit nach Art. 82 Abs. 3 DSGVO setzt den Nachweis voraus, dass die Behörde „in keinerlei Hinsicht" für den schadensursächlichen Umstand verantwortlich ist; es genügt also nicht die Anwendung üblicher Sorgfalt, sondern ein anderer muss die Verarbeitung allein veranlasst haben, entweder ein Naturereignis (als höhere Gewalt), ein außenstehender Dritter oder die betroffene Person selbst.[242]

102 In der Richtliniensphäre wurden gemäß Art. 56 JIRL mit § 83 BDSG und den landesrechtlichen Parallelvorschriften[243] **Anspruchsgrundlagen nach mitgliedstaatlichem Recht** geschaffen. Soweit dies landesrechtlich nicht geschehen ist, wird man die unmittelbare Anwendbarkeit der Richtlinie annehmen können, da hier ausschließlich eine Pflicht des Mitgliedstaates in Richtung auf Private im Raum steht,[244] und einen Anspruch direkt aus Art. 56 JIRL herleiten.

103 Die Schadensersatzpflicht trifft nach den unionsrechtlichen Anspruchsgrundlagen den Verantwortlichen, also die öffentliche Stelle. Dies wird man – an-

238 Vgl. ErwGrd 146 S. 4 DSGVO; Kühling/Buchner/*Bergt*, Art. 82 DSGVO Rn. 67; aA Sydow/*Kreße*, Art. 82 DSGVO Rn. 27.

239 Vgl. zu Differenzierungen Kühling/Buchner/*Bergt*, Art. 82 DSGVO Rn. 13ff.; Simitis/Hornung/Spiecker/*Boehm*, Art. 82 Rn. 8 f.: wohl nur natürliche Personen, aber nicht nur Betroffene.

240 Simitis/Hornung/Spiecker/*Boehm*, Art. 82 Rn. 6.

241 Freilich muss substanziiert werden, „welches konkrete Leid dem Betroffenen zugestoßen sein soll", so überzeugend *Güngör*, ZD-Aktuell 2019, 06507 (sub III 3).

242 Vgl. Paal/Pauly/*Frenzel*, Art. 82 DSGVO Rn. 15; Sydow/*Kreße*, Art. 82 DSGVO Rn. 20.

243 Entsprechend, allerdings teilweise nur zugunsten der betroffenen Person: Art. 37 BayDSG, § 69 BlnDSG, § 78 HDSIG, § 54 NDSG, § 68 DSG NRW, § 66 LDSG SH, § 71 LDSG RP, § 45 ThürDSG.

244 Grundlegend EuGH, U. v. 6.10.1970 – 9/70 – Grad; für Deutschland U. v. 22.2.1984 – 70/83 – Kloppenburg; vgl. zum Ganzen *Reimer*, JZ 2015, 910 (917 f.).

gesichts der mitgliedstaatlichen Autonomie bezüglich der Verwaltungsorganisation und -verfahren[245] – nicht anders verstehen können denn als Verweis auf den jeweils dahinterstehenden vermögensfähigen Verwaltungsträger. Schuldner ist bei deutschen Behörden im Außenverhältnis insofern immer der **Rechtsträger der Behörde.**[246]

4. Verwaltungsrechtliche Konsequenzen

a) Unterlassungs- bzw. Herstellungsklagen

Im Falle von Verstößen gegen die subjektiven Betroffenenrechte besteht zunächst ein Anspruch auf Erfüllung dieser Rechte, entweder durch Unterlassung einer rechtswidrigen Vorgehensweise oder durch Vornahme der gebotenen Handlung (etwa: Berichtigung oder Löschung von Daten, Art. 16, 17 DSGVO, Art. 16 JIRL; dazu → Rn. 292 ff.). Für diese Ansprüche garantieren Art. 79 Abs. 1 DSGVO, Art. 54 JIRL einen gerichtlichen Rechtsbehelf, der in Deutschland mit der (allgemeinen) Leistungsklage bereitsteht. Der Behörde droht also neben den aufsichtlichen Einwirkungen (→ Rn. 98 f.) auch eine Klage der betroffenen Person, wobei je nach behördlichem Tätigkeitsfeld der Verwaltungs- oder Zivil-,[247] ggf. auch der Finanz-, Sozial- oder Arbeitsrechtsweg gegeben sein kann (vgl. im Einzelnen → Rn. 310 ff.). Ein allgemeines subjektives Recht auf (unions)rechtmäßige Verarbeitung gibt es demgegenüber nicht (→ Rn. 294). 104

b) Anfechtungsklage gegen den resultierenden Verwaltungsakt

Über den Primärrechtsschutz gegen den Datenschutzverstoß als solchen kommt auch noch in Frage, dass der Verstoß als Verfahrensfehler zu behandeln ist, der einen am Ende stehenden Verwaltungsakt infiziert, also formell rechtswidrig macht.[248] Der Sache nach bewirkt das Datenschutzrecht hier dann grundsätzlich ein verwaltungsverfahrensrechtliches **Beweisverwertungs-** 105

245 Dazu mN *Ludwigs*, NVwZ 2018, 1417.

246 Die Annahme, bei monokratischen Behörden hafte der Organwalter persönlich, erscheint fernliegend. So aber HdbDSR/*Sassenberg*, § 24 Rn. 30, in Bezug auf Schulleiter, soweit diese zu datenschutzrechtlich Verantwortlichen erklärt wurden.

247 Vgl. Sydow/*Kreße*, Art. 79 DSGVO Rn. 25.

248 *Hufen/Siegel*, Fehler im Verwaltungsverfahren, 6. Aufl., 2018, Rn. 246 (die sogar Nichtigkeit für möglich halten); aus der Rechtsprechung vgl. BSG, U. v. 9.3.2016 – B 14 AS 3/15 R, juris, Rn. 21 ff. (nur *in concreto* verneint).

verbot.[249] In diesem Falle drohte neben der Leistungsklage (wie vorstehend → Rn. 104) auch eine Anfechtungsklage gegen das Verfahrensergebnis Erfolg zu versprechen.

106 Ob die Anfechtung allein wegen eines solchen Verstoßes auch begründet sein kann, dürfte bei gebundenen Entscheidungen maßgeblich von der noch weitgehend ungeklärten Frage abhängen, inwieweit der **datenschutzrechtliche Verfahrensfehler nach § 46 VwVfG, § 127 AO, § 42 S. 1 SGB X unbeachtlich** ist[250] oder ob diese Normen durch überlagerndes Datenschutzrecht von der Unbeachtlichkeitsfolge ausgenommen sind. Letzteres muss man zumindest dort annehmen, wo ein Verwertungsverbot ausdrücklich angeordnet ist, wie in mehreren Ländern geschehen für den Fall eines „Beifangs" an Daten, der nicht oder nur mühsam von den zulässigerweise verarbeiteten Daten abgetrennt werden kann.[251] Bei Ermessensentscheidungen, die den Unbeachtlichkeitsvorschriften regelmäßig nicht unterfallen,[252] müsste der Datenschutzverstoß ohnehin grundsätzlich zur Rechtswidrigkeit führen.

5. Straf- und disziplinarrechtliche Konsequenzen

107 Ein Datenschutzverstoß von besonderer Schwere kann außer für die Behörde selbst schließlich auch auf der Ebene des Behördenpersonals – das selbst nicht zu den unmittelbaren Adressaten des Verwaltungsdatenschutzrechts gehört, → Rn. 87 – zu Konsequenzen, nämlich zu einer persönlichen strafrechtlichen und ggf. disziplinarrechtlichen Haftung der verantwortlichen Bediensteten führen.[253] Schon im Sinne ihrer dienstrechtlichen Fürsorgepflich-

249 Die behördliche spiegelt hier die gerichtliche Ebene; zu dieser vgl. LAG Hamm, U. v. 12.6.2017 – 11 Sa 858/16, ZD 2018, 92. Zum Ganzen auch *Albers*, in: Hoffmann-Riem/Schmidt-Aßmann/Voßkuhle (Hrsg.), Grundlagen des Verwaltungsrechts, Bd. 2, 2. Aufl., 2012, § 22 Rn. 141 ff.; *Hufen/Siegel*, Fehler im Verwaltungsverfahren, 6. Aufl., 2018, Rn. 237 ff.; *Reimer*, Verfahrenstheorie, 2015, S. 291, 335.

250 Das hält für möglich Schlegel/Voelzke/*Woltjen*, jurisPK-SGB VII, 2. Aufl., 2014, § 188 Rn. 46.

251 Siehe § 15 Abs. 4 BlnDSG, § 4 Abs. 5 S. 2 DSG M-V, § 3 Abs. 2 S. 3 DSG NRW; von einem „Verarbeitungsverbot" spricht an gleicher Stelle § 6 Abs. 5 S. 2 BbgDSG, was aber ein Verwertungsverbot bedeuten soll, siehe LT-Drs. (BB) 6/7365, Begründung, S. 9. Zum Thema, wenngleich nur auf gerichtliche und nicht behördliche Verwertung bezogen, BeckOK DatenschutzR/*Wagner*, Syst. D (1.2.2016) Rn. 69.

252 Vgl. Stelkens/Bonk/Sachs/*Sachs*, VwVfG, 9. Aufl., 2018, § 46 Rn. 73 ff., bes. 85.

253 Der Unterschied in der Adressierung des eigentlichen Datenschutzrechts und des flankierenden Strafrechts lässt beide als komplementär im Hinblick auf einen „umfassenden Datenschutz" erscheinen: Knickrehm/Kreikebohm/Waltermann/*Greiner*, Kommentar zum Sozialrecht, 5. Aufl., 2017, § 35 SGB I Rn. 1 aE.

ten (§ 78 BBG, § 45 BeamtStG, § 31 SG) wird die Behörde derartige Folgen zu vermeiden helfen müssen.

Zu denken ist hier zum einen an das **spezifische Datenschutzstrafrecht**, das die Gesetzgebung in den verschiedenen Datenschutzsphären (→ Rn. 6 ff.) unterschiedlich ausgestaltet hat: 108

- In der allgemeinen Verwaltung nach Bundesrecht droht § 42 Abs. 1, 2 BDSG Geld- und Freiheitsstrafen bis zu drei Jahren an, insbesondere für die gewerbsmäßige unberechtigte Übermittlung von Daten vieler Menschen; angeknüpft wird alternativ auch an Entgeltlichkeit, Bereicherungsabsicht oder Schädigungsabsicht.
- In der Sozialverwaltung gilt dies nach § 85 Abs. 1 SGB X entsprechend,
- in der bundesrechtlichen Richtliniensphäre nach § 84 BDSG.
- In der Finanzverwaltung droht § 355 StGB (Verletzung des Steuergeheimnisses) Freiheitsstrafen bis zu zwei Jahren an, und zwar bereits für die bloße Offenbarung von Steuerdaten durch einen Amtsträger.
- In der allgemeinen Verwaltung nach Landesrecht sind ebenfalls Strafvorschriften geschaffen worden,[254] die tatbestandlich mehr oder weniger deutlich an § 42 BDSG anschließen und Freiheitsstrafen bis zu zwei Jahren androhen.[255]

Daneben gilt zum anderen das **allgemeine datenbezogenen Strafrecht**,[256] namentlich als Amtsdelikte die Straftatbestände aus 109

- § 203 Abs. 2 Nr. 1 StGB (Verletzung zum persönlichen Lebensbereich gehörender Geheimnisse durch Amtsträger) – Geld- oder Freiheitsstrafe bis zu einem Jahr
- § 204 StGB (Verwertung zum persönlichen Lebensbereich gehörender Geheimnisse durch Amtsträger) – Geld- oder Freiheitsstrafe bis zu zwei Jahren
- § 353 b Abs. 1 StGB (Verletzung des Dienstgeheimnisses durch Amtsträger bei Gefährdung wichtiger öffentlicher Interessen) – Geld- oder Freiheitsstrafe bis zu einem Jahr.

Daneben ist an die übrigen Tatbestände der §§ 201 ff. sowie an §§ 303 a, 303 b StGB zu denken.

---

254 § 29 LDSG BW, Art. 23 BayDSG, § 34 DSG NRW, §§ 29, 70 BlnDSG, § 33 BbgDSG, § 24 BremDSGVOAG, § 26 HmbDSG, §§ 37, 79 HDSIG, § 23 DSG M-V, § 60 NDSG, §§ 34, 69 DSG NRW, §§ 25, 72 LDSG RP, § 27 SDSG, § 22 SächsDSDG, § 31 DSG LSA, §§ 19, 67 LDSG SH, § 61 ThürDSG.

255 Dass die landesrechtlichen Strafandrohungen hinter § 42 Abs. 1 BDSG zurückbleiben, ist kompetenzrechtlich der Begrenzung durch Art. 3 EGStGB geschuldet.

256 Zusammengefasst auch bei Simitis/Hornung/Spiecker/*Boehm*, Art. 84 Rn. 18.

110 Neben den strafrechtlichen ist bei öffentlich-rechtlich Bediensteten auch an **disziplinarische Sanktionen** zu denken, die hier – außer an die Rechtstreuepflicht im Fall, dass Straftatbestände verwirklicht sind – auch an die Verletzung der dienstrechtlichen Verschwiegenheitspflicht anknüpfen können (§ 67 BBG, § 37 BeamtStG, § 14 SG).

III. Die Zulässigkeit der Datenverarbeitung

Den Kern des Verwaltungsdatenschutzrechts – und zwar aller Sphären – bilden die Vorschriften darüber, unter welchen Voraussetzungen eine Behörde 111 personenbezogene Daten verarbeiten darf. Da die Frage nach einem Dürfen nur dann einen Sinn hat, wenn die fragliche Tätigkeit grundsätzlich sonst verboten wäre, soll sie auch hier vom Kopf auf die Füße gestellt werden.[257] Betrachtet werden also zunächst die für Datenverarbeitungen geltenden präventiven Verbote (→ Rn. 112 ff.) und daran anknüpfend dann die einzelnen Erlaubnistatbestände: Pflicht (→ Rn. 130 ff.), Einwilligung (→ Rn. 148 ff.) und sonstige Aufgabenerfüllung (→ Rn. 153 ff.).

Getreu der unionsrechtlichen bzw. gesetzlichen Regelungstechnik werden anschließend noch die zusätzlichen Anforderungen vorgestellt, die das Datenschutzrecht an bestimmte Verarbeitungsfälle – auch wenn diese prima facie von einem Erlaubnistatbestand gedeckt sind – stellt (→ Rn. 194 ff.).

1. Keine Datenverarbeitung ohne Befugnis

112 Die **Verarbeitung personenbezogener Daten ist** in allen Datenschutzsphären **präventiv verboten**, soweit nicht ein Erlaubnistatbestand einschlägt. Ob in Bezug auf diese Regelungstechnik im verwaltungsrechtsdogmatischen Sinne von einem „Verbot mit Erlaubnisvorbehalt" gesprochen werden sollte, ist vor allem terminologisch vor dem Hintergrund umstritten, dass die Erlaubnis in Bestimmungen wie Art. 6 Abs. 1 DSGVO oft im selben legislativen Atemzug ausgesprochen wird wie das Verbot und sich insofern von der Idee einer nachgelagerten, den Einzelfall freigebenden und typischerweise von der Exekutive herrührenden Erlaubnis unterscheidet, wie man sie etwa vom Verhältnis des präventiven Bauverbots zur Baugenehmigung kennt (vgl. beispielsweise §§ 60, 74 BauO NRW 2018). Weitgehend unstrittig als Inhalt des geltenden Rechts[258] ist zumindest das Ergebnis eines „Verbotsprinzips":[259] es gilt ein „**Verbot mit Ausnahmen**".

113 Der rechtliche Sitz dieses präventiven Verbots unterscheidet sich in erster Linie nach der jeweiligen Datenschutzsphäre, teilweise aber auch nach der Art der verarbeiteten Daten sowie der Art ihrer Verarbeitung.

---

257 Vgl. bereits *Reimer*, DÖV 2018, 881 (886).

258 Rechtspolitisch spricht durchaus manches gegen diese Regelungskonzeption; vgl. aus der Diskussion etwa *Giesen*, PinG 2013, 62; *Härting/Schneider*, CR 2015, 819 (822 f.); sa *Veil*, ZD 2015, 347.

259 AA *Roßnagel*, NJW 2019, 1, allerdings in Verkennung der normstrukturellen Zusammenhänge: positive Erlaubnisse haben eben nur angesichts eines *sonst* geltenden Verbots einen Sinn. „Erlaubnisprinzip" (ebd., S. 5) mag als Begriff freundlicher klingen, verdeckt aber den zugrundeliegenden fundamentalen Verbotscharakter des Datenschutzrechts (gleichviel, ob das Verbot jeweils von der Unions-, Verfassungs- oder Gesetzesebene herzuleiten ist).

a) DSGVO-Sphäre

aa) Generelles präventives Verbot aus Art. 6 Abs. 1 DSGVO

In der DSGVO-Sphäre ist die Datenverarbeitung nach **Art. 6 Abs. 1 DSGVO** grundsätzlich verboten. Als Ausnahmen stehen – abschließend – in dieser Vorschrift sechs Erlaubnistatbestände bereit, von denen zumindest *einer* verwirklicht sein muss, damit das Verbot nicht greift.[260] 114

Unter den Erlaubnistatbestand ist allerdings der für die Privatwirtschaft besonders wichtige des „**berechtigten Interesses**" (lit. f) den Behörden von vornherein aus der Hand geschlagen, soweit sie „in Erfüllung ihrer Aufgaben" handeln (UAbs. 2). Der Tatbestand der lit. f kommt im Verwaltungsdatenschutzrecht damit nur in Betracht, soweit 115

- es um öffentliche Stellen geht, die keine Behörden sind (→ Rn. 78 f., 84),[261] also namentlich Wirtschaftsunternehmen der öffentlichen Hand,[262] oder
- Behörden nicht in Erfüllung ihrer Aufgaben handeln, worunter viele die Teilnahme am Privatrechtsverkehr verstehen wollen.[263]

Die verbleibenden fünf Erlaubnistatbestände sind untereinander gleichwertig – es gilt insbesondere kein Vorrang der Einwilligung (lit. a, → Rn. 148 ff.) vor der Rechtspflicht (lit. c, → Rn. 130 ff.), der öffentlichen Aufgabe (lit. e, → Rn. 156 ff.) oder dem lebenswichtigen Interesse (lit. d, → Rn. 190 ff.). Auch in Bezug auf die Art der Verarbeitung gibt es keine Vorrangbeziehungen; die Erlaubnistatbestände knüpfen nicht daran an, ob eine andere Verarbeitungsmodalität mit gleichem Zweck in Frage käme. So gilt hier im Ausgangspunkt insbesondere kein Vorrang der offenen Erhebung von Daten beim Betroffenen (vgl. Art. 13, 14 DSGVO, → Rn. 198, 278 ff.).[264] 116

---

260 Sydow/*Reimer*, Art. 6 DSGVO Rn. 8.

261 *Schaller*, in: Roßnagel (Hrsg.), Das neue Datenschutzrecht, 2018, § 7 Rn. 6; Ehmann/Selmayr/*Heberlein*, 2. Aufl., 2018, Art. 6 DSGVO Rn. 24.

262 Ob dies auch öffentliche Bibliotheken, Museen oder Archive betrifft, ist noch unklar; dazu (tendenziell ablehnend) HdbDSR/*Steinhauer*, § 25 Rn. 11.

263 BVerwG, U. v. 27.9.2018 – 7 C 5.17, Rn. 26; BeckOK DatenschutzR/*Albers/Veit*, Art. 6 DSGVO (1.5.2018) Rn. 46 („nur insoweit […], als sie sich mit dem Betroffenen in keinem spezifisch staatlichen Verhältnis befinden"); Ehmann/Selmayr/*Heberlein*, 2. Aufl., 2018, Art. 6 DSGVO Rn. 24 („für privat-rechtliche Hilfsgeschäfte"); Gola/*Schulz*, Art. 6 DSGVO Rn. 56.

264 AA aber *Kühling/Klar/Sackmann*, Datenschutzrecht, 4. Aufl., 2018, Rn. 288, die einen Vorrang aus Art. 8 EUGRCh herleiten wollen.

bb) Spezielles präventives Verbot aus Art. 9 Abs. 1 DSGVO für sensible Daten

117 Für die Verarbeitung von Daten der „besonderen Kategorien" (im Folgenden: **besonders sensible Daten**) ergibt sich das Verbot speziell aus **Art. 9 Abs. 1 DSGVO**, so dass auf Art. 6 Abs. 1 DSGVO hier weder zurückgegriffen werden darf noch muss.[265] Hier sind die Erlaubnistatbestände (wiewohl es zahlenmäßig mehr sind, nämlich zehn) enger gefasst, worauf im Folgenden jeweils zu achten sein wird (vgl. → Rn. 142, 148, 158, 192). Für öffentliche Stellen liegt hier auch der Bezugspunkt für das strenger gefasste Personalaktenrecht.[266]

Umfasst sind von Art. 9 Abs. 1 DSGVO im Einzelnen:

- jedwede Daten, aus denen bestimmte sensible Eigenschaften („rassische und ethnische Herkunft, politische Meinungen, religiöse und weltanschauliche Überzeugungen oder die Gewerkschaftszugehörigkeit") „hervorgehen" (Var. 1),
- genetische Daten (Var. 2),
- biometrische Daten „zur eindeutigen Identifizierung" der Person (Var. 3),
- Gesundheitsdaten (Var. 4),
- Daten zum Sexualleben oder der sexuellen Orientierung (Var. 5).

cc) Spezielles präventives Verbot aus Art. 49 Abs. 1 DSGVO für sensible Auslandsübermittlungen

118 Für Verarbeitungen in Gestalt der **Übermittlung in datenschutzrechtlich problematisches Ausland** wird in **Art. 49 Abs. 1 DSGVO** ein weiteres präventives Verbot aufgestellt. Angesichts des mit der DSGVO geschaffenen Daten-Binnenmarkts sind dabei nur internationale Organisationen sowie diejenigen

265 Ebenso etwa *Albrecht/Jotzo*, Das neue Datenschutzrecht der EU, 2017, Teil 3 Rn. 58; Gierschmann/*Assion/Nolte/Veil*, Art. 6 DSGVO Rn. 25; *Kühling/Klar/Sackmann*, Datenschutzrecht, 4. Aufl., 2018, Rn. 444; Paal/Pauly/*Frenzel*, Art. 9 DSGVO Rn. 18; *Schneider*, ZD 2017, 303 (305); *Schneider/Schindler*, ZD 2018, 463 (465); tendenziell auch Gola/*Schulz*, Art. 9 DSGVO Rn. 5 („Jedenfalls [...] teilweise *Sperrwirkung*"). AA dagegen BeckOK DatenschutzR/*Albers/Veit*, Art. 9 DSGVO (1.5.2018) Rn. 24; *Reuter*, ZD 2018, 564 (566); wohl auch Kühling/Buchner/*Weichert*, Art. 9 DSGVO Rn. 4. Hingewiesen wird hierfür auf ErwGrd 51 S. 5 DSGVO, dessen Verweis auf „die allgemeinen Grundsätze und andere Bestimmungen dieser Verordnung, insbesondere hinsichtlich der Bedingungen für eine rechtmäßige Verarbeitung", allerdings nicht zwingend auf Art. 6 Abs. 1 DSGVO bezogen werden muss, sondern eher als *Catch-all*-Formulierung erscheint. Überdies lassen sich die meisten, wenn nicht alle Erlaubnistatbestände nach Art. 9 DSGVO als Unterfälle von solchen nach Art. 6 Abs. 1 DSGVO begreifen.

266 Dazu im Zusammenhang *Janda*, in: Seckelmann (Hrsg.), Digitalisierte Verwaltung – Vernetztes E-Government, 2. Aufl., 2019, Kap. 27 (dort Rn. 30 zum Verhältnis von Bundes- und Landesrecht).

Staaten problematisch, die nicht am unionalen Datenschutzregime teilnehmen, also nicht (oder nicht mehr) der Europäischen Union angehören oder als EFTA-Staaten sich diesem Datenschutzregime angeschlossen haben; inzwischen gilt dieses im gesamten Europäischen Wirtschaftsraum.[267] Die zum EWR gehörenden Staaten sowie überdies die Schweiz sind gemäß § 1 Abs. 6 S. 1 BDSG[268] (auf fragwürdiger Kompetenzgrundlage[269]) wie EU-Mitgliedstaaten zu behandeln.

Dieses Verbot beansprucht überdies dann keine Geltung, wenn – was die einzelne Behörde nicht steuern kann[270] – ein **Beschluss der Europäischen Kommission über die Angemessenheit des Schutzniveaus** in den betreffenden Drittstaaten oder internationalen Organisationen vorliegt (Art. 45 Abs. 3 DSGVO).[271]

Art. 49 Abs. 1 DSGVO kann ebenfalls als **Spezialregelung gegenüber Art. 6 Abs. 1 DSGVO** aufgefasst werden, so dass die Übermittlung in datenschutzrechtlich problematisches Ausland nicht auch noch eines Erlaubnistatbestandes in Bezug auf das allgemeine präventive Verbot bedarf.[272] Denn die Bestimmung enthält in Parallele dazu ebenfalls einen Katalog von eigenen Erlaubnistatbeständen (hier: sieben), die sich inhaltlich alle als Qualifikationen von Erlaubnistatbeständen aus Art. 6 Abs. 1 DSGVO darstellen lassen: 119

267 Vgl. zum Stand der jeweiligen Gesetzgebung https://www.efta.int/eea-lex/32016R0679 (20.2.2019).

268 Entsprechend: § 35 Abs. 7 S. 1 SGB I sowie aus dem Landesrecht § 2 Abs. 10 BlnDSG, § 1 Abs. 6 HDSIG, § 13 Abs. 1 DSG LSA.

269 Die Begründung geht von einer bloßen „Klarstellung" aus, siehe RegE BDSG, BT-Drs. 18/11325, S. 80.

270 Handeln kann insoweit lediglich die *Aufsichts*behörde (→ Rn. 321 ff.), und zwar nur negativ: Ihr steht zur Überprüfung eines Angemessenheitsbeschlusses eine Klagemöglichkeit zu, siehe § 21 BDSG, § 32 j AO, § 81 c SGB X.

271 Nach neuem Recht angenommen wurde bisher nur ein Angemessenheitsbeschluss vom 23.1.2019 in Bezug auf Japan, ABl. EU 2019, L 76/1. Die nach früherem Recht ergangenen Feststellungen gelten aber fort gemäß Art. 45 Abs. 9 DSGVO.

272 *Reimer*, BRJ 2018, 6 (9). Verbreitet ist aber auch die Auffassung, ein Erlaubnistatbestand nach Art. 49 müsse zu einem solchen nach Art. 6 Abs. 1 DSGVO hinzutreten, dafür etwa Paal/Pauly/*Pauly*, Art. 44 DSGVO Rn. 9; Sydow/*Towfigh*/*Ulrich*, Art. 44 DSGVO Rn. 21.

Aus Art. 49 Abs. 1 DSGVO:	*korrespondiert in Art. 6 Abs. 1 DSGVO:*
lit. a – qualifizierte Einwilligung	lit. a (ergänzt um zusätzliche Anforderungen)
lit. b – Erfüllung oder Anbahnung eines Vertrags mit der betroffenen Person	lit. b
lit. c – Erfüllung eines Vertrags mit einem Dritten	lit. f (als vertypter Fall berechtigter Interessen)
lit. d – qualifiziertes öffentliches Interesse	lit. e (ergänzt um zusätzliche Anforderungen)
lit. e – Verfolgung von Rechtsansprüchen	lit. f (als vertypter Fall berechtigter Interessen)
lit. f – qualifizierte lebenswichtige Interessen	lit. d (ergänzt um zusätzliche Anforderungen)
lit. g – öffentliches Register	lit. e (als vertypter Fall öffentlichen Interesses)
UAbs. 2 – zwingende berechtigte Interessen	lit. f (ergänzt um zusätzliche Anforderungen)

Für die Ausübung ihrer hoheitlichen Befugnisse können Behörden sich dabei nicht auf UAbs. 1 lit. a, b, c oder UAbs. 2 berufen (Art. 49 Abs. 3 DSGVO).

Die verarbeitende Behörde hat überdies auch die Möglichkeit, für geeignete Garantien, durchsetzbare Betroffenenrechte und wirksame Betroffenenrechtsbehelfe zu sorgen (Art. 46 DSGVO). In diesem Falle bedarf es keines Erlaubnistatbestands nach Art. 49 Abs. 1 DSGVO, sondern nur nach den allgemeinen Regeln von Art. 6 Abs. 1 bzw. Art. 9 Abs. 1 DSGVO.

dd) Auffangweise präventives Verbot aus Grundrechten

120 Angesichts dieser unionssekundärrechtlichen präventiven Verbote stellt sich die Frage, inwieweit daneben noch Raum besteht für einen Rückgriff auf **Grundrechte**, woran datenverarbeitende Behörden als Teil der mitgliedstaatlichen vollziehenden Gewalt ebenso gebunden sind. Einschlägig sind sowohl unionale als auch deutsche Grundrechte (vgl. auch → Rn. 72 f.). Dabei gilt das Charta-Datenschutzgrundrecht aus Art. 8 Abs. 2 EUGRCh gemäß Art. 51 Abs. 1 S. 2 EUGRCh für mitgliedstaatliche Behörden, soweit sie Unionsrecht durchführen, was sich – angesichts des sich herauskristallisierenden

weiten Verständnisses dieser Klausel[273] – auf die gesamte DSGVO-Sphäre beziehen dürfte. Allerdings soll eine abwehrrechtliche Funktion des Unionsgrundrechts grundsätzlich nicht eintreten, solange der Bereich sekundärrechtlich ausgeformt ist.[274]

Bezüglich der deutschen Datenschutzgrundrechte – des allgemeinen Persönlichkeitsrechts in seiner Ausprägung als **Recht auf informationelle Selbstbestimmung**, das das Bundesverfassungsgericht Art. 2 Abs. 1 iVm Art. 1 Abs. 1 GG entnimmt, sowie des Fernmeldegeheimnisses nach Art. 10 GG, vgl. → Rn. 126 ff. – bleibt dagegen offen, ob dem darin liegenden Vorbehalt des Gesetzes bereits durch die unmittelbar anwendbare unionsrechtliche Erlaubnis zur Datenverarbeitung Genüge getan ist oder ob – soweit das Unionsrecht die Verarbeitung nicht verbietet, aber auch nicht verlangt – überdies noch eine bundes- oder landesgesetzliche Rechtsgrundlage für die Verarbeitung gegeben sein muss. Abgemildert wird diese Problematik weitgehend dadurch, dass in den meisten Fallgruppen eine solche Rechtsgrundlage gegeben sein (nämlich über die nach Art. 6 Abs. 1 lit. b, c, e DSGVO erforderliche Vertrags- oder Gesetzesnorm, → Rn. 135 ff., 160 ff.) oder wegen Einwilligung des Grundrechtsträgers mangels Eingriffs entbehrlich sein wird (im Fall des Art. 6 Abs. 1 lit. a DSGVO, → Rn. 148). So bleibt hier im Wesentlichen die aller Voraussicht nach praktisch minder bedeutsame Fallgruppe der Erlaubnis wegen lebenswichtiger Interessen, wo die Verarbeitung unmittelbar kraft Unionsdatenschutzrechts gestattet ist, auch ohne dass eine mitgliedstaatliche Regelung hinzuträte (Art. 6 Abs. 1 lit. d DSGVO, → Rn. 190 ff.). Ob eine deutsche Behörde von dieser unmittelbar geltenden Erlaubnis Gebrauch machen darf, hängt davon ab, ob man erstens das deutsche Grundrecht noch für anwendbar hält und zweitens die unionssekundärrechtliche Erlaubnis nicht zugleich als dem Vorbehalt des Gesetzes genügende Eingriffsgrundlage ansieht (→ Rn. 73). 121

b) Richtliniensphäre

In der Richtliniensphäre haben die Mitgliedstaaten gemäß Art. 8 Abs. 1, Art. 10 JIRL (wo es jeweils heißt: „*nur* dann“ rechtmäßig bzw. erlaubt) ein grundsätzliches präventives Verarbeitungsverbot vorzusehen. Ein solches Verbot dieser Art ist zwar im deutschen Gesetzesrecht nicht explizit ausge- 122

273 Insoweit wohl die Richtung weisend: EuGH, U. v. 26.2.2013 – C-617/10 – Åkerberg Fransson, Rn. 27.

274 Vgl. mwN *Marsch*, Das europäische Datenschutzgrundrecht, 2018, S. 142 ff., bes. 143: nur „Abwehrrechte of last resort“.

sprochen; es gilt aber bereits verfassungsrangig in Gestalt des **grundrechtlichen Vorbehalts des Gesetzes** wegen des vom Bundesverfassungsgericht gefundenen Grundrechts auf informationelle Selbstbestimmung aus Art. 2 Abs. 1 iVm Art. 1 Abs. 1 GG und des Fernmeldegeheimnisses aus Art. 10 GG (im Einzelnen zu beiden → Rn. 126 ff.),[275] womit die Richtlinie insoweit grundsätzlich als umgesetzt angesehen werden kann.

123 Da diese abwehrgrundrechtliche Verbotsnorm allerdings im Falle der **Einwilligung** mangels eines tatbestandlichen Grundrechtseingriffs nicht gilt, bleibt die deutsche Rechtsordnung insgesamt hinter der Richtlinienvorgabe zurück. Insoweit müssten aber **Art. 8 Abs. 1, Art. 10 JIRL unmittelbar anwendbar** (da hinreichend bestimmt und individualschützend[276]) und eine nach deutschem Verfassungsrecht nicht verbotene Verarbeitung personenbezogener Daten deswegen doch unter den Vorbehalt einer ausdrücklichen Verarbeitungserlaubnis (→ Rn. 153 ff.) gestellt sein. Freilich dürften sich im Ergebnis Betroffene, die wirksam eingewilligt haben, wohl kaum noch auf entgegenstehendes Unionsrecht berufen.

124 Auch für die **Übermittlung in datenschutzrechtlich problematisches Ausland** (wovon hier nicht die EWR-, sondern die Schengen-assoziierten Staaten ausgenommen werden, § 1 Abs. 7 S. 1 BDSG[277]) gelten gemäß Art. 35 ff. JIRL noch besondere Anforderungen. Die Regelungsstruktur ähnelt insoweit derjenigen der DSGVO (→ Rn. 118).

c) Unionsrechtsfreie Sphäre

125 Allein im vom EU-Recht nicht erfassten Restbereich behalten die **deutschen Grundrechte** ihre volle Bedeutung und Tragweite. Auch soweit hier auf die DSGVO und die diesbezüglichen Ausführungsvorschriften verwiesen wird (§ 1 Abs. 8 BDSG usw, → Rn. 69), gelten diese Regelungen nur im deutschen Gesetzesrang und sind daher im vollen Umfang an den Grundrechten zu messen. Das Landesdatenschutzrecht dieser Sphäre ist – auch, soweit es auf die DSGVO verweist – überdies am einfachen Bundesrecht zu messen, wo dieses einmal einschlägig sein sollte. Es kann sich also durchaus der Fall ergeben, dass eine DSGVO-Bestimmung in der unionsrechtsfreien Sphäre im

275 Ähnlich *Johannes/Weinhold*, Das neue Datenschutzrecht bei Polizei und Justiz, 2018, § 1 Rn. 125, die daneben noch Art. 8 Abs. 1 lit. a EUGRCh anführen.

276 Vgl. zur Diskussion um die Voraussetzungen unmittelbarer Anwendbarkeit statt aller Calliess/Ruffert/*Ruffert*, EUV/AEUV, 5. Aufl., 2016, Art. 288 AEUV Rn. 51 ff.; *Reimer*, JZ 2015, 910 (917 f.).

277 Entsprechend: § 2 Abs. 11 BlnDSG, § 1 Abs. 7 HDSIG, § 32 Abs. 5 NDSG.

Ergebnis nicht anzuwenden ist, weil sie einem *deutschen* Grundrecht oder sonstigem Bundesrecht widerspricht.

Das **Grundrecht des Fernmeldegeheimnisses** aus Art. 10 GG, das gegenüber 126 der informationellen Selbstbestimmung den Vorteil einer textlichen Grundlage, aber den Nachteil eines enggefassten sachlichen Schutzbereichs aufweist, erfasst als Eingriff „jede Kenntnisnahme, Aufzeichnung und Verwertung von kommunikativen Daten durch [...]staatliche Stellen", die ohne Zustimmung der Kommunikationsbeteiligten erfolgt.[278] Zu diesen kommunikativen Daten gehören die Inhalte, aber auch die Verkehrsdaten.[279] Derlei Eingriffe können auf formell-gesetzlicher Rechtsgrundlage gerechtfertigt sein (Art. 10 Abs. 2 S. 1 GG).

Auch das gegenüber Art. 10 GG subsidiäre[280] Allgemeine Persönlichkeits- 127 recht als **Grundrecht auf informationelle Selbstbestimmung** aus Art. 2 Abs. 1 iVm Art. 1 Abs. 1 GG, wie es in der Verfassungsrechtsprechung herausgearbeitet wurde,[281] fungiert im Hinblick auf die staatliche Datenverarbeitung[282] als Abwehrrecht gegenüber ungerechtfertigten Eingriffen.

Der **Eingriffstatbestand** soll dabei nicht nur (1) durch an Private gerichtete 128 Verhaltensgebote auf Mitteilung von Informationen (etwa durch Auskunftsverlangen) und Durchsetzung dieser Verhaltensgebote (etwa durch Datenträgerbeschlagnahme[283]) erfüllt sein, sondern, wie beim Fernmeldegeheimnis, auch bereits (2) durch den staatlichen Zugriff auf und Umgang mit Informationen.[284] Mit dieser letzten Variante – zusammengefasst: „jeder persönlichen Lebenssachverhalten geltende Akt staatlicher Informations- und Datenerhebung und -verarbeitung"[285] – wird das Recht auf informationelle Selbstbestimmung zum hauptsächlichen verfassungsrechtlichen Bezugspunkt für

278 BVerfGE 85, 386 (398) [1992]; ähnlich BVerfGE 100, 313 (366) [1998]; 124, 43 (58) [2009].

279 BVerfGE 67, 157 (172) [1984].

280 BVerfGE 67, 157 (171) [1984]. Zum Verhältnis zu Art. 13 GG siehe BVerfGE 115, 166 (187 f.) [2005].

281 Grundlegend: BVerfGE 65, 1 [1983] – Volkszählung.

282 Nicht dagegen die private, denn bezüglich dieser ist das gemäß Art. 1 Abs. 3 GG nur den Staat verpflichtende Grundrecht höchstens auf staatlichen Schutz gerichtet. Unzutreffend insofern *Roßnagel*, NJW 2019, 1 (2).

283 BVerfGE 113, 29 (45) [2005].

284 Vgl. Maunz/Dürig/*Di Fabio*, GG, Art. 2 (2001) Rn. 176; Dreier/*Dreier*, GG, Bd. 1, 3. Aufl., 2013, Art. 2 Rn. 87.

285 Sachs/*Murswiek*/*Rixen*, GG, 8. Aufl., 2018, Art. 2 Rn. 88; sa Jarass/Pieroth/*Jarass*, GG, 15. Aufl., 2018, Art. 2 Rn. 53. Weniger brauchbar, weil im Vagen bleibend, ist die Tatbestandsbestimmung der ständigen Verfassungsrechtsprechung, soweit diese auf die *„unbe-*

das Verwaltungsdatenschutzrecht. Die einzelnen Datenzugriffs- und -umgangsschritte sollen dabei jeweils einzelne Grundrechtseingriffe darstellen.[286] Eine (eng begrenzte) Ausnahme nimmt das Bundesverfassungsgericht nur an, wenn eine von der Behörde eingesetzte technische Anlage Daten nur als gewissermaßen durchlaufende Posten behandelt, ohne dass sich „das behördliche Interesse an den betroffenen Daten bereits derart verdichtet [hätte], dass ein Betroffensein in einer einen Grundrechtseingriff auslösenden Qualität zu bejahen ist".[287]

Der Eingriffstatbestand, der die Reichweite des aus dem Grundrecht folgenden präventiven Verbots definiert, erweist sich damit im Ergebnis als ähnlich weit und ähnlich kleinteilig wie der unionsrechtliche Verarbeitungstatbestand des Art. 4 Nr. 2 DSGVO, Art. 3 Nr. 2 JIRL (→ Rn. 57). Über die Unionsrechtsakte hinaus geht der Eingriffstatbestand, indem er auch die nichtautomatisierte Verarbeitung generell einschließt (→ Rn. 63 f.) und vor „jeder Form der Erhebung personenbezogener Informationen" bewahren soll.[288]

129 Für die **Rechtfertigung** von Eingriffen in das Recht auf informationelle Selbstbestimmung gilt der einfache Gesetzesvorbehalt des Art. 2 Abs. 1 GG, wobei das Bundesverfassungsgericht bereits in seinem hierfür grundlegenden Volkszählungsurteil als relevante Anforderungen an die gesetzliche Grundlage (Schranken-Schranken) die „Normenklarheit" und die Verhältnismäßigkeit herausgehoben hat.[289] Insbesondere der Zweck soll in bestimmter Weise im Eingriffsgesetz festgelegt sein.[290] Nicht von ungefähr spiegeln sich diese Anforderungen in den jüngeren Unionsrechtsakten (vgl. Art. 5 Abs. 1 lit. b, 6 Abs. 3 S. 2, 4 DSGVO, Art. 4 Abs. 1 lit. b JIRL).

grenzte Erhebung, Speicherung, Verwendung und Weitergabe" (Herv. hinz.) abstellen wie in BVerfGE 65, 1 (43) [1983]; 84, 239 (279) [1991]; 115, 320 (341) [2006]; 130, 151 (183) [2012].

286 So BVerfGE 130, 151 (184) [2012]; B. v. 18.12.2018 – 1 BvR 142/15, Rn. 42 (auch wenn dort wenig überzeugend der Eingriff bereits in der gestattenden Gesetzesvorschrift und nicht erst in deren Vollzug gesehen wird); dazu vgl. *Roggan*, NVwZ 2019, 344 (345 ff.). Enger dagegen etwa *Lindner/Unterreitmeier*, DÖV 2019, 165 (173 f.), die die Übermittlung von Nachrichtendiensten erhobener Daten zu Gefahrenabwehrzwecken gegenüber der Erhebung nicht als eigenen Grundrechtseingriff ansehen.

287 BVerfGE 115, 320 (343) [2006]; 120, 378 (398) [2008]; B. v. 18.12.2018 – 1 BvR 142/15, Rn. 43.

288 BVerfGE 115, 166 (190) [2005].

289 BVerfGE 65, 1 (44) [1983].

290 BVerfGE 65, 1 (46) [1983].

2. Befugnis kraft Rechtspflicht zur Verarbeitung

Das Datenschutzrecht tritt grundsätzlich zurück, wenn eine Datenverarbeitung rechtlich vorgeschrieben ist. Diese **weitgehende Subsidiarität gegenüber dem übrigen Recht** zieht sich als Grundsatz durch das gesamte Verwaltungsdatenschutzrecht,[291] auch wenn sie in den verschiedenen Sphären unterschiedlich abgebildet wird. 130

Für die **DSGVO-Sphäre** zentral ist die Bestimmung des **Art. 6 Abs. 1 lit. c DSGVO**, wonach die zur Erfüllung einer Rechtspflicht erforderliche Verarbeitung auch datenschutzrechtlich nicht blockiert wird. Speziell und qualifiziert regelt diesen Zusammenhang Art. 9 Abs. 2 lit. g DSGVO für besonders sensible Daten (→ Rn. 117). In diesem Bereich besteht deswegen von vornherein auch kein Widerspruchsrecht der Betroffenen nach Art. 21 DSGVO.[292] 131

Art. 6 Abs. 3 S. 1 DSGVO stellt klar, dass für die Begründung einer geeigneten Rechtspflicht eine **Rechtsgrundlage** aus dem Unionsrecht (→ Rn. 135 ff.) ebenso in Betracht kommt wie eine solche aus dem deutschen Recht (→ Rn. 138). Der Erlaubnistatbestand des Art. 6 Abs. 1 lit. b Var. 1 DSGVO tritt dem als Spezialnorm für vertragliche Pflichten zur Seite (→ Rn. 139 ff.). In allen Fällen sind zweierlei Gruppen verpflichtender Normen erfasst: 132

- einerseits Normen, die eine **Pflicht zu der fraglichen Verarbeitung selbst** aussprechen und schon deshalb nur durch Vornahme der Verarbeitung erfüllt werden können (→ Rn. 144 ff.)
- andererseits solche, die eine **anderweitige Pflicht** aussprechen, deren Erfüllung aber inhaltlich voraussetzt, dass gewisse Daten verarbeitet werden (→ Rn. 147).[293]

Einschränkungen gelten in der DSGVO-Sphäre für die Übermittlung in datenschutzrechtlich problematisches Ausland (→ Rn. 118 f.), wo Art. 49 DSGVO einen generellen Erlaubnistatbestand der Pflichterfüllung nicht kennt und selbst den Erlaubnistatbestand der Vertragserfüllung zumindest den Behörden nur eingeschränkt zur Verfügung stellt (vgl. → Rn. 142 aE). 133

291 Vgl. Sydow/*Reimer*, Art. 6 DSGVO Rn. 22.

292 Auf diesen Punkt weisen auch Gierschmann/*Assion/Nolte/Veil*, Art. 6 DSGVO Rn. 95 hin. – § 36 Var. 2 BDSG ist deshalb nicht kompetenzwidrig, sondern nur gegenstandslos; vgl. *Bundesrat* auf BT-Drs. 18/11655, S. 23 f.; auch BeckOK DatenschutzR/*Forgó*, § 36 BDSG (1.8.2018) Rn. 8; Gola/*Schulz*, Art. 21 DSGVO Rn. 15. Zu Art. 21 DSGVO → Rn. 179 ff., 308 f.

293 Ebenso, in Bezug auf Löschungen, *Hunzinger*, Das Löschen im Datenschutzrecht, 2018, S. 161.

Im Übrigen müssen alle nicht-vertraglichen Pflichten ein im öffentlichen Interesse liegendes Ziel verfolgen und dazu ein angemessenes Mittel sein (Art. 6 Abs. 3 S. 4 DSGVO).

134 Für die **Richtliniensphäre** ist dagegen nicht zwischen Situationen, in denen Behörden zur Verarbeitung verpflichtet sind, und solchen, in denen diese ihnen nur gestattet ist, zu unterscheiden. Vielmehr fasst die Richtlinie beide unter dem Gesichtspunkt der „Erforderlichkeit zur Aufgabenerfüllung aufgrund einer Rechtsgrundlage" zusammen; davon soll unten im Zusammenhang die Rede sein (→ Rn. 153 ff.). Die folgenden Erläuterungen dieses Abschnitts betreffen daher allein die DSGVO-Sphäre (einschließlich der Erstreckungsbereiche, → Rn. 69).

a) Quellen der Rechtspflichten

aa) Unionsrechtliche Verarbeitungspflichten

135 Einschlägige Rechtspflichten können sich zunächst aus dem Unionsrecht selbst ergeben.

136 Innerhalb der DSGVO-Sphäre handelt es sich nicht zuletzt um die verschiedenen Pflichten zur Datenverarbeitung von Amts wegen, die das **Datenschutzrecht selbst** den Behörden als Verantwortlichen auferlegt (→ Rn. 252 ff.).[294] Dabei geht es vor allem um die Löschung rechtswidrig erhobener oder entbehrlich gewordener Daten (Art. 17 Abs. 1 DSGVO) sowie deren Berichtigung (Art. 16 DSGVO) oder Markierung als „eingeschränkt" (Art. 18 DSGVO). Aber auch die Pflichten zur Offenlegung der – selbst personenbezogenen![295] – Kontaktdaten des behördlichen Datenschutzbeauftragten (Art. 37 Abs. 7 DSGVO, aber auch Art. 13 Abs. 1 lit. b, 14 Abs. 1 lit. b DSGVO) fällt hierunter und ist insofern in Ansehung des präventiven Verbots unproblematisch erlaubt.

137 Rechtspflichten, zu deren Erfüllung eine Datenverarbeitung erforderlich ist, ergeben sich potenziell auch aus **fachrechtlichen Unionsrechtsakten** außer-

294 Freilich folgen aus den Erlaubnistatbeständen selbst keine solchen Verpflichtungen; ebenso (noch zu Art. 7 lit. f DSRL) EuGH, U. v. 4.5.2017 – C-13/16 – Rīgas satiksme, Rn. 26.

295 Zur Frage, ob auch der Name angegeben werden müsse, Sydow/*Helfrich*, Art. 37 DSGVO Rn. 129.

halb des Datenschutzrechts (soweit diese ihrerseits wirksam sind[296]), zB dem Zollkodex.[297]

bb) Bundes- oder landesgesetzliche Verarbeitungspflichten

Mehr noch als das Unionsrecht erlegt das deutsche Gesetzesrecht von Bund und Ländern, je innerhalb ihrer Gesetzgebungszuständigkeiten, den Behörden Rechtspflichten auf, die die Verarbeitung personenbezogener Daten erforderlich machen.[298] Die deutschen Rechtsgrundlagen müssen ihrerseits wirksam sein, insbesondere in Ansehung der grundrechtlichen Anforderungen (vgl. → Rn. 72), und auch gemäß Art. 6 Abs. 3 S. 4 DSGVO verhältnismäßig im Hinblick auf „ein im öffentlichen Interesse liegendes Ziel“ sein. 138

Kraft der Öffnungsklauseln des Art. 6 Abs. 2 und Abs. 3 S. 3 DSGVO können Bundes- und Landesgesetzgebung dazu auch noch „spezifische Anforderungen“ bzw. „spezifische Bestimmungen“ vorsehen (dazu im Einzelnen im Zusammenhang mit Art. 6 Abs. 1 lit. e DSGVO, worauf diese Öffnungsklauseln ebenfalls anwendbar sind: → Rn. 182 ff.).[299]

Eine gesetzliche Transformation des Art. 6 Abs. 1 lit. c DSGVO als solche (wie in § 3 Abs. 1 Nr. 1 BremDSGVOAG) wiederholt dagegen nur den Erlaubnistatbestand. Ausgefüllt wird dieser erst durch eine Bestimmung, die eine inhaltlich bestimmte Rechtspflicht auferlegt.

cc) Vertragliche Verarbeitungspflichten

Gemäß Art. 6 Abs. 1 lit. b Var. 1 DSGVO – ohne Pendant in der Richtliniensphäre – ist die Verarbeitung auch dann erlaubt, wenn sie **zur Erfüllung eines Vertrags** erforderlich ist. Speziell sieht dies auch Art. 49 Abs. 1 lit. b Var. 1 DSGVO vor für die Übermittlung in datenschutzrechtlich problematisches Ausland (→ Rn. 118 f.). 139

296 Ein Primärrechtsverstoß führte etwa zur Ungültigkeit einer Veröffentlichungspflicht bezüglich personenbezogener Daten von Agrarbeihilfenempfängern: EuGH, U. v. 9.11.2010 – C-92/09 und C-93/09 – Schecke und Eifert.

297 EuGH, U. v. 16.1.2019 – C-496/17 – Deutsche Post; dort ging es außerdem um eine dazu ergangene Durchführungsverordnung.

298 Soweit die Gesetzgebung eine Behörde konkret zur Verarbeitung verpflichtet, kommt uU sogar eine gemeinsame Verantwortung oder ein Auftragsverhältnis nach Art. 26 bzw. 29 DSGVO in Betracht. Den Hinweis darauf verdanke ich Herrn Assessor *Carsten Adrian*.

299 Zum Verständnis Sydow/*Reimer*, Art. 6 DSGVO Rn. 26, 29 f.

Für Verarbeitungen in der Phase der Vertrags*anbahnung* gilt Art. 6 Abs. 1 lit. b Var. 2 bzw. Art. 49 Abs. 1 lit. b Var. 2 DSGVO (→ Rn. 151).

140 Auch hier kann sich die Erforderlichkeit daraus ergeben, dass ein Vertrag der Behörde unmittelbar eine Verpflichtung zur Datenverarbeitung auferlegt. Mindestens so relevant dürfte aber der andere Fall sein, dass ohne die fragliche Verarbeitung eine Pflicht aus dem Vertrag nicht erfüllt werden kann (*condicio sine qua non*). Einer über das allgemeine Vertragsrecht hinausgehenden gesetzlichen Grundlage – wie bei Art. 6 Abs. 1 lit. c, Abs. 3 S. 1 DSGVO – bedarf es daneben nicht mehr.

141 Die **Art des Vertrages** wird dabei unionsrechtlich nicht näher vorgegeben. Alle zwei- oder mehrseitigen Rechtsgeschäfte, durch die mit Zustimmung der betroffenen Person[300] Verpflichtungen begründet werden können, dürften jedoch darunterfallen.

- Das gilt zunächst für alle privatrechtlichen, näherhin schuldrechtlichen Verträge iSv § 311 Abs. 1 BGB.
- Die DSGVO gibt aber keine Veranlassung, öffentlich-rechtliche Verträge iSv § 54 VwVfG (und Parallelvorschriften) an dieser Stelle auszuklammern; die Wahl dieser Handlungsform hätte für eine Behörde insofern einen gewissen datenschutzrechtlichen Vorzug.[301]
- Nicht ohne Weiteres erfasst sind dagegen Kollektivverträge, bei denen die Einwilligung aller betroffenen Personen nicht unbedingt unterstellt werden kann, wenn und soweit diese nicht selbst zugestimmt haben, sondern repräsentiert worden sind. Für Behörden ist hier sowohl an die arbeitsrechtlichen Tarifverträge als auch an die personalvertretungsrechtlichen Dienstvereinbarungen zu denken. Sieht man hierin jeweils keinen Vertrag iSd Art. 6 Abs. 1 lit. b bzw. Art. 49 Abs. 1 lit. b Var. 1 DSGVO, kommt immerhin noch eine Einordnung als Rechtsgrundlage für eine Verarbeitung nach Art. 6 Abs. 1 lit. c oder lit. e DSGVO in Betracht.[302]

142 Soweit es um besonders sensible Daten (→ Rn. 117) oder Auslandsübermittlungen geht, ist der Erlaubnistatbestand der Vertragserfüllung für Behörden allerdings nicht unerheblich **eingeschränkt:**

- Für die **besonders sensiblen Daten** fehlt in Art. 9 DSGVO eine generelle Regelung dieser Art. Zur Erfüllung von Pflichten „aus dem Arbeitsrecht“

300 Der Erlaubnistatbestand des Art. 6 Abs. 1 lit. b Var. 1 DSGVO fungiert insofern als eine Art „verlängerte Einwilligung“. Vgl. etwa Sydow/*Reimer*, Art. 6 DSGVO Rn. 18.

301 *Reimer*, DÖV 2018, 881 (887).

302 Skeptisch auch insoweit Sydow/*Reimer*, Art. 6 DSGVO Rn. 24. Für besonders sensible Daten gilt § 26 Abs. 4 BDSG.

(Art. 9 Abs. 2 lit. b Var. 1 DSGVO) dürfen sie verarbeitet werden, was das Ausführungsrecht in eine Verarbeitungserlaubnis „für Zwecke des Beschäftigungsverhältnisses" umsetzt (§ 26 Abs. 3 S. 1 BDSG,[303] gestützt auf Art. 88 Abs. 1 DSGVO[304]). Erlaubt wird die Verarbeitung im Übrigen nur „aufgrund eines Vertrags mit einem Angehörigen eines Gesundheitsberufs" über Vorsorge, Diagnostik, Versorgung, Behandlung und dazugehörige Dienste (Art. 9 Abs. 2 lit. h Var. 2 DSGVO). Schon weil als „Angehörige eines Gesundheitsberufs" wohl nur natürliche Personen und nicht auch etwa Behörden des öffentlichen Gesundheitsdienstes in Frage kommen,[305] kommt bezüglich dieser Datenkategorien außerhalb des Beschäftigungskontexts ein Vertrag als Erlaubnistatbestand für Behörden daher nicht in Frage.

- Für die **Übermittlung in datenschutzrechtlich problematisches Ausland** können sich Behörden in Ausübung ihrer hoheitlichen Befugnisse nicht auf den Erlaubnistatbestand der Vertragserfüllung berufen (Art. 49 Abs. 3 DSGVO).

b) Inhalte der Rechtspflichten

Im Folgenden werden nacheinander die ausdrücklich-unmittelbaren und die mittelbaren Verarbeitungspflichten je für sich mit Regelungstypen und Beispielen aus dem Fachrecht erörtert.[306] 143

aa) Ausdrückliche Verarbeitungspflichten

Unmittelbarer Inhalt der Pflicht ist eine Verarbeitung – hier in Form der Offenlegung persönlicher Daten – namentlich bei gesetzlichen **Mitteilungspflichten** bezüglich personenbezogener Daten,[307] wie sie etwa § 8 d Abs. 1 144

303 Entsprechend: § 15 Abs. 2 LDSG BW, Art. 8 Abs. 1 Nr. 2 BayDSG, § 26 Abs. 3 BbgDSG, § 10 Abs. 2 HmbDSG, § 23 Abs. 3, 4 HDSIG, § 10 Abs. 2 DSG M-V, § 18 Abs. 3 DSG NRW, § 20 Abs. 3 LDSG RP, § 22 Abs. 2 SDSG, § 11 Abs. 1 SächsDSDG. Auf Bundesrecht verweist § 18 BlnDSG. Das Thema verweisen ins Beamtenrecht § 12 BremDSGVOAG, § 12 Abs. 1 NDSG, § 28 Abs. 1 DSG LSA, § 15 Abs. 1 LDSG SH, § 27 Abs. 1 ThürDSG.

304 Vgl. RegE BDSG, BT-Drs. 18/11325, S. 96.

305 Dieser Bezug wird auch deutlich in ErwGrd 35 S. 2 DSGVO. Wie hier wohl Ehmann/Selmayr/*Schiff*, Art. 9 DSGVO Rn. 60; Gola/*Schulz*, Art. 9 DSGVO Rn. 38.

306 Für einen weitgefassten Durchgang durch „Besonderes Datenschutzrecht" vgl. auch etwa *Wohlfarth/Eiermann/Schaust*, Datenschutz in der Gemeinde, 2016, S. 39–116.

307 Zu deren Typisierung in Auskunfts-, Unterrichtungs-, Berichts- und Konsultationspflichten vgl. *Holznagel*, in: Hoffmann-Riem/Schmidt-Aßmann/Voßkuhle (Hrsg.), Grundlagen des Verwaltungsrechts, Bd. 2, 2. Aufl., 2012, § 24 Rn. 33 ff.

VwVfG (und Parallelvorschriften),[308] § 123 Abs. 1 S. 5 TKG oder §§ 31, 31 a Abs. 2 S. 1, 31 b Abs. 2, 3 AO statuieren. Im Sozialdatenschutz verdrängt allerdings § 67 b Abs. 1 S. 1 SGB X grundsätzlich alle Mitteilungspflichten außerhalb des Sozialgesetzbuchs; solche können deshalb die Verarbeitung von Sozialdaten nur rechtfertigen, wenn aus einer SGB-Vorschrift heraus auf sie verwiesen wird (siehe insbesondere die Kataloge des § 71 Abs. 1, Abs. 2 S. 1 Nr. 2–4 SGB X). Als Mitteilungspflicht „auf Vorrat" lässt es sich einordnen, wenn eine Behörde gesetzlich verpflichtet ist, eine anderswo geführte Datenbank mitzubestücken (zB die Verbund- gemeinsamen Dateien in der JIRL-Sphäre:[309] § 2 ATDG, § 2 RED-G).

Die Pflicht zur **Amtshilfeleistung** begründet als solche keine Mitteilungspflicht;[310] wohl aber kann eine gesetzliche Mitteilungspflicht tatbestandlich an ein Ersuchen geknüpft sein (Auskunftspflicht[311] – zB § 30 Abs. 2 S. 5 PolG NRW).

145 Auch Zugangsgewährungspflichten nach dem **Informationsfreiheitsrecht** (§ 1 IFG, § 3 UIG und entsprechendes Landesrecht) können hierunter fallen, soweit sie sich auf die Mitteilung personenbezogener Daten erstrecken. Das Unionsrecht lässt insoweit den Mitgliedstaaten breiten Spielraum (Art. 86 DSGVO).[312] Die Informationsfreiheitsgesetze treffen hierfür Spezialregelungen, die eine Mitteilungspflicht bezüglich solcher Daten in einigen Fällen zulassen, sie aber tatbestandlich von einer Interessenabwägung abhängig machen (vgl. im Bundesrecht § 5 IFG, § 9 Abs. 1 S. 1 Nr. 1 UIG).[313] Gegenüber dem Finanzdatenschutz sind die informationsfreiheitsrechtlichen Pflichten allerdings selbst beschränkt worden (§ 32 e S. 3 AO), so dass sie hier auch nicht zur Rechtfertigung von Datenübermittlungen herangezogen werden können.

---

308 Soweit die hier ausgesprochene Transformation von Unionsrechtsakten überhaupt erforderlich ist, vgl. BeckOK VwVfG/*Riedel*, § 42 (1.7.2018) Rn. 4; im Übrigen ergäbe sich eine Rechtsgrundlage für Art. 6 Abs. 1 lit. c, Abs. 3 DSGVO aus den betreffenden Unionsrechtsakten selbst.

309 Dazu im Überblick BeckOK DatenschutzR/*Albers*, DS-GVO Syst. L (1.5.2018) Rn. 111 mwN.

310 *Reimer*, in: Kahl/Waldhoff/Walter (Hrsg.), Bonner Kommentar zum GG, Art. 35 (2017) Rn. 151 f., 160; *I. Augsberg*, Informationsverwaltungsrecht, 2014, S. 88.

311 *Holznagel*, in: Hoffmann-Riem/Schmidt-Aßmann/Voßkuhle (Hrsg.), Grundlagen des Verwaltungsrechts, Bd. 2, 2. Aufl., 2012, § 24 Rn. 34.

312 Vgl. Sydow/*Specht/Bienemann*, Art. 86 DSGVO Rn. 13 f., 16.

313 Zum Verhältnis von Informationsfreiheit und DSGVO sa *Meinhold*, LKV 2018, 341.

Zu den gesetzlich auferlegten Verarbeitungen gehört im Speziellen auch die Führung von und Auskunft aus **Registern** auf Grund gesetzlicher Verpflichtungen, etwa nach §§ 150 a ff. GewO (Gewerbezentralregister), §§ 14 ff. AZRG (Ausländerzentralregister), § 12 GBO (Grundbücher).[314] In Bezug auf öffentlich zugängliche Register gestattet Art. 49 Abs. 1 lit. g DSGVO sogar die Übermittlung in sonst datenschutzrechtlich problematisches Ausland (→ Rn. 118 f.).

Auch ausdrückliche Pflichten zur **Erhebung und Speicherung** von Daten 146
kommen vor.[315]

bb) Mittelbare Verarbeitungspflichten

Eine Pflicht, die nur unter Verarbeitung personenbezogener Daten erfüllt 147
werden kann, ist häufig anzutreffen. Da bereits die Nutzung von Adressdaten zur Kommunikation mit der betroffenen Person eine Verarbeitung darstellt,[316] fällt jede verwaltungsrechtliche Vorschrift hierunter, die eine Behörde zur **Kontaktaufnahme mit natürlichen Personen** anweist – etwa zur Erteilung von Informationen (zB nach §§ 3 a Abs. 3, 71 b Abs. 4, 71 c VwVfG und Parallelvorschriften) oder zum Erlass eines gebundenen Verwaltungsakts (zB nach § 35 Abs. 1 GewO).

Infrage kommen aber auch komplexere Situationen. So hat der EuGH den Erlaubnistatbestand der Pflichterfüllung in einem Fall bejaht, wo eine Zollbehörde zur Bescheidung eines Bewilligungsantrags verpflichtet war und zur **Prüfung von Bewilligungsvoraussetzungen** von der Antragstellerin Steueridentifikationsnummern ihrer Beschäftigten erhob; hier wurde die Verordnung, die die Bewilligungsvoraussetzungen konkretisierend festlegte, implizit als Grundlage einer Rechtspflicht iSv Art. 6 Abs. 1 lit. c DSGVO behandelt.[317]

---

314 Zur Typisierung vgl. *I. Augsberg*, Informationsverwaltungsrecht, 2014, S. 174 f.

315 Von „Informationsbeschaffungspflichten“ spricht *Holznagel*, in: Hoffmann-Riem/Schmidt-Aßmann/Voßkuhle (Hrsg.), Grundlagen des Verwaltungsrechts, Bd. 2, 2. Aufl., 2012, § 24 Rn. 38, dort mit dem Beispiel des § 3 Abs. 9 ZFdG.

316 Vgl. Sydow/*Reimer*, Art. 4 DSGVO Rn. 66.

317 EuGH, U. v. 16.1.2019 – C-496/17 – Deutsche Post, bes. Rn. 51, 60 ff. Zu dem Fall und den Schlussanträgen, die ebenfalls Fragen offenließen, *Hoffmann/Schulte*, EuZW 2019, 27.

3. Befugnis kraft Einwilligung

148 Die Verarbeitung personenbezogener Daten ist in den meisten Sphären des Verwaltungsdatenschutzrechts prinzipiell unproblematisch, wenn eine Einwilligung der betroffenen Person vorliegt. Soweit es auf das deutsche Grundrecht auf informationelle Selbstbestimmung ankommt, liegt im Falle der Einwilligung schon kein Grundrechtseingriff vor und bedarf es schon von daher grundsätzlich keiner gesetzlichen Erlaubnis mehr.[318] Für die besondere Konstellation des Verwaltungsdatenschutzrechts ergibt sich allerdings die Schwierigkeit zu bestimmen, welche Voraussetzungen an die **Willensmängelfreiheit** der Einwilligung gegenüber einer Behörde zu stellen sind. Das Thema der Machtasymmetrie, die zwischen Betroffenen und Verarbeitungsverantwortlichen bestehen kann, liegt bereits den deutschen Diskussionen zum Grundrechtsverzicht zugrunde.[319]

149 Unionsrechtlich gilt die Einwilligung nach Art. 6 Abs. 1 lit. a DSGVO als – sogar als erstes genannter – Erlaubnistatbestand für die **DSGVO-Sphäre**, wo sie auch konkludent erteilt werden kann.[320] Auch für besonders sensible Daten und für die Übermittlung in datenschutzrechtlich problematisches Ausland ist sie vorgesehen, sie muss hier nur allerdings jeweils ausdrücklich gegeben werden (Art. 9 Abs. 2 lit. a[321] bzw. Art. 49 Abs. 1 S. 1 lit. a DSGVO). Die Machtasymmetrie spricht die DSGVO in Erwägungsgrund 43 („wenn […] ein klares Ungleichgewicht besteht, insbesondere wenn es sich bei dem Verantwortlichen um eine Behörde handelt“) und in Art. 7 Abs. 4 („ob die Einwilligung freiwillig erteilt wurde“) an, regelt dort allerdings im Wesentlichen nur ein Koppelungsverbot für Einwilligungen bei Vertragsschlüssen.

Die **Richtlinie** sieht eine Einwilligung überhaupt nicht vor, weil sie im Verhältnis zu den Sicherheitsbehörden „keine echte Wahlfreiheit“ und keine „freiwillig abgegebene Willensbekundung“ erkennt[322] – wiewohl den Mitgliedstaaten punktuell die Möglichkeit zur Schaffung einwilligungsabhängiger Rechtsgrundlagen unbenommen bleiben soll (Erwägungsgrund 35). Sie

318 Vgl. etwa *Hufen*, Staatsrecht II, 4. Aufl., 2014, § 6 Rn. 43.

319 Siehe dazu nur *Bethge*, in: Isensee/Kirchhof (Hrsg.), Handbuch des Staatsrechts der Bundesrepublik Deutschland, Bd. 9, 3. Aufl., 2011, § 203 Rn. 91 ff., bes. 119 ff.

320 Vgl. BeckOK DatenschutzR/*Stemmer*, Art. 7 DSGVO (1.5.2018) Rn. 81–82. Eine mutmaßliche Einwilligung genügt aber keinesfalls (ebd., Rn. 84). Zu den Anforderungen siehe Art. 4 Nr. 11 DSGVO und vgl. auch *Ernst*, ZD 2017, 110.

321 Die Vorschrift gibt den Mitgliedstaaten ausdrücklich Raum zur Beschränkung der Einwilligungsmöglichkeit, wovon in Deutschland aber kein Gebrauch gemacht worden ist.

322 *Bäcker/Hornung*, ZD 2012, 147 (150: „‚Sie haben doch nichts dagegen‘-Fälle“).

schließt die Einwilligung insofern also auch nicht aus,[323] und die Ausführungsgesetzgebung für die Richtlinienspäre kennt durchaus das Institut der Einwilligung, die allerdings nur in Bayern und Mecklenburg-Vorpommern selbst Rechtsgrundlage ist,[324] im Übrigen aber immerhin als Tatbestandsmerkmal konkreter Rechtsgrundlagen (→ Rn. 188) in Erscheinung tritt (und dann noch besondere Anforderungen erfüllen muss: § 51 BDSG[325]).

Im **unionsrechtsfreien Bereich** lässt die Bundesgesetzgebung die Verarbeitung personenbezogener Daten durch die Nachrichtendienste ausdrücklich auch im Falle einer Einwilligung zu (§ 8 Abs. 1 S. 1 Hs. 2 BVerfSchG, § 2 Abs. 1 S. 2 BNDG, § 4 Abs. 1 S. 1 Hs. 2 MADG).

Grundsätzlich werden nach dem Vorstehenden an das Merkmal der **Freiwilligkeit** und damit an die Verfügbarkeit des Erlaubnistatbestands der Einwilligung insgesamt für Behörden **in allen Datenschutzsphären erhöhte Anforderungen** zu stellen sein.[326] Beispiele für Problemfälle: 150

- Dass die betroffene Person etwa als **Antragsteller** für Genehmigungen, (Sozial-)Leistungen oder andere Begünstigungen mit der Behörde interagiert, wird man wohl bereits als die Art von Abhängigkeit ansehen müssen, die die Annahme einer freiwilligen Einwilligung ausschließt. Das Ausführungsrecht spricht zumindest beim Sozialdatenschutz die Einwilligung ausdrücklich an, die hier schriftlich oder elektronisch erfolgen „soll" (§ 67b Abs. 2 S. 1 SGB X) und insbesondere für Forschungszwecke in Betracht gezogen wird (§ 67b Abs. 3 SGB X).
- Für **Behördenbedienstete** (aller Statusgruppen, vgl. § 26 Abs. 8 BDSG[327]) als Betroffene trifft das Ausführungsrecht besondere Regelungen zur Beurteilung der Freiwilligkeit, für die als Regelbeispiel angegeben wird, dass „für die beschäftigte Person ein rechtlicher oder wirtschaftlicher Vorteil erreicht wird oder Arbeitgeber und beschäftigte Person gleichgelagerte Interessen verfolgen" (§ 26 Abs. 2 S. 1, 2 BDSG, gestützt auf Art. 88 Abs. 1

323 Vgl. *Johannes/Weinhold*, Das neue Datenschutzrecht bei Polizei und Justiz, 2018, § 1 Rn. 157; *Schwichtenberg*, DuD 2016, 605 (606 f.).

324 Art. 28 Abs. 2 S. 1 Nr. 2 BayDSG, § 3 DSG M-V, jeweils iVm Art. 6 Abs. 1 lit. a DSGVO.

325 Entsprechend: § 36 BlnDSG, § 46 HDSIG, § 33 NDSG, § 38 DSG NRW, § 33 LDSG RP, § 27 LDSG SH, § 39 ThürDSG.

326 Skeptisch insofern HdbDSR/*Bock*, § 20 Rn. 27.

327 Zur Datenverarbeitung im Beschäftigungskontext – hier nicht zu vertiefen – vgl. aus dem Landesrecht § 15 LDSG BW, § 18 BlnDSG (BDSG-Verweis), § 26 BbgDSG, § 12 BremDSGVOAG (BDSG-Verweis), § 10 HmbDSG, § 23 HDSIG, § 10 DSG M-V, § 12 NDSG, § 18 DSG NRW, § 20 LDSG RP, § 22 SDSG, § 11 SächsDSDG, § 28 DSG LSA, § 15 LDSG SH, § 27 ThürDSG. Nicht unproblematisch ist insofern die Einwilligung in die Personalakteneinsicht, vgl. *Engeler*, NfOZ 2019, 593 (596).

DSGVO[328]), und die hier grundsätzlich Schriftform voraussetzt (§ 26 Abs. 2 S. 3 BDSG).

- Gegenüber einer datenverarbeitenden Hochschule stehen auch deren **Studierende,**[329] gegenüber einer Schule auch deren **Schüler** in einem Abhängigkeitsverhältnis.[330]

151 Erst dort, wo Behörde und betroffene Person einander auf **Augenhöhe** begegnen, liegt die Annahme der Freiwilligkeit näher. Zwei einschlägige Fälle vertypen Art. 6 Abs. 1 lit. b Var. 1 DSGVO mit der Zustimmung zu einem Vertrag (dazu bereits → Rn. 139 ff.) sowie Art. 6 Abs. 1 lit. b Var. 2 DSGVO mit der „Anfrage der betroffenen Person" im Hinblick auf die Anbahnung eines Vertrags. In anderen Fällen mag unmittelbar auf den Erlaubnistatbestand aus Art. 6 Abs. 1 lit. a DSGVO zurückgegriffen werden, etwa im Verhältnis zwischen einer öffentlichen Forschungseinrichtungen und Probanden.[331]

152 Kann in einer Situation Freiwilligkeit tatsächlich angenommen werden, gibt es in der DSGVO-Sphäre dann aber keine Beschränkungen in sachlicher Hinsicht mehr, sondern ist die Verarbeitung kraft Art. 6 Abs. 1 lit. a, 9 Abs. 2 lit. a bzw. Art. 49 Abs. 1 S. 1 lit. a DSGVO ohne Öffnung für mitgliedstaatliche Spezifizierungen erlaubt, solange die Einwilligung nicht widerrufen wird (Art. 7 Abs. 3 DSGVO; vgl. auch → Rn. 254). Das gilt **auch für die nach deutschem Verständnis strengeren Untersphären des Finanz- und des Sozialdatenschutzes.**[332]

4. Befugnisse ohne Rechtspflicht oder Einwilligung

153 Neben der Erfüllung der eigenen Pflichten, vor denen das Datenschutzrecht weicht (→ Rn. 130 ff.), und dem Handeln mit Einwilligung der betroffenen Person (→ Rn. 148 ff.) steht eine dritte Gruppe von Erlaubnistatbeständen für die Verarbeitung personenbezogener Daten, die für Behörden wichtig sein wird und die in der Richtliniensphäre sogar die einzige Möglichkeit darstellt: nämlich diejenigen, die die Verarbeitung dann gestatten, wenn sie zwar

328 RegE BDSG, BT-Drs. 18/11325, S. 98.

329 HdbDSR/*Golla*, § 23 Rn. 80, 87.

330 HdbDSR/*Sassenberg*, § 24 Rn. 36 f. (auch zu Ausnahmefällen).

331 Vgl. HdbDSR/*Golla*, § 23 Rn. 21 ff.

332 Grundsätzlich ebenso *Hoffmann*, NZS 2017, 807; AusschussE, BT-Drs. 18/12611, S. 105; wohl auch *Thüsing/Rombey*, NZS 2019, 201 (204 Fn. 24). AA aber *Hoidn*, in: Roßnagel (Hrsg.), Das neue Datenschutzrecht, 2018, § 7 Rn. 122: die Einwilligung müsse sich „auf Zwecke des Sozialgesetzbuches beziehen".

nicht geradezu als Pflicht auferlegt ist, wohl aber im Rahmen der Aufgabenwahrnehmung erforderlich wird.

Es geht dabei um drei Tatbestandsgruppen: 154

- die Erforderlichkeit zur Wahrnehmung einer **öffentlichen Aufgabe** (Art. 6 Abs. 1 lit. e DSGVO und Art. 8 Abs. 1 JIRL, → Rn. 156 ff.),
- die Erforderlichkeit zum Schutz **lebenswichtiger Interessen** (Art. 6 Abs. 1 lit. d DSGVO, → Rn. 190 ff.; grundsätzlich nicht in der Richtliniensphäre, vgl. → Rn. 192) und
- die Erforderlichkeit für Zwecke der **Verteidigung** oder der **Erfüllung internationaler Verpflichtungen** (nur in der unionsrechtsfreien Sphäre, → Rn. 193).

Zwar besteht jedenfalls in der DSGVO-Sphäre kein Vorrangverhältnis,[333] 155
doch wird es sich für die praktische Handhabung **empfehlen, wann immer möglich auf einen Erlaubnistatbestand der Pflichterfüllung abzustellen.**[334] Wo dies nicht möglich ist, kann auf die Tatbestände der Erforderlichkeit aus anderen Gründen zurückgegriffen werden, die allerdings teilweise unter engere und dementsprechend schwieriger darzutuende Voraussetzungen gestellt sind. Nicht zuletzt gilt dies für das Widerspruchsrecht der Betroffenen gemäß Art. 21 DSGVO, das für Behörden überhaupt nur gegenüber solchen Verarbeitungen gegeben ist (→ Rn. 180).

a) Wahrnehmung öffentlicher Aufgaben (alle Sphären)

Den zweitwichtigsten Erlaubnistatbestand für Behörden – nach der Verarbei- 156
tung zur Erfüllung einer Rechtspflicht (→ Rn. 130 ff.) – dürfte innerhalb der DSGVO-Sphäre die Wahrnehmung einer öffentlichen Aufgabe nach Art. 6 Abs. 1 lit. e DSGVO[335] darstellen. In der Richtliniensphäre ist das Pendant Art. 8 Abs. 1 JIRL sogar der einzige Erlaubnistatbestand. Nötig ist in beiden Sphären vor allem eine **besondere Rechtsgrundlage,**[336] die grundsätzlich

---

333 Vgl. Sydow/*Reimer*, Art. 6 DSGVO Rn. 8.

334 So wäre im Falle der Anlageberater-Datenbank, die die Bundesanstalt für Finanzdienstleistungsaufsicht nach § 87 Abs. 7 WpHG zu führen verpflichtet ist, zumindest auch Art. 6 Abs. 1 lit. c DSGVO einschlägig gewesen; auf die kompliziertere lit. e rekurriert dagegen HessVGH, U. v. 25.7.2018 – 6 A 673/15, juris, Rn. 28.

335 Wiederholt in § 67 b Abs. 1 S. 1 SGB X für die Speicherung, Veränderung, Nutzung, Übermittlung, Verarbeitungseinschränkung und Löschung.

336 Jedenfalls in der deutschsprachigen Diskussion nimmt diese Voraussetzung einen zentralen Platz ein. Stärker das „öffentliche Interesse" hat dagegen – für Dänemark – etwa im Blick

außerhalb der unionalen Datenschutzrechtsakte zu suchen ist (→ Rn. 160 ff.).[337]

157 Soweit die DSGVO gilt, werden ergänzend **inhaltliche Anforderungen an die Aufgabe** gestellt, die in die – sehr weiten – Begriffe „öffentliches Interesse“ und „öffentliche Gewalt“ gefasst sind (Art. 6 Abs. 1 lit. e DSGVO, → Rn. 176 ff.). Überdies kann hier die betroffene Person durch einen Widerspruch die Messlatte für die Zulässigkeit der Verarbeitung höher legen, was die Handhabbarkeit des Tatbestands im Vergleich namentlich zu dem der Pflichterfüllung etwas erschwert (→ Rn. 179 ff.).

158 **Besonders sensible Daten** dürfen in der Richtliniensphäre gemäß § 48 Abs. 1 BDSG[338] (Art. 10 S. 1 JIRL) ebenfalls generell verarbeitet werden, soweit dies „zur Aufgabenerfüllung unbedingt erforderlich ist“.[339] Demgegenüber stellt sich die Lage in der DSGVO-Sphäre etwas komplizierter dar: Art. 9 Abs. 2 DSGVO enthält nicht *einen* Erlaubnistatbestand, der dem Art. 6 Abs. 1 lit. e DSGVO korrespondierte, sondern deren fünf, die sich mit diesem jeweils nur in einem Ausschnitt decken.[340] Vier davon betreffen material beschriebene Verarbeitungszwecke,[341] die – da auch hier jeweils eine Rechtsgrundlage gefordert wird – das Ausführungsrecht in §§ 22 Abs. 1 Nr. 1 lit. a–

Mortensen, in: Gottrup/Mortensen (Hrsg.), Nye tendenser i nordisk kommunalretsforskning, 2019, S. 9 (29 – dort in Bezug auf Stadtwerke).

337 Die Ausnahme bilden die aus der DSGVO selbst hervorgehenden Verarbeitungs*pflichten*, dazu → Rn. 252 ff.

338 Entsprechend: Art. 29 Abs. 2 Var. 1 BayDSG, § 33 Abs. 1 Nr. 1 BlnDSG (ohne „unbedingt“), § 43 Abs. 1 HDSIG, § 25 Abs. 3 S. 1 NDSG, § 45 Abs. 1 DSG NRW, § 24 Abs. 1 Nr. 1 LDSG SH, § 37 Abs. 1 ThürDSG. Restriktiver § 29 Abs. 1 LDSG RP.

339 Bestritten wird allerdings die Richtlinienkonformität von § 48 BDSG im Hinblick auf dessen Bestimmtheit, siehe *Johannes/Weinhold*, Das neue Datenschutzrecht bei Polizei und Justiz, 2018, § 1 Rn. 148 f.

340 Nur lit. g, i, j nennt *Schaller*, in: Roßnagel (Hrsg.), Das neue Datenschutzrecht, 2018, § 7 Rn. 7, 18; auf lit. g, i beschränkt sich Gola/*Schulz*, Art. 6 DSGVO Rn. 50.

341 Im Einzelnen:
- lit. b Var. 2: Ausübung von Rechten aus dem „Recht der sozialen Sicherheit und des Sozialschutzes [?]“;
- lit. h: „für Zwecke der Gesundheitsvorsorge oder der Arbeitsmedizin, für die Beurteilung der Arbeitsfähigkeit des Beschäftigten, für die medizinische Diagnostik, die Versorgung oder Behandlung im Gesundheits- oder Sozialbereich oder für die Verwaltung von Systemen und Diensten im Gesundheits- oder Sozialbereich“;
- lit. i: „aus Gründen des öffentlichen Interesses im Bereich der öffentlichen Gesundheit“;
- lit. j: „für im öffentlichen Interesse liegende Archivzwecke, für wissenschaftliche oder historische Forschungszwecke oder für statistische Zwecke“.

c, 27 Abs. 1, 28 Abs. 1 BDSG weitgehend[342] wörtlich übernimmt,[343] um entsprechende Rechtsgrundlagen im mitgliedstaatlichen Recht zu schaffen. Der fünfte einschlägige Erlaubnistatbestand, **lit. g** („aus Gründen eines erheblichen öffentlichen Interesses"), hat demgegenüber den **Charakter einer Generalklausel** und ähnelt Art. 6 Abs. 1 lit. e DSGVO damit am meisten. Dadurch, dass er nicht an eine Aufgabenwahrnehmung anknüpft, unterliegt er zwar anderen Bauprinzipien, macht aber ebenfalls die Rechtsgrundlage im Unions- oder mitgliedstaatlichen Recht (auch hier) zum entscheidenden Tatbestandsmerkmal.

Entsprechendes gilt für die Übermittlung in datenschutzrechtlich problematisches **Ausland**, die in der DSGVO-Sphäre „aus wichtigen Gründen des öffentlichen Interesses" (Art. 49 Abs. 1 S. 1 lit. d DSGVO) und in der Richtliniensphäre „zur Abwehr einer unmittelbaren und ernsthaften Gefahr für die öffentliche Sicherheit eines Mitgliedstaats oder eines Drittlandes" sowie, vorbehaltlich einer Interessenabwägung, auch zu anderen Richtlinienzwecken (Art. 38 Abs. 1 lit. c–e JIRL, § 80 Abs. 1 BDSG[344]) zugelassen ist. 159

aa) Rechtsgrundlagen

Gemäß Art. 6 Abs. 3 S. 1 DSGVO, Art. 8 Abs. 1 JIRL muss die Verarbeitung für öffentliche Aufgaben eine Rechtsgrundlage aus dem Unionsrecht oder dem deutschen Recht haben. Angesichts der speziellen Regelung für verpflichtende Rechtsnormen, die bereits den Erlaubnistatbestand des Art. 6 Abs. 1 lit. c DSGVO aktivieren, sind andere Normtypen wegen des Nebeneinanders von lit. c und lit. e ersichtlich ebenfalls als Rechtsgrundlagen geeignet. Versucht man, die damit für den Erlaubnistatbestand der öffentlichen Aufgaben in Frage kommenden Regelungsinhalte systematisch zu erschließen, so können drei Gruppen unterschieden werden:[345] 160

342 Der Zweck „Arbeitsmedizin" ist nicht übernommen worden; zur Erklärung RegE BDSG, BT-Drs. 18/11325, S. 95.

343 Entsprechungen in AO und SGB X fehlen. Aus dem vielfältigen Landesrecht vgl. §§ 13, 14, 17 LDSG BW, Art. 8 BayDSG, §§ 14, 17 BlnDSG, §§ 25, 27 BbgDSG, §§ 11, 13 BremDSGVOAG, §§ 20, 24, 25 HDSIG, §§ 13, 17 NDSG, §§ 16, 17 DSG NRW, §§ 19, 22 LDSG RP, §§ 8, 23, 24 SDSG, §§ 26 DSG LSA, §§ 12, 13 LDSG SH, § 16 Abs. 2 ThürDSG; sachlich enger § 11 HmbDSG, § 9 DSG M-V; ohne allgemeine Regelung Sachsen.

344 Entsprechend: § 66 Abs. 1 BlnDSG, § 75 Abs. 1 HDSIG, § 48 Abs. 1 NDSG, § 64 Abs. 1 DSG NRW, § 68 Abs. 1 LDSG RP, § 56 Abs. 1 LDSG SH, § 60 Abs. 1 ThürDSG. In Bayern ist Art. 49 DSGVO nicht von der Auffangverweisung des Art. 28 Abs. 2 BayDSG für die Richtliniensphäre umfasst.

345 Vgl. bereits *Reimer*, DÖV 2018, 881 (887); Sydow/*Reimer*, Art. 6 DSGVO Rn. 24, 46.

- Normen, die der Behörde eine Verarbeitung gebieten (relevant nur noch in der Richtliniensphäre, da in der DSGVO-Sphäre bereits von Art. 6 Abs. 1 lit. c DSGVO erfasst, → Rn. 131),
- Normen, die der Behörde eine Verarbeitung ausdrücklich erlauben, ohne diese zugleich zu gebieten (→ Rn. 163 ff.; zum Problem der Grundrechtsbindung in diesen Fällen vgl. → Rn. 73, 121),
- Normen, die die Behörde zur Wahrnehmung einer Aufgabe verpflichten, ohne dass damit zugleich eine Pflicht zu der konkreten, die Verarbeitung erforderlich machenden Art der Aufgabenwahrnehmung ausgesprochen wäre[346] (→ Rn. 174 f.).[347]

161 Die in der **DSGVO-Sphäre** geltenden Anforderungen an die Rechtsgrundlage entsprechen denen zu Art. 6 Abs. 1 lit. c DSGVO (→ Rn. 138), insbesondere muss die Norm ein im öffentlichen Interesse liegendes Ziel verfolgen und dazu ein angemessenes Mittel sein (Art. 6 Abs. 3 S. 4 DSGVO). Bei besonders sensiblen Daten muss das öffentliche Interesse sogar „erheblich“ sein und durch „angemessene und spezifische Maßnahmen zur Wahrung der Grundrechte und Interessen der betroffenen Person“ flankiert werden (Art. 9 Abs. 2 lit. g DSGVO). Leicht veränderte Anforderungen gelten in den vier Spezialfällen öffentlicher Interessen (Art. 9 Abs. 2 lit. b, h, i, j DSGVO, → Rn. 158); insbesondere genügt bei Verarbeitungen für Zwecke eines Beschäftigungsverhältnisses ausdrücklich auch eine kollektivvertragliche Rechtsgrundlage (§ 26 Abs. 4 S. 1 BDSG, gestützt auf Art. 88 Abs. 1 BDSG[348]), also Tarifvertrag oder Dienstvereinbarung.[349] Bezüglich der Übermittlung in datenschutzrechtlich problematisches Ausland (→ Rn. 159) muss anstelle einer Rechtsgrundlage das öffentliche Interesse nur im Unions- oder deutschen Recht „anerkannt sein“ (Art. 49 Abs. 4 DSGVO).[350]

---

346 Vgl. Gierschmann/*Assion/Nolte/Veil*, Art. 6 DSGVO Rn. 111.

347 Hier ergibt sich eine gewisse Parallele zu den unterschiedlichen Verpflichtungsnormen bei lit. c, → Rn. 132.

348 Vgl. RegE BDSG, BT-Drs. 18/11325, S. 96.

349 BeckOK DatenschutzR/*Riesenhuber*, § 26 BDSG (1.11.2018) Rn. 53.

350 Vgl. *Ambrock/Karg*, ZD 2017, 154 (159); *Kühling/Martini ua*, Die Datenschutz-Grundverordnung und das nationale Recht, 2016, S. 104 f.; Sydow/*Towfigh/Ulrich*, Art. 49 DSGVO Rn. 8: zB „Grundrechte oder Staatszielbestimmungen“. In dieser Konstellation kommt es daher zum Schwur, ob man bei Vorliegen der Voraussetzungen von Art. 49 Abs. 1 DSGVO die Verarbeitung bereits für erlaubt hält oder ob man *daneben* noch einen Erlaubnistatbestand aus Art. 6 Abs. 1 DSGVO verlangt, vgl. → Rn. 119.

Für die **Richtlinienssphäre** sind die Anforderungen weniger streng. Hier muss die Rechtsgrundlage nur die Art der zu verarbeitenden Daten sowie „Ziele" und „Zwecke" der Verarbeitung[351] angeben, Art. 8 Abs. 2 JIRL. 162

(1) Ausdrückliche Verarbeitungserlaubnisse

Am einfachsten zu identifizieren sind die Normen, die eine bestimmte Verarbeitung ausdrücklich erlauben. Sie können dies im Hinblick auf bestimmte Zwecke für eine Verarbeitungsart iSv Art. 4 Nr. 2 DSGVO, Art. 3 Nr. 2 JIRL allgemein aussprechen (etwa: Erheben, Speicherung, Offenlegung) oder aber ihre Wirkung auf noch konkretere Verarbeitungsmodalitäten beschränken. Solche **Beschränkungen der Erlaubniswirkung** sieht Art. 6 Abs. 3 S. 3 DSGVO ausdrücklich vor im Hinblick auf 163

- die Daten,
- die betroffenen Personen,
- die Empfänger (bei Verarbeitung in Form der Offenlegung),
- die Zwecke (bei Verarbeitung in Form der Verwendung),
- die Speicherdauer (bei Verarbeitung in Form der Speicherung);

Auf eine Erlaubnisnorm kann sich die Behörde dementsprechend nur berufen, wenn alle der jeweiligen Anwendungsvoraussetzungen erfüllt sind.[352]

Die Ausführungsgesetzgebung hat ausdrückliche Verarbeitungserlaubnisse zum einen in allgemeiner Form (→ Rn. 165 f.), zum anderen in Gestalt konkreter und auf bestimmte Verarbeitungsarten und -anlässe zugeschnittener Normen geschaffen (→ Rn. 167 ff.). 164

(a) Das Problem der „allgemeinen Rechtsgrundlagen"

Die von der deutschen Ausführungsgesetzgebung geschaffenen „allgemeinen Rechtsgrundlagen"[353] nach Art des **§ 3 BDSG**[354] (§ 29 b Abs. 1 AO, im Sozi- 165

351 Sa ErwGrd 33 S. 3 JIRL. Die Annahme eines Pleonasmus wird auch durch andere Sprachfassungen nicht widerlegt (zB: *objectives/purposes*, *objectifs/finalités*, *syftet/ändamål*; dass es einerseits retrospektiv um Beweggründe und andererseits prospektiv um Vorstellungen vom zu Erreichenden gehen könnte, deutet die polnische Fassung an: *powody/cele*).

352 Für diese Rechtswirkung hätte es der Regelung in Art. 6 Abs. 3 S. 3 DSGVO gar nicht bedurft. Zu dessen übrigem Wirkungsbereich → Rn. 182 ff.

353 RegE BDSG, BT-Drs. 18/11325, S. 80.

354 Entsprechend: § 4 LDSG BW, § 3 BlnDSG (allerdings mit eigener *sunset clause* in S. 2), Art. 4 Abs. 1 DSGVO (ohne die Variante „öffentliche Gewalt"), § 4 Abs. 1 BbgDSG, § 3 Abs. 1 BremDSGVOAG, § 4 HmbDSG, § 3 Abs. 1 HDSIG, § 4 Abs. 1 S. 1 DSG M-V, §§ 3, 25 Abs. 1 NDSG, § 3 Abs. 1 DSG NRW, §§ 3, 28 Abs. 1 LDSG RP, § 4 Abs. 1 SDSG, § 3

aldatenschutz nur für bestimmte Verarbeitungsarten[355]) sollen Erlaubnisnormen dieser Art bereitstellen. In der DSGVO-Sphäre sind sie allerdings **bedeutungslos**, weil sie mit ihrem bloßen Verweis auf eine bereits anderweit begründete „Zuständigkeit“ der Behörde lediglich die Aussage von Art. 6 Abs. 1 lit. e DSGVO wiederholen.[356] Entsprechendes gilt wegen der Verweisung in § 1 Abs. 8 BDSG usw auf das DSGVO-Regime für die Parallelvorschriften der unionsrechtsfreien Sphäre (etwa § 8 Abs. 1 S. 1 BVerfSchG, § 4 Abs. 1 S. 1 Hs. 2 MADG).

Auch für die allgemeinen Rechtsgrundlagen in Bezug auf die Datenübermittlung zur Erfüllung eigener Aufgaben (§ 25 Abs. 1 S. 1, Abs. 2 S. 1 Nr. 1 BDSG[357]) und auf besonders sensible Daten (§ 22 Abs. 1 Nr. 2 lit. a BDSG[358]) könnte man das Gleiche annehmen wollen.[359] Ein Rettungsversuch für diese Vorschriften könnte immerhin versuchen zu argumentieren, dass sie gegenüber Art. 6 Abs. 1 lit. e DSGVO bzw. Art. 9 Abs. 2 lit. g DSGVO immerhin noch ein weiteres Merkmal voraussetzen (etwa: Zulässigkeit nach § 23 BDSG bzw. individuelle Interessenabwägung) und damit, wiewohl noch immer abstrakt, die Verordnungsbestimmung in gewissem Sinne doch zumindest etwas konkretisieren.[360]

Abs. 1 SächsDSDG, § 9 Abs. 1, § 10 Abs. 1 DSG LSA, § 3 Abs. 1, § 23 Abs. 1 LDSG SH, § 16 Abs. 1, § 33 Abs. 1 ThürDSG.

355 Erhebung: § 67a Abs. 1 S. 1 SGB X; Speicherung, Veränderung, Nutzung: § 67c Abs. 1 S. 1 SGB X.

356 Vgl. HdbDSR/*Bock*, § 20 Rn. 34 (nur ein „Normierungsversuch“); Sydow/*Reimer*, § 3 BDSG Rn. 17 ff. AA *Schaller*, in: Roßnagel (Hrsg.), Das neue Datenschutzrecht, 2018, § 7 Rn. 39.

357 Entsprechend: § 6 Abs. 1 Nr. 1 LDSG BW, Art. 5 Abs. 1 S. 1 Nr. 1 BayDSG, § 22 Abs. 1 S. 1, Abs. 2 S. 1 Nr. 1 HDSIG, § 5 Abs. 1 S. 1 NDSG, § 8 Abs. 2 Nr. 1 DSG NRW, § 11 Abs. 1 Nr. 1 Var. 1 DSG LSA. Eine Reihe von Ländern hat ein anderes Regelungsmodell gewählt, vgl. Fn. 406.

358 Entsprechend § 29b Abs. 2 S. 1 AO, § 67a Abs. 1 S. 2 SGB X; aus dem Landesrecht vgl. § 17 Abs. 2 LDSG BW, § 11 Abs. 1 Nr. 2 BremDSGVOAG, § 20 Abs. 1 Nr. 4 lit. a HDSIG, § 17 Abs. 1 Nr. 5 NDSG, § 8 Abs. 1 Nr. 5 SDSG, § 26 Abs. 1 Nr. 5 DSG LSA, § 12 Abs. 1 Nr. 1 LDSG SH, § 16 Abs. 2 S. 1 Nr. 1 ThürDSG.

359 So zu § 22 Abs. 1 Nr. 2 lit. a BDSG in der Tat *Reuter*, ZD 2018, 564 (567 f.); aA *Nebel*, in: Roßnagel (Hrsg.), Das neue Datenschutzrecht, 2018, § 3 Rn. 123 (die dafür aber lit. b–d für unionsrechtswidrig hält).

360 Anders könnten die Bestimmungen von § 22 Abs. 1 Nr. 2 lit. b–d BDSG gewürdigt werden, die jeweils noch materiale Gesichtspunkte hinzutun; ähnlich zu lit. d auch *Reuter*, ZD 2018, 564 (567). Gerade lit. d freilich verweist mit der „Verteidigung“ zumindest in ihrer Var. 1 auf einen unionsrechtsfreien Tätigkeitsbereich, der ohnehin noch anders gelagert ist.

Als Rechtsgrundlagen geeignet dürften vor diesem Hintergrund nur diejenigen Normen sein, die entweder im Sinne einer konkreten und originären Zuständigkeitsbegründung verstanden werden können (→ Rn. 174 f.) oder die bestimmte Verarbeitungen ausdrücklich gestatten (→ Rn. 167 ff.).

Lediglich in der **Richtlinienspäre** können § 3 BDSG und seine Parallelvorschriften vor diesem Hintergrund Bedeutung entfalten. Auch hier setzt ihre Erlaubniswirkung aber das Zusammenwirken mit einer konkreten Zuständigkeitsnorm voraus. 166

(b) Die konkreten Verarbeitungserlaubnisse

Hinreichend konkrete Verarbeitungserlaubnisse finden sich sowohl innerhalb des Datenschutzrechts als auch in anderen Gesetzen in großer Zahl.[361] Einteilen kann man sie insbesondere 167

- nach der Art der Daten (→ Rn. 168),
- nach der Art der Verarbeitung, auf die sich ihre Erlaubniswirkung jeweils bezieht (→ Rn. 169 ff.), und
- nach ihrer Herkunft aus dem Unions-, Bundes- oder Landesrecht.

An die **Art der Daten** knüpfen insbesondere diejenigen Erlaubnisnormen an, die sich auf das spezielle präventive Verarbeitungsverbot für besonders sensible Daten aus Art. 9 DSGVO beziehen (→ Rn. 117). Einschlägig sind hier besonders die Wissenschaftsklauseln, die die Verarbeitung auch solcher Daten „für wissenschaftliche oder historische Forschungszwecke oder für statistische Zwecke“ (§ 27 Abs. 1 S. 1 BDSG[362]) und „für im öffentlichen Interesse liegende Archivzwecke“ (§ 28 Abs. 1 S. 1 BDSG[363]) grundsätzlich gestatten. 168

361 Für einen weitgefassten Durchgang durch „Besonderes Datenschutzrecht“ (freilich vor der europäischen Datenschutzreform) vgl. auch etwa *Wohlfarth/Eiermann/Schaust*, Datenschutz in der Gemeinde, 2016, S. 39–116.

362 Nur „für statistische Zwecke“ gilt § 31c Abs. 1 S. 1 AO, nur für Vorhaben „der wissenschaftlichen Forschung im Sozialleistungsbereich oder der wissenschaftlichen Arbeitsmarkt- und Berufsforschung“ § 75 Abs. 1 Nr. 1 SGB X. Landesrechtlich dem BDSG entsprechend: § 13 Abs. 1 LDSG BW, § 17 Abs. 1 BlnDSG, § 25 Abs. 1 BbgDSG, § 13 Abs. 1 BremDSGVOAG, § 11 Abs. 1 HmbDSG, § 24 Abs. 1 HDSIG, § 9 Abs. 1 S. 1 DSG M-V, § 17 Abs. 1 DSG NRW, § 22 Abs. 1 LDSG RP, § 23 Abs. 1 SDSG, § 12 Abs. 1 SächsDSDG, § 13 Abs. 1 S. 1 Nr. 1 LDSG SH. Die Statistik klammern aus Art. 8 Abs. 1 S. 1 Nr. 5 iVm Art. 6 Abs. 2 Nr. 3 lit. c BayDSG, § 13 Abs. 1 NDSG, § 16 Abs. 2 S. 1 Nr. 3 ThürDSG; eine Entsprechung fehlt ganz im DSG LSA.

363 Eine entsprechende archivbezogene Norm haben im allgemeinen Datenschutzrecht nur vier Länder geschaffen, siehe § 14 Abs. 1 LDSG BW, Art. 26 Abs. 2 S. 1 BayDSG, § 25 Abs. 1 HDSIG, § 24 Abs. 2 SDSG.

169 Entsprechend der bis 2018 in Deutschland gebräuchlichen Regelungstechnik gelten die Erlaubnisse typischerweise nicht wie § 3 BDSG usw (→ Rn. 165 f.) für Verarbeitungen schlechthin, in dem weiten Sinn von Art. 4 Nr. 2 DSGVO, Art. 3 Nr. 2 JIRL, sondern für einzelne **Arten der Verarbeitung** wie namentlich Erheben, Speichern, Offenbaren und Verwenden.[364] Im Folgenden sollen daher für diese Verarbeitungsarten jeweils einige Beispiele aus dem Fachrecht gegeben werden.

170 Ausdrückliche Erlaubnisse zur **Erhebung** personenbezogener Daten finden sich verschiedentlich im Fachrecht (zB § 8 Abs. 2 OZG, § 11 SÜG).

Für Erhebung und Speicherung in Form der **Videoüberwachung**, der die deutsche Gesetzgebung traditionell strenger gegenübertritt als das Unionsrecht,[365] trifft das DSGVO-Ausführungsrecht in § 4 BDSG[366] eine Spezialregelung.[367] Die Regelung dürfte zwar insoweit hinter Art. 6 Abs. 1 lit. f DSGVO zurücktreten, als sie Privaten Vorschriften machen will, auf Behörden dagegen anwendbar sein.[368] Gestattet ist diesen die Videoüberwachung dann zur Wahrnehmung des Hausrechts (§ 4 Abs. 1 S. 1 Nr. 3 BDSG), während die Erlaubnis „zur Aufgabenerfüllung" in Art. 6 Abs. 1 lit. e DSGVO aufgehen und die Erlaubnis „zur Wahrnehmung berechtigter Interessen für konkret festgelegte Zwecke" wohl zu allgemein daherkommen dürfte (beides ähnlich § 3 BDSG, → Rn. 165). In der JIRL-Sphäre gibt es für die Videoüberwachung ebenfalls Spezialerlaubnisse (zB §§ 12 a, 19 a VersG, § 27 S. 1 Nr. 1, 2 BPolG).

171 Die **Offenbarung** wird seltener gegenüber einer Öffentlichkeit gestattet (wie zB in § 48 Abs. 3 GO NRW zu öffentlichen Ratssitzungen[369]), häufiger dagegen als „Übermittlung" an einzelne Empfänger. Unterschieden wird hier meist zwischen Empfängern innerhalb und außerhalb der staatlich-hoheitlichen Sphäre, die hier mit datenschutzgesetzlichen Kategorien öffentliche bzw. nichtöffentliche Stellen heißen.

---

364 Modern aber bereits § 2 Abs. 1 S. 1 BNDG.

365 So *Wysk*, VerwArch 109 (2018), S. 141 (156).

366 Im Landesrecht siehe § 18 LDSG BW, Art. 24 BayDSG, § 20 BlnDSG, § 28 BbgDSG, § 15 BremDSGVOAG, § 9 HmbDSG, § 4 HDSIG, § 11 DSG M-V, § 14 NDSG, § 20 DSG NRW, § 21 LDSG RP, § 25 SDSG, § 13 SächsDSDG, § 30 DSG LSA („Optisch-elektronische Beobachtung"), § 14 LDSG SH, § 30 ThürDSG.

367 Dazu allgemein *Wysk*, VerwArch 109 (2018), S. 141 (bes. 156–160); unter dem Gesichtspunkt des Art. 9 DSGVO *Reuter*, ZD 2018, 564; *Schneider/Schindler*, ZD 2018, 463.

368 Vgl. Sydow/*Reimer*, Art. 6 DSGVO Rn. 83, 85; wohl auch *Kühling/Sackmann*, NVwZ 2018, 681 (682).

369 „Personenbezogene Daten dürfen offenbart werden, soweit nicht schützenswerte Interessen einzelner oder Belange des öffentlichen Wohls überwiegen; erforderlichenfalls ist die Öffentlichkeit auszuschließen."

Die Übermittlung **an nichtöffentliche Stellen** (einschließlich öffentlicher Unternehmen, → Rn. 84) unterliegt dabei regelmäßig strengeren Voraussetzungen. Soweit die Behörde nicht mit der Übermittlung gerade ihre eigenen Aufgaben erfüllt (§ 25 Abs. 2 S. 1 Nr. 1 BDSG),[370] erfordert sie ein rechtlich anerkanntes Interesse des Empfängers, das den in der Übermittlung liegenden Nachteil für die betroffene Person aufwiegt (so § 25 Abs. 2 S. 1 Nr. 2 und, als vertypter Spezialfall, Nr. 3 BDSG). Prozedural flankiert wird dies durch eine spezifische Bestimmung (→ Rn. 200), wonach der Empfänger hier sich zur Unterlassung anderer als der intendierten Verarbeitung zu verpflichten hat (§ 25 Abs. 2 S. 1 BDSG aE,[371] § 78 Abs. 1 S. 2 SGB X, fachrechtlich § 16 Abs. 2 Nr. 2 BArchG).[372]

Bei der Übermittlung **an andere öffentliche Stellen** gelten regelmäßig großzügigere Maßstäbe.[373] Einen wichtigen Bezugspunkt bildet hier oft die behördliche Aufgabenerfüllung auch auf der Empfängerseite (wozu diese die Daten typischerweise alternativ auch selbst erheben dürfte[374]); innerhalb der DSGVO-Sphäre spricht § 25 Abs. 1 S. 1 BDSG – dem allerdings nur fünf Landesrechte korrespondieren[375] – diese Erlaubnis für seinen Anwendungsbereich generell aus. Im Finanz- und Sozialdatenschutz gibt es jeweils zumin-

---

370 Das könnte man etwa bei einer personenbezogenen Information Dritter durch das Jugendamt annehmen, wenn dieses damit seinem Auftrag aus Art. 6 Abs. 2 S. 2 GG (staatliches Wächteramt) nachkommt, wie angenommen vom VG Münster, B. v. 5.4.2019 – 6 L 211/19 (zitiert nach Pressemitteilung); vgl. auch *Jestaedt/Reimer*, in: Kahl/Waldhoff/Walter (Hrsg.), Bonner Kommentar zum GG, Art. 6 Abs. 2 und 3 (2018) Rn. 382, 391.

371 Entsprechend etwa § 5 Abs. 3 LDSG SH.

372 Das dürfte mit der für Private geltenden Verarbeitungserlaubnis nach Art. 6 Abs. 1 lit. f DSGVO gerade noch vereinbar sein, soweit die Verpflichtung freiwillig abgegeben wird; dagegen geht das unmittelbar durch § 30 Abs. 11 S. 1 Nr. 3 AO den nichtöffentlichen Stellen, denen von Finanzbehörden personenbezogene Daten übermittelt wurden, auferlegte Verarbeitungsverbot innerhalb der DSGVO-Sphäre wohl über die mitgliedstaatliche Kompetenz hinaus.

373 Doch verlangen einige Länder eine Selbstverpflichtung des Empfängers – wie sonst nur von nichtöffentlichen Stellen erwartet – in allen Fällen, wo im Rahmen wissenschaftlicher Forschung usw an „Stellen, die den Vorschriften dieses Gesetzes nicht unterliegen", also auch öffentliche Stellen des Bundes, eines anderen Landes oder in der Richtliniensphäre (zB polizeiliche Statistiken iSv Art. 4 Abs. 3 JIRL): § 25 Abs. 4 BbgDSG, § 11 Abs. 4 HmbDSG, § 9 Abs. 4 DSG M-V, § 23 Abs. 2 SDSG, § 13 Abs. 3 LDSG SH. Einen ähnlichen Ansatz verfolgt § 28 Abs. 2 ThürDSG, erfasst aber nur Empfänger, die weder dem ThürDSG noch der DSGVO unterliegen.

374 Insofern stellt sich die Übermittlung(sanforderung) dann als „eine Art ‚Ersatzvornahme'" dar: *I. Augsberg*, Informationsverwaltungsrecht, 2014, S. 87.

375 Siehe § 6 Abs. 1 Nr. 1 LDSG BW, Art. 5 Abs. 1 S. 1 Nr. 1 BayDSG, § 22 Abs. 1 S. 1 HDSIG, § 5 Abs. 1 S. 1 NDSG, § 11 Abs. 1 Nr. 1 Var. 2 DSG LSA. Ein anderes Regelungsmodell verfolgen § 8 Abs. 1 DSG NRW, § 5 Abs. 1 LDSG RP, § 6 Abs. 1 SDSG, § 6 Abs. 1 SächsDSDG, § 5 Abs. 2 LDSG SH, § 18 Abs. 1 ThürDSG: Hier wird jeweils versucht, die

dest einen Katalog von Aufgaben der Empfängerseite, zu deren Erfüllung an öffentliche Stellen übermittelt werden darf (§§ 30 Abs. 4 Nr. 1 a, 2 b, 2 c, 4, Abs. 5,[376] 31 a, 31 b AO, §§ 67 e–75 SGB X[377]); fachrechtliche Erlaubnisse, etwa für die Übermittlung an die Polizei zum Zwecke der Erfüllung polizeilicher Aufgaben (zB § 30 Abs. 1 PolG NRW), treten hinzu.

In der JIRL-Sphäre ergeben sich spezielle Übermittlungsbefugnisse aus dem Fachrecht, namentlich dem Polizeirecht;[378] auch treten flankierende Anforderungen zu den Befugnissen hinzu (vgl. → Rn. 199).

172 Soweit konkrete Erlaubnisse zur **Verwendung** vorkommen (zB § 2 Abs. 7 ThürDSG), beziehen sie sich oftmals auf Zweckänderungen und sind daher im rechtlichen Kontext der Weiterverarbeitungsverbote zu sehen (→ Rn. 202 ff.).

173 Ebenfalls in den vorliegenden Zusammenhang gehören Erlaubnisse zur **Benutzung gemeinsamer Datenbanken** durch mehrere öffentliche Stellen („Verbunddateien", „gemeinsame Dateien"), wie sie namentlich in der JIRL-Sphäre vorkommen:[379] Die Abfrage und anschließende Nutzung der bei einer anderen Stelle geführten Datenbank stellt sich für die abfragende Behörde als Verarbeitung in Gestalt einer Erhebung und Verwendung dar, die im Rahmen der jeweiligen speziellen Gefahrenabwehraufgabe etwa § 5 ATDG, § 5 RED-G dann gestatten.

(2) Einfache Aufgabenzuweisungen

174 Andere Normen – die also eine Verarbeitung weder ausdrücklich gestatten noch gebieten – können uU gleichwohl noch zur Erlaubtheit der Verarbeitung führen, indem sie **der Behörde die Aufgabe zuweisen, bei deren Wahrnehmung die Verarbeitung erforderlich geworden ist.** Dabei wird man für die DSGVO-Sphäre diese Gruppe auf den Bereich der Ermessensaufgaben zu beschränken

Verantwortung im Falle eines Übermittlungsersuchens ganz auf den Empfänger zu verlagern; das überzeugt nicht ganz, weil dieser Vorgang sich datenschutzrechtlich als *zwei* Verarbeitungen darstellt (eine Erhebung und eine Übermittlung), für die jeweils eine der beteiligten Stellen verantwortlich ist.

376 Dass es sich bei § 30 Abs. 4, 5 AO um Erlaubnisse, nicht um Pflichten zur Übermittlung handele (und damit also für Art. 6 Abs. 1 lit. e, nicht lit. c DSGVO relevante Normen), betont das *BMF* im AEAO zu § 30 (idF BStBl I 2018, 175), Tz. 3.7.

377 Vgl. im Einzelnen HdbDSR/*Kipker/Pollmann*, § 26 Rn. 57 ff.

378 Ebenso *Johannes/Weinhold*, Das neue Datenschutzrecht bei Polizei und Justiz, 2018, § 1 Rn. 334.

379 Vgl. dazu *Albers*, in: Seckelmann (Hrsg.), Digitalisierte Verwaltung – Vernetztes E-Government, 2. Aufl., 2019, Kap. 23 Rn. 18 ff.

haben, denn soweit die Behörde in allen Einzelfällen bereits kraft Gesetzes zu einem bestimmten Handeln verpflichtet ist, erlaubt ja wiederum der Pflichterfüllungstatbestand des Art. 6 Abs. 1 lit. c DSGVO (→ Rn. 138) die dazu erforderliche Verarbeitung. In der JIRL-Sphäre wird die Erlaubniswirkung über § 3 BDSG und dessen Parallelvorschriften vermittelt (→ Rn. 166).

In dem danach verbleibenden Bereich muss es insofern um konkrete Aufgabenzuweisungen gehen.[380] **Wie konkret** die Aufgabenzuweisung dabei gefasst sein muss, lässt sich nicht pauschal sagen. Zu weit dürfte es jedenfalls gehen, bereits die Aufgabe der Sachverhaltsermittlung und Beweiserhebung im Verwaltungsverfahren (§§ 24, 26 VwVfG und Parallelvorschriften) genügen zu lassen, die ja ihrerseits wieder akzessorisch zu anderweit begründeten Zuständigkeiten ist.[381] 175

Sicherer fährt man mit Aufgabenzuweisungen, die bereits inhaltlich greifbar sind. Als erste Beispiele seien folgende in der Literatur bereits erwogene Fälle genannt (in alphabetischer Reihenfolge):

- für alle Behörden: Soweit die **Öffentlichkeitsinformation** zu den Aufgaben einer Behörde gehört, etwa zur allgemeinen Gefahrenabwehraufgabe der Polizei, und dabei mittelbar durch Nutzung von Social-Media-Diensten Verarbeitungen erfolgen, soll das „Blocken oder Sperren" störender anderer Dienstnutzer von dem Profil der Behörde zulässig sein.[382]

  Entsprechendes müsste wohl auch für die Beantwortung von Presseanfragen gelten (soweit hier nicht bereits eine Mitteilungspflicht, → Rn. 144, gilt wie nach § 4 LPresseG NRW).[383]

  Als Annex zu jeder **beliebigen Aufgabe mit Kundenkontakt** kann man sogar die Veröffentlichung von Namen und dienstlichen Kontaktdaten Bediensteter verstehen.[384]

380 Ähnlich Gola/*Schulz*, Art. 6 DSGVO Rn. 51, 54.

381 Insoweit also ähnlich § 3 BDSG, vgl. → Rn. 165.

382 *Milker*, NVwZ 2018, 1751 (1757).

383 AA aber wohl BVerwG, U. v. 27.9.2018 – 7 C 5.17, Rn. 26. Zu beachten wäre hier überdies Art. 85 DSGVO; vgl. *Veil*, CR-online.de Blog, 22.1.2019, https://www.cr-online.de/blog/2019/01/22/verheddert-im-auslegungsdickicht-der-ds-gvo/ (8.2.2019), sub 7.

384 So ist wohl zu verstehen *Günther*, NVwZ 2018, 1109 (1110) mwN.

- für Finanzbehörden: Die Aufgabe **gleichmäßiger Steuerfestsetzung und -erhebung** aus § 85 AO kommt hier als allgemeine Rechtsgrundlage in Betracht.[385]
- für Gemeinden: Ein weites Verständnis könnte gar dazu gelangen, dass die Zuweisung aller **Angelegenheiten der örtlichen Gemeinschaft** an die Gemeinden in Art. 28 Abs. 2 S. 1 GG bereits als Rechtsgrundlage für deren Datenverarbeitung in Selbstverwaltungsangelegenheiten genüge.[386]
- für Hochschulen: Die Aufgabe der Hochschulen, **Forschung** zu betreiben (zB § 3 Abs. 1 S. 1 Modalität 1 HG NRW usw), genügt bereits als Rechtsgrundlage dafür, in diesem Rahmen die erforderlichen personenbezogenen Daten zu verarbeiten.[387]

  Die Verpflichtung der Hochschulen auf **„gute wissenschaftliche Praxis“** (zB § 3 Abs. 1 S. 3 HG NRW usw) kann man als Rechtsgrundlage für die Kennzeichnung von Texten als Plagiat verstehen, die stets auch personenbezogen ist.[388]

  Die Aufgabe der **Lehre** (zB § 3 Abs. 1 S. 1 Modalitäten 2, 3 HG NRW usw) stützt die sämtlich darauf bezogene Datenverarbeitung einschließlich des Einsatzes von E-Learning-Systemen.[389]
- für Staatsarchive: Die gesetzlich zugewiesene Aufgabe der Sicherung, Nutzbarmachung und Verwertung von Archivgut (zB § 3 Abs. 1 BArchG) bildet eine Rechtsgrundlage für die Verarbeitung der in diesem Zusammenhang anfallenden personenbezogenen Daten.[390]

---

385 *Brendle-Weith*, ZD 2019, 112 (114), dort allerdings nur bezogen auf Art. 6 Abs. 1 lit. c DSGVO (→ Rn. 130 ff., 147).

386 Dazu bereits *Reimer*, DÖV 2018, 881 (887).

387 Ebenso *Roßnagel*, ZD 2019, 157 (160); HdbDSR/*Golla*, § 23 Rn. 43.

388 *Schwartmann/Hermann*, F&L 2018, 578 (579).

389 HdbDSR/*Golla*, § 23 Rn. 83.

390 Vgl. HdbDSR/*Steinhauer*, § 25 Rn. 19.

bb) Erforderlichkeit für die Aufgabenerfüllung

Für die **DSGVO-Sphäre** setzt der Erlaubnistatbestand des Art. 6 Abs. 1 lit. e DSGVO erstens positiv voraus, dass die Behörde gerade eine **Aufgabe** wahrnimmt, die entweder im öffentlichen Interesse liegt (Var. 1) oder die in Ausübung ihr übertragener öffentlicher Gewalt erfolgt (Var. 2) – zusammen darf begrifflich auf „öffentliche Aufgabe" vereinfacht werden.[391] Auf dem Tatbestandsmerkmal „Aufgabe" liegt dabei freilich nicht zu viel Gewicht, geht es doch hier offenbar nur um irgendeine Tätigkeit, die alternativ die Voraussetzungen der Var. 1 oder Var. 2 erfüllen muss: 176

- Mit dem unionsrechtlich zu bestimmenden Merkmal **„im öffentlichen Interesse"** (Var. 1) filtert der Erlaubnistatbestand aus den behördlichen Verarbeitungen kaum etwas heraus, da die Verwaltungstätigkeit ohnehin auf das öffentliche Interesse ausgerichtet zu sein hat.[392] Selbst eine erwerbswirtschaftliche Betätigung der öffentlichen Hand wird selten nicht zumindest *auch* einem Daseinsvorsorge- und damit öffentlichen Zweck dienen. Aber noch bei reinem Gewinnerzielungszweck einer staatlichen Unternehmensbeteiligung könnte man ein mittelbares öffentliches Interesse daran annehmen, die öffentlichen Haushalte zu stärken. Wenn man dies ablehnt, ist es fast zwingend, auch den öffentlichen Unternehmen den Erlaubnistatbestand des berechtigten Interesses gemäß Art. 6 Abs. 1 lit. f DSGVO zu gewähren und sie dementsprechend den privatwirtschaftlichen Unternehmen datenschutzrechtlich gleichzustellen (→ Rn. 84, 115).
- Das Merkmal **„in Ausübung öffentlicher Gewalt [...], die dem Verantwortlichen übertragen wurde"** (Var. 2) knüpft an Hoheitsrechte, also spezifische Befugnisse zu einseitigem und eingreifendem Handeln, wie sie Privaten nicht zustehen. Für Behörden dürfte diese Variante vollständig in der Var. 1 enthalten sein,[393] da eine öffentliche Gewalt im demokratischen Rechtsstaat kaum denkbar ist, die nicht zugleich im öffentlichen Interesse übertragen worden ist.

Zweitens muss im Rahmen dieser Aufgabenwahrnehmung die Verarbeitung **erforderlich** sein. Da hier anders als bei Art. 6 Abs. 1 lit. c DSGVO der konkret verfolgte Zweck nicht von einer Rechtsnorm, die für die Behörde unverfügbar ist, vorgegeben, sondern von der Behörde selbst bestimmt wird, bekommt die Erforderlichkeitsprüfung ein etwas anderes Gepräge als beim Erlaubnistatbe- 177

391 Ebenso Gierschmann/*Assion/Nolte/Veil*, Art. 6 DSGVO Rn. 104 u.ö.

392 Vgl. zur Weite des Begriffs Sydow/*Reimer*, Art. 6 DSGVO Rn. 39 f.

393 Ein Unterschied besteht für Private, die sich auf Var. 1 prinzipiell berufen können, auf Var. 2 dagegen nur als Beliehene; vgl. Sydow/*Reimer*, Art. 6 DSGVO Rn. 41, 43.

stand der Pflichterfüllung. Sie muss zwar auch hier nicht zu einer Verhältnismäßigkeitsprüfung im deutschen Sinne ausgebaut werden[394] (ein ausdrückliches Angemessenheitserfordernis gilt gemäß Art. 6 Abs. 3 S. 4 DSGVO nur für die Rechtsgrundlage, nicht für die einzelne Verarbeitung, → Rn. 161). Doch verschiebt sich ihr Bezugspunkt je nachdem, was die Behörde selbst als Ziel definiert. So hat die Rechtsprechung in Bezug auf ein behördliches Register den Einwand nicht zugelassen, dessen dezentrale Führung würde statt einer zentralen zur Zielerreichung doch bereits genügen, und die Bestimmung des angestrebten Effizienzniveaus der Behörde überlassen.[395]

178 In der **Richtliniensphäre** muss die Verarbeitung nur für die Erfüllung irgendeiner Aufgabe erforderlich sein, die einer Behörde obliegt und die den Richtlinienthemen – vor allem also Strafverfolgung und polizeiliche Gefahrenabwehr – angehört (Art. 8 Abs. 1 iVm Art. 1 Abs. 1 JIRL, § 3 BDSG).

cc) Umgang mit einem Widerspruch der betroffenen Person (DSGVO-Sphäre)

179 Im Falle einer Datenverarbeitung in Erfüllung öffentlicher Aufgaben ist bei der Prüfung der Rechtmäßigkeit ergänzend Art. 21 Abs. 1 S. 2 DSGVO (ohne Pendant in der Richtliniensphäre) in den Blick zu nehmen, wonach im Falle eines wirksamen Widerspruchs der betroffenen Person der Behörde die ***prima facie*** **rechtmäßige Datenverarbeitung gleichwohl verboten** sein kann.

180 Die Wirksamkeit des Widerspruchs ist an **drei Voraussetzungen** geknüpft:[396]

(1) Die Verarbeitung muss **allein**[397] **aufgrund des Erlaubnistatbestands nach Art. 6 Abs. 1 lit. e DSGVO** erfolgen.[398] Ein Widerspruch ist also namentlich nicht möglich, wenn eine gesetzliche oder vertragliche Pflicht erfüllt[399] oder ein lebenswichtiges Interesse verfolgt werden soll (Art. 6 Abs. 1 lit. b–d DSGVO; bezüglich lit. c in § 36 Var. 2 BDSG[400] wieder-

---

394 So jedoch Paal/Pauly/*Frenzel*, Art. 6 DSGVO Rn. 23.

395 Vgl. EuGH, U. v. 16.12.2008 – C-524/06 – Huber, Rn. 62.

396 Direktwerbung werden Behörden nicht durchführen, weshalb Art. 21 Abs. 2 DSGVO hier nicht behandelt zu werden braucht.

397 Vgl. Paal/Pauly/*Martini*, Art. 21 DSGVO Rn. 28.

398 Die andere Variante – lit. f – kann hier außer Betracht bleiben, da sie auf Behörden in Erfüllung ihrer (jedenfalls hoheitlichen) Aufgaben ohnehin nicht anwendbar ist, → Rn. 115.

399 Durch Finanzbehörden insbesondere Pflichten aus §§ 31 a, 31 b, 85, 88 AO, vgl. *BMF*, Schreiben v. 12.1.2018 – IV A 3-S 0030/16/10004-07, Rn. 89.

400 Entsprechend: § 32 f Abs. 5 Var. 2 AO, § 84 Abs. 5 Var. 2 SGB X; nur vier Länder: § 13 Var. 2 BbgDSG, § 35 Var. 2 HDSIG, § 14 Var. 2 DSG NRW, § 11 Var. 2 LDSG SH.

holt); auch ist ein Widerspruch nicht möglich bei einer Einwilligung (Art. 6 Abs. 1 lit. a DSGVO), die allerdings jederzeit frei widerrufen werden kann (Art. 7 Abs. 3 DSGVO bildet insofern ein funktionales Äquivalent zum Widerspruchsrecht).[401] Ausgeschlossen ist der Widerspruch überdies, wenn die Verarbeitung nach Art. 6 Abs. 1 lit. e Var. 1 DSGVO zu wissenschaftlichen oder historischen Forschungszwecken oder statistischen Zwecken[402] (§ 27 Abs. 2 S. 1 BDSG,[403] gestützt auf Art. 89 Abs. 2 DSGVO[404] und enger als Art. 21 Abs. 6 DSGVO)[405] oder zu Archivzwecken erfolgt (§ 28 Abs. 4 BDSG[406]) und ein Unterlassen der Verarbeitung die Erreichung dieser Zwecke unmöglich machen oder wesentlich erschweren würde.

(2) Der Widerspruch muss auf **Gründe** gestützt sein, die sich **aus der „besonderen Situation“** der betroffenen Person ergeben. Damit ist klargestellt, dass hier nicht ein bedingungsloses Widerspruchsrecht eingeräumt wird, sondern konkrete belastende Umstände im Einzelfall der betroffenen Person gegeben sein müssen.[407]

(3) Für die Verarbeitung lassen sich **weder die Absicht der Verfolgung eigener Rechte** der Behörde (Art. 21 Abs. 1 S. 2 Var. 2 DSGVO; Erforderlichkeit wird hier nicht vorausgesetzt![408]) **noch zwingende schutzwürdige Gründe** anführen, „die die Interessen, Rechte und Freiheiten der betroffenen Person überwiegen“ (Art. 21 Abs. 1 S. 2 Var. 1 DSGVO). Im zu-

---

401 *Veil*, NJW 2018, 3337 (3342). Folge des Widerrufs ist – soweit Daten gespeichert sind – die Löschungspflicht nach Art. 17 Abs. 1 lit. c DSGVO, vgl. Sydow/*Ingold*, Art. 7 DSGVO Rn. 48, und oben → Rn. 152.

402 Insoweit hält den Ausschluss für zu pauschal *Richter*, in: Roßnagel (Hrsg.), Das neue Datenschutzrecht, 2018, § 7 Rn. 169.

403 Im Finanzdatenschutz nur zu statistischen Zwecken: § 31 c Abs. 2 AO. Korrespondierendes Landesrecht: § 13 Abs. 4 LDSG BW, Art. 25 Abs. 4 BayDSG (ohne Statistik), § 17 Abs. 4 BlnDSG, § 25 Abs. 5 S. 1 BbgDSG, § 13 Abs. 3 S. 1 BremDSGVOAG, § 11 Abs. 5 HmbDSG, § 24 Abs. 2 S. 1 HDSIG, § 9 Abs. 3 DSG M-V, § 13 Abs. 5 NDSG, § 17 Abs. 5 DSG NRW, § 23 Abs. 4 SDSG, § 12 Abs. 5 SächsDSDG, § 13 Abs. 5 LDSG SH, § 28 Abs. 5 ThürDSG. Rheinland-Pfalz und Sachsen-Anhalt verzichten auf eine entsprechende Klausel.

404 RegE BDSG, BT-Drs. 18/11325, S. 99.

405 Hierfür spricht die wortlautgleiche Fassung dieser beiden Vorschriften. AA jedoch Paal/Pauly/*Martini*, Art. 21 DSGVO Rn. 59 f.; Sydow/*Helfrich*, Art. 21 DSGVO Rn. 92 ff., die hier jeweils ein engeres Verständnis der Erforderlichkeit im öffentlichen Interesse zugrunde legen als im Rahmen von Art. 6 DSGVO.

406 Entsprechende archivbezogene Normen des allgemeinen Datenschutzrechts nur in vier Ländern, siehe § 14 Abs. 4 LDSG BW, Art. 26 Abs. 5 BayDSG, § 25 Abs. 4 HDSIG, § 24 Abs. 5 SDSG.

407 Vgl. Sydow/*Helfrich*, Art. 21 DSGVO Rn. 59 f.

408 Ebenso Sydow/*Helfrich*, Art. 21 DSGVO Rn. 69 mwN.

letzt genannten Fall hängt die Wirksamkeit des Widerspruchs also von einer Güterabwägung ab, die hier erstmals durchzuführen ist,[409] und kann deswegen schwierig einzuschätzen sein. Auch der Konkretisierungsversuch in § 36 Var. 1 BDSG[410] („zwingendes öffentliches Interesse") hilft kaum weiter,[411] abgesehen davon, dass für eine so pauschale Bestimmung das Unionsrecht wohl keinen Raum lässt.[412] Man darf wohl annehmen, dass zwingende schutzwürdige Gründe zumindest regelmäßig der Wirksamkeit eines Widerspruchs entgegenstehen, der sich gegen die behördliche Beweiserhebung im Rahmen eines Verwaltungsverfahrens richtet.[413]

181 Sind diese Voraussetzungen gegeben, ist der Widerspruch also wirksam, so begründet Art. 21 Abs. 1 S. 2 DSGVO ein zusätzliches **Verbot der Verarbeitung**, das über das präventive Verbot des Art. 6 Abs. 1 DSGVO (→ Rn. 114) hinausgeht.[414] Kehrseite dieses Verbots ist ein Unterlassungsanspruch der betroffenen Person, den die DSGVO „Widerspruchsrecht" nennt und zu den Betroffenenrechten zählt (→ Rn. 308).

dd) Zusätzliche Anforderungen nach deutschem Recht (DSGVO-Sphäre)

182 Für die Verarbeitungen in Wahrnehmung öffentlicher Aufgaben ermöglichen die Öffnungsklauseln des Art. 6 Abs. 2 und Abs. 3 S. 3 DSGVO „spezifische" bzw. „spezifischere Bestimmungen". Einige der danach vorgesehenen Spezifizierungen beschränken nicht die inhaltliche Reichweite von Verarbeitungserlaubnissen (vgl. → Rn. 163 f.), sondern gesellen der Regelung über die Erlaubtheit noch Verbote von Verarbeitungen bei, die sonst *prima facie* nach

409 Zu weitgehend insoweit Sydow/*Helfrich*, Art. 21 DSGVO Rn. 61; „bereits erfolgt[]" ist die Güterabwägung nur im – Behörden typischerweise nicht betreffenden, vgl. → Rn. 115 – Fall des Art. 6 Abs. 1 lit. f DSGVO, während sie gerade bei lit. e nicht vorausgesetzt ist (→ Rn. 177).

410 Entsprechend: § 32 f Abs. 5 Var. 1 AO, § 84 Abs. 5 Var. 1 SGB X; nur vier Länder: § 13 Var. 1 BbgDSG, § 35 Var. 1 HDSIG, § 14 Var. 1 DSG NRW, § 11 Var. 1 LDSG SH.

411 Immerhin kann man § 32 f Abs. 5 Var. 1 AO auf § 30 Abs. 4 Nr. 5 AO mit dessen drei Beispielsfällen beziehen; so auch *BMF*, Schreiben v. 12.1.2018 – IV A 3-S 0030/16/10004-07, Rn. 89.

412 Für eine Beschränkung nach Art. 23 Abs. 1 DSGVO erscheint die Vorschrift zu vage. Aus anderen Gründen zweifeln an der Kompetenzmäßigkeit Paal/Pauly/*Gräber/Nolden*, § 36 BDSG Rn. 2; ebenfalls skeptisch Gola/*Schulz*, Art. 21 DSGVO Rn. 14.

413 Entsprechend zur zivilgerichtlichen Beweiserhebung *Ory/Weth*, NJW 2018, 2829 (2832).

414 Nach Gola/*Schulz*, Art. 21 DSGVO Rn. 17, soll die Verbotswirkung nicht schon mit dem Zugang des Widerspruchs, sondern erst nach dessen Prüfung durch den Verantwortlichen eintreten; dafür gibt aber zumindest der Normtext keine Veranlassung.

Art. 6 Abs. 1 lit. e DSGVO erlaubt wären. Bei der Anwendung dieses Erlaubnistatbestands muss deswegen stets – auch über die als Rechtsgrundlage identifizierte Norm hinaus – das Fachrecht mit in den Blick genommen werden.

Das Gleiche gilt bei Verarbeitung besonders sensibler Daten, in der Regel ebenfalls aufgrund einer mitgliedstaatlichen Rechtsgrundlage, wo die Ausführungsgesetzgebung gemäß Art. 9 Abs. 4 DSGVO „zusätzliche Bedingungen, einschließlich Beschränkungen" aufstellen kann. Bezüglich der Datenübermittlung in datenschutzrechtlich problematisches Ausland kann die Ausführungsgesetzgebung gemäß Art. 49 Abs. 5 S. 1 DSGVO „Beschränkungen" vorsehen.

(1) Modalitätenverbote („so nicht")

Sicherlich als „spezifische Bestimmungen" zulässig sind mitgliedstaatliche Regelungen, die nicht einen Verarbeitungserfolg verbieten, sondern nur bestimmte Modalitäten, mit denen eine Behörde diesen Erfolg herbeiführen könnte. Der Behörde bleibt dann der Weg offen, die gewünschte Verarbeitung unter Einhaltung der von der Gesetzgebung vorgesehenen Modalitäten vorzunehmen. 183

Die allgemeinsten Regelungen dieser Art, wie sie auch schon im Unionssekundärrecht vorgesehen sind, verbieten **Verarbeitungen ohne angemessene Schutzvorkehrungen**. Diese Regelungsvariante findet sich positiv formuliert („sieht angemessene und spezifische Maßnahmen […] vor") etwa in §§ 22 Abs. 2, 27 Abs. 1 S. 2, 28 Abs. 1 S. 2 BDSG;[415] auf § 22 Abs. 2 BDSG, der auch Beispiele für Schutzvorkehrungen enthält, wird im Finanz- und Sozialdatenschutzrecht verwiesen.[416] 184

Im Speziellen gelten in verschiedenen Datenschutzsphären recht diverse Modalitätenverbote. So ist beispielsweise verboten eine Verarbeitung in Gestalt 185

415 Entsprechend: Art. 8 Abs. 2 S. 1 BayDSG, § 14 Abs. 3 BlnDSG, § 24 BbgDSG, § 11 Abs. 2 BremDSGVOAG, § 20 Abs. 2 HDSIG, § 8 DSG M-V, § 17 Abs. 2, 3 NDSG, § 15 DSG NRW, § 19 Abs. 3 LDSG RP, § 8 Abs. 2, § 24 Abs. 1 SDSG, § 12 Abs. 2, 3 LDSG SH, § 16 Abs. 2 S. 2 ThürDSG.

416 Siehe §§ 29 b, 31 c AO, §§ 67 a, 67 b, 75 SGB X.

- der **Videoüberwachung ohne Hinweis** darauf (§ 4 Abs. 2 BDSG[417])
- der **Speicherung forschungsrelevanter Personendaten ohne Sonderung des Individualisierungsschlüssels** (§ 27 Abs. 3 S. 2 BDSG[418])
- der **Verarbeitung in automatisierten Dateien ohne vorangehende „Dateianordnung“** (so im unionsrechtsfreien Bereich der Nachrichtendienste: § 14 BVerfSchG, auch iVm § 21 BNDG, § 8 MADG) oder „Freigabeerklärung“ (so in einzelnen Landesrechten[419]).

186 Vom Vorliegen bestimmter Erlaubnistatbestände abhängig gemacht ist teilweise eine Verarbeitung in Gestalt

- der **Erhebung personenbezogener Daten bei Dritten** (Direkterhebungsgrundsatz im Sozialdatenschutz gemäß § 67 a Abs. 2 S. 1 SGB X sowie in einzelnen Landesrechte[420]), zumal ohne Hinweis auf die den Dritten verpflichtende Rechtsvorschrift bzw. die Freiwilligkeit seiner Angaben (§ 82 a Abs. 2 SGB X)[421]
- der **Übermittlung durch Abruf**, dh der Einrichtung eines entsprechenden automatisierten Systems (§ 30 Abs. 8 AO, § 79 Abs. 1, 1 a SGB X, einzelne Landesrechte[422]).

417 Entsprechend 15 Landesrechte: § 18 Abs. 2 LDSG BW, Art. 24 Abs. 2 BayDSG, § 20 Abs. 2 BlnDSG, § 28 Abs. 2 BbgDSG, § 9 Abs. 3 HmbDSG, § 4 Abs. 2 HDSIG, § 11 Abs. 2 DSG M-V, § 14 Abs. 2 NDSG, § 20 Abs. 2 DSG NRW, § 21 Abs. 2 LDSG RP, § 25 Abs. 2 SDSG, § 13 Abs. 3 SächsDSDG, § 30 Abs. 2 DSG LSA, § 14 Abs. 2 LDSG SH, § 30 Abs. 2 ThürDSG. Nur Bremen hat auf eine allgemein-datenschutzgesetzliche Regelung zur Videoüberwachung verzichtet.

418 Entsprechend: § 31 c Abs. 3 S. 2 AO – jeweils auch für Statistikzwecke; § 67 c Abs. 5 S. 3 SGB X – auch für Planungszwecke. Aus dem Landesrecht: § 13 Abs. 2 S. 2 LDSG BW, Art. 25 Abs. 2 S. 2 BayDSG, § 17 Abs. 2 S. 2 BlnDSG, § 25 Abs. 2 S. 2 BbgDSG, § 13 Abs. 2 S. 3 BremDSGVOAG, § 11 Abs. 2 S. 3 HmbDSG, § 24 Abs. 3 S. 2 Hs. 1 HDSIG, § 9 Abs. 2 S. 2 DSG M-V, § 13 Abs. 2 S. 2 NDSG, § 17 Abs. 3 S. 2 DSG NRW, § 22 Abs. 2 S. 2 LDSG RP (mit zusätzlicher Forderung nach organisatorischer Trennung), § 23 Abs. 1 S. 3 SDSG, § 27 Abs. 3 S. 2 DSG LSA, § 28 Abs. 3 S. 2 ThürDSG; ähnlich auch § 13 Abs. 2 S. 2 LDSG SH.

419 Siehe § 4 BbgDSG, § 15 SDSG; eine Rechtsverordnung dazu sieht § 7 Abs. 2 LDSG SH vor.

420 An diesem bis zur europäischen Datenschutzreform in Deutschland üblichen Regelungsmodell halten fest: Art. 4 Abs. 2 BayDSG, § 5 Abs. 1 HmbDSG, § 9 Abs. 2 DSG LSA.

421 Auch ohne zugehöriges Modalitätenverbot ist ein entsprechender Hinweis zu erteilen nach § 5 Abs. 2 S. 2 HmbDSG, § 4 S. 2 DSG M-V, § 7 S. 2 DSG NRW, § 4 S. 2 LDSG RP, § 5 S. 2 SDSG, § 5 S. 2 SächsDSDG, § 20 Abs. 3 ThürDSG.

422 Siehe Art. 7 BayDSG, §§ 21, 40 BlnDSG, § 7 BremDSGVOAG, § 7 HmbDSG, § 7 NDSG, 6 DSG NRW, § 7 DSG LSA; sa § 7 Abs. 3 LDSG SH.

(2) Ergebnisverbote („gar nicht")

Neben den Modalitätenverboten enthält das deutsche Ausführungsrecht aber auch Verbote, die bestimmte Verarbeitungen ungeachtet der Art und Weise ihrer Durchführung treffen. Deren Einordnung als spezifische Bestimmungen iSv Art. 6 Abs. 2, 3 S. 3 DSGVO ist insofern *prima facie* problematischer, als hier eben nicht spezifiziert, sondern verboten wird.[423] Dafür spricht aber, dass diese Öffnungsklauseln ohnehin nur im Anwendungsbereich von Art. 6 Abs. 1 lit. c, e DSGVO gelten und hier das mitgliedstaatliche Recht mittels des Hebels „Rechtsgrundlage" ohnehin über die Erlaubtheit der Verarbeitung verfügt (→ Rn. 138, 160). 187

Spezielle Verarbeitungsverbote lassen sich zunächst nach ihrer **Tatbestandsstruktur** unterscheiden. So können sie namentlich anknüpfen 188

- an eine Interessenabwägung (etwa § 4 Abs. 1 S. 1 BDSG a.E.[424]) – eine gegenteilige Äußerung des Bundesverwaltungsgerichts ist nicht nachvollziehbar[425] – oder
- an ein Verhalten der betroffenen Person, zB
  - durch ein eigenständiges, über Art. 21 DSGVO hinausgehendes Widerspruchsrecht (so § 76 Abs. 2 Nr. 1 SGB X)[426] oder
  - durch ein Einwilligungserfordernis (das insoweit dann im Ergebnis den Erlaubnistatbestand des Art. 6 Abs. 1 lit. e DSGVO zugunsten desjenigen der lit. a ausschaltet).[427]

Andere Verarbeitungsverbote perpetuieren etwa den Verarbeitungszweck, der einer Datenübermittlung unter öffentlichen Stellen zugrunde lag, und komplettieren damit das nur nach der *Erhebung* von Daten geltende **Weiterverarbeitungsverbot** aus Art. 5 Abs. 1 lit. b Hs. 1 Var. 2 DSGVO (so § 30 Abs. 11 S. 1 AO, § 78 Abs. 1 S. 1, 3 SGB X – mit Ausnahmen in S. 6 und Abs. 3; → Rn. 213 ff.). 189

423 Skeptisch daher Paal/Pauly/*Frenzel*, Art. 6 DSGVO Rn. 32.

424 Insoweit entfaltet auch Nr. 1 der Vorschrift Bedeutung; vgl. → Rn. 170. Entsprechend: § 18 Abs. 1 LDSG BW, Art. 24 Abs. 1 BayDSG, § 20 Abs. 1 BlnDSG, § 28 Abs. 1 BbgDSG, § 9 Abs. 1 S. 1 HmbDSG, § 4 Abs. 1 HDSIG, § 11 Abs. 1 DSG M-V, § 14 Abs. 1 S. 1 NDSG, § 20 Abs. 1 DSG NRW, § 21 Abs. 1 S. 1 LDSG RP, § 25 Abs. 1 SDSG, § 13 Abs. 1 SächsDSDG, § 30 Abs. 1 DSG LSA, § 14 Abs. 1 S. 1 LDSG SH, § 30 Abs. 1 S. 2 ThürDSG.

425 BVerwG, U. v. 27.9.2018 – 7 C 5.17, Rn. 26; kritisch dazu auch *Veil*, CR-online.de Blog, 22.1.2019, https://www.cr-online.de/blog/2019/01/22/verheddert-im-auslegungsdickicht-der-ds-gvo/ (8.2.2019).

426 Zur Vereinbarkeit mit Art. 21 DSGVO *Bieresborn*, NZS 2017, 926 (928).

427 So § 22 Abs. 1 BlnDSG für Fernmess- und Fernwirkdienste.

b) Schutz lebenswichtiger Interessen (grundsätzlich nur DSGVO-Sphäre)

190 Die Datenverarbeitung ist daneben nach Art. 6 Abs. 1 lit. d DSGVO (ohne generelles Pendant in der Richtliniensphäre, vgl. → Rn. 192) auch zugelassen, wenn sie zum Schutz lebenswichtiger Interessen natürlicher Personen erforderlich ist. Dieser Erlaubnistatbestand ist – mangels ausdrücklicher Ausnahme wie in Art. 6 Abs. 1 UAbs. 2 DSGVO – auch auf Behörden anwendbar, nicht nachrangig gegenüber anderen Erlaubnistatbeständen,[428] und setzt – im Unterschied zu Pflichterfüllung (→ Rn. 132) und Aufgabenwahrnehmung (→ Rn. 160 ff.) – **keine zusätzliche Rechtsgrundlage** im deutschen Recht voraus.[429] In der DSGVO-Sphäre dürfen aufgrund dieses Erlaubnistatbestands also bereits unmittelbar kraft Unionsrechts personenbezogene Daten verarbeitet werden; hierin liegt eine **unmittelbar anwendbare Datenverarbeitungsgeneralklausel für die Abwehr qualifizierter Gefahren.**

Einschränkungen durch deutsche Ausführungsgesetzgebung sind in Bezug auf diesen Erlaubnistatbestand daher kompetenzrechtlich ausgeschlossen.[430] Fraglich ist dagegen, ob die deutsche Rechtsordnung durch ihren grundrechtlichen Vorbehalt des Gesetzes das behördliche Gebrauchmachen von diesem Erlaubnistatbestand beschränkt oder ob der Vorbehalt als durch die Unionsrechtsnorm des Art. 6 Abs. 1 lit. d DSGVO erfüllt angesehen werden darf (vgl. → Rn. 73).

191 Die **inhaltliche Reichweite** des Erlaubnistatbestands ist allerdings ebenfalls noch recht unklar. Eine konkrete Lebensgefahr ist sicher nicht erforderlich.[431] Überhaupt muss wohl nicht unmittelbar das Leben selbst geschützt werden, sondern das lebenswichtige Interesse etwas weiter verstanden werden (wenn auch nicht auf rein wirtschaftliche Interessen ausgedehnt).[432] Amtlich werden die Bewältigung von Epidemien und (Natur-)Katastrophen

---

428 So aber möglicherweise Gierschmann/*Assion/Nolte/Veil*, Art. 6 DSGVO Rn. 102.

429 Die Klausel ähnelt in Struktur und Inhalt Art. 13 Abs. 7 Var. 1 GG, wenn man diese Bestimmung tatsächlich dahingehend versteht, dass „zur Abwehr einer gemeinen Gefahr oder einer Lebensgefahr für einzelne Personen" tatsächlich kein Gesetz mehr erforderlich ist. Dazu nur *Herdegen*, in: Kahl/Waldhoff/Walter (Hrsg.), Bonner Kommentar zum GG, Art. 13 (1993) Rn. 70, 73 f.

430 Dies gilt mangels Öffnungsklausel auch für den Bereich des Finanz- und des Sozialdatenschutzes. AA jedoch *Hoidn*, in: Roßnagel (Hrsg.), Das neue Datenschutzrecht, 2018, § 7 Rn. 145: auch lit. d nur „zu einem Zweck aus dem Sozialgesetzbuch"; das dürfte angesichts der hier erfolgten Vollharmonisierung die Vorschrift zu sehr einengen.

431 Ebenso Gola/*Schulz*, Art. 6 DSGVO Rn. 45.

432 Sydow/*Reimer*, Art. 6 DSGVO Rn. 33.

als Beispiele genannt.[433] Man wird das vielleicht dahin fortschreiben können, dass auch die Bewältigung von Terrorangriffen ähnlicher Größenordnung unter den Tatbestand fällt.[434] Einschlägig erscheinen aber auch Einzelfälle wie die Suche nach vermissten Personen.[435]

Soweit es um **besonders sensible Daten oder** die **Übermittlung in datenschutzrechtlich problematisches Ausland** (→ Rn. 117, 118 f.) geht, gilt in der DSGVO-Sphäre der Erlaubnistatbestand der lebenswichtigen Interessen nur abgeschwächt.[436] Art. 9 Abs. 2 lit. c und 49 Abs. 1 lit. f DSGVO stellen ihn hier in ein Nachrangverhältnis zur Einwilligung, indem die Vorschrift zusätzlich fordert, die betroffene Person müsse außerstande sein einzuwilligen. So wird das lebenswichtige Interesse hier funktional zu einem Erlaubnistatbestand des **mutmaßlichen Interesses.** Im Umkehrschluss lassen diese Sonderregelungen aber auch noch einmal deutlich werden, dass ein solches Nachrangverhältnis im Bereich des Art. 6 DSGVO eben nicht angeordnet ist. 192

In der **Richtliniensphäre** kommt dagegen in den beiden genannten Sonderfällen der Gesichtspunkt der lebenswichtigen Interessen überhaupt erst zum Tragen. So gestattet Art. 10 lit. b JIRL zur „Wahrung" solcher Interessen die Verarbeitung besonders sensible Daten, im Umkehrschluss aus lit. a auch dann, wenn dies nicht „nach dem Unionsrecht oder dem Recht der Mitgliedstaaten zulässig ist". Entsprechend gestattet Art. 38 Abs. 1 lit. a JIRL, § 80 Abs. 1 Nr. 1 BDSG[437] die Übermittlung in datenschutzrechtlich problematisches Ausland zum „Schutz" lebenswichtiger Interessen.

c) Verteidigung oder internationale Verpflichtungen (nur unionsrechtsfreie Sphäre)

Für den **unionsrechtsfreien Bereich** ist in § 85 Abs. 1 S. 1 BDSG gesondert 193
ausgesprochen, dass – über die auch im Rahmen des DSGVO-Regimes anerkannten Fälle hinaus – eine Verarbeitung in Form der **Übermittlung an Dritt-**

433 ErwGrd 46 S. 3 Hs. 2.

434 Vgl. Schaffland/*Schaffland/Holthaus*, Art. 5 DSGVO (2/2017) Rn. 114.

435 HdbDSR/*Roggenkamp*, § 21 Rn. 8 Fn. 17 (auch wenn dort ein Nachrang dieses Erlaubnistatbestands angenommen wird; dazu → Rn. 190).

436 In der Richtliniensphäre tritt gerade insoweit das lebenswichtige Interesse dann doch in Erscheinung, siehe Art. 10 lit. b JIRL (wovon die Bundesgesetzgebung keinen Gebrauch gemacht hat) und Art. 38 Abs. 1 lit. a JIRL (umgesetzt in § 80 Abs. 1 Nr. 1 BDSG).

437 Entsprechend: § 66 Abs. 1 BlnDSG, § 75 Abs. 1 HDSIG, § 48 Abs. 1 NDSG, § 64 Abs. 1 DSG NRW, § 68 Abs. 1 LDSG RP, § 56 Abs. 1 LDSG SH, § 60 Abs. 1 ThürDSG. In Bayern ist Art. 49 DSGVO nicht von der Auffangverweisung des Art. 28 Abs. 2 BayDSG für die Richtliniensphäre umfasst.

staaten oder internationale Organisationen auch zulässig ist, „wenn sie zur Erfüllung eigener Aufgaben aus zwingenden Gründen der Verteidigung oder zur Erfüllung über- oder zwischenstaatlicher Verpflichtungen einer öffentlichen Stelle des Bundes auf dem Gebiet der Krisenbewältigung oder Konfliktverhinderung oder für humanitäre Maßnahmen erforderlich ist". Obschon diese Klausel sich mit dem über § 1 Abs. 8 BDSG entsprechend anwendbaren Art. 6 Abs. 1 lit. e BDSG tatbestandlich deckt und daher auf den ersten Blick überflüssig erscheinen könnte, kann man ihr einen Mehrwert auf der Rechtsfolgenseite dergestalt abgewinnen, dass infolge der Spezialregelung der sonst in § 1 Abs. 8 BDSG enthaltene Verweis auf das Widerspruchsrecht (Art. 21 DSGVO, → Rn. 179 ff.) hierfür nicht gilt, die Verarbeitung also unter etwas erleichterten Voraussetzungen ermöglicht wird.

5. Zusätzliche Anforderungen

194 Behandelt wurden bis hierher die für die verschiedenen Datenschutzsphären geltenden Vorschriften über die Befugnisse, die angesichts der jeweiligen präventiven Verbote für die Rechtmäßigkeit einer Verarbeitung notwendig sind. Gleichwohl ist damit jeweils nur eine *Prima-facie*-Aussage getroffen, weil das Verwaltungsdatenschutzrecht der Unionsrechtsakte bestimmte Verarbeitungskonstellationen unter zusätzliche Anforderungen stellt, die im Folgenden betrachtet werden sollen. Anders als bei den „spezifischen Bestimmungen" nach Art. 6 Abs. 2, 3 S. 3 DSGVO, die sich nur auf bestimmte Erlaubnistatbestände beziehen, liegen die nunmehr zu behandelnden Anforderungen quer dazu und gelten prinzipiell ungeachtet des jeweils einschlägigen Erlaubnistatbestands, weshalb sie hier hinter die Klammer gezogen werden.

195 Diese zusätzlichen Anforderungen muss eine Behörde über den Erlaubnistatbestand selbst hinaus im Blick haben, wenn ihre Verarbeitung insgesamt rechtmäßig gestaltet werden soll. Im Einzelnen handelt es sich dabei um eine durchaus heterogene Reihe, nämlich um Anforderungen

- an eine Verarbeitung in Form der Erhebung (→ Rn. 197 f.),
- an eine Verarbeitung in Form der Übermittlung (→ Rn. 199),
- an eine Verarbeitung zu einem anderen als dem ursprünglichen Zweck (→ Rn. 202 ff.),
- an eine Verarbeitung gespeicherter Daten nach deren Markierung als „eingeschränkt" (früher: „Sperrung"; → Rn. 217 ff.),
- an eine Verarbeitung, die sich als besonders riskant darstellt (→ Rn. 221 ff.),

- an eine Verarbeitung, die unter Einschaltung eines Dritten erfolgt („Auftragsverarbeiter“; → Rn. 225 ff.).

Ergänzt wird diese Reihe durch die – eigentlich datenschutzfremde und eher dem Verwaltungsverfahrensrecht zuzuordnende – Spezialvorschrift über Entscheidungen, die unter Verwendung personenbezogener Daten automatisch getroffen werden sollen (→ Rn. 230 ff.). 196

a) Wenn Daten erhoben werden sollen

Die gezielte Beschaffung von Daten – deren „Erheben“ iSv Art. 4 Nr. 2 Beispiel 1 DSGVO, Art. 3 Nr. 2 Beispiel 1 JIRL – ist nur zulässig, wenn sie für festgelegte und eindeutige Zwecke erfolgt. Diese müssen überdies auch „legitim“ (Art. 5 Abs. 1 lit. b Hs. 1 Var. 3 DSGVO – was wohl im Wesentlichen heißen soll, dass ihre Verfolgung nicht verboten ist[438]) bzw. „rechtmäßig“ sein (Art. 4 Abs. 1 lit. b Var. 3 JIRL, § 47 Nr. 2 Var. 3 BDSG). 197

Bei der Erhebung gilt im europäischen Datenschutzregime **kein Vorrang der offenen Vorgehensweise**, also der Anfrage direkt bei der betroffenen Person (eine Ausnahme gilt teilweise kraft Ausführungsrechts, → Rn. 186). In beiden Fällen ist aber – ohne dass dies die Rechtmäßigkeit der Erhebung selbst beträfe – in der DSGVO-Sphäre grundsätzlich die betroffene Person zu informieren (Art. 13, 14 DSGVO, → Rn. 278 ff.). 198

b) Wenn Daten übermittelt werden sollen

Die Übermittlung von Daten an eine andere Stelle führt zu einer Verdoppelung der Datenkenntnis und damit potenziell zu einer Verdoppelung des Risikos, das mit solcher Kenntnis verbunden ist. **In der Richtliniensphäre** ist daher jede Behörde verpflichtet, bevor sie Daten übermittelt, deren **Richtigkeit, Vollständigkeit und Aktualität zu überprüfen**, Art. 7 Abs. 1 S. 2 JIRL (§ 74 Abs. 1 S. 2 BDSG[439]). Überdies sollen jeweils weitere Informationen beigefügt werden, mit denen der Empfänger in den Stand versetzt wird, sich auch selbst noch einmal über die Richtigkeit, Vollständigkeit, Aktualität sowie „Zuverlässigkeit“ der Daten zu vergewissern, Art. 7 Abs. 1 S. 3 199

438 *Monreal*, ZD 2016, 507 (509); Sydow/*Reimer*, Art. 5 DSGVO Rn. 22 mwN.

439 Entsprechend: § 60 Abs. 1 S. 2 BlnDSG, § 69 Abs. 1 S. 2 HDSIG, § 32 Abs. 1 S. 2 NDSG, § 44 Abs. 1 S. 2 DSG NRW, § 62 Abs. 1 S. 2 LDSG RP, § 50 Abs. 1 S. 2 LDSG SH, § 36 Abs. 1 S. 2 ThürDSG.

JIRL (§ 74 Abs. 1 S. 3 BDSG[440]). Die übermittelnde Behörde trifft auch eine Art „Produktbeobachtungspflicht“: Falls sie später eine Unrichtigkeit der Daten oder gar die Rechtswidrigkeit der Übermittlung als ganzer feststellen sollte, so muss sie dies dem Empfänger unverzüglich mitteilen, Art. 7 Abs. 3 S. 1 JIRL (§ 75 Abs. 3 S. 2 BDSG[441]).

200 Als gesteigert kann man das mit einer Übermittlung verbundene Risiko auch in dem Falle begreifen, dass der Empfänger einem anderen Datenschutzregime mit geringeren Bindungen unterliegt. Diese Situation ist zum einen gegeben, wenn **aus einer strengeren DSGVO-Untersphäre in eine laxere** übermittelt werden soll; hier wird dem Empfänger teilweise eine Selbstverpflichtung abverlangt, die seinen datenschutzrechtlichen Spielraum gegenüber der für ihn eigentlich geltenden Gesetzeslage einengen soll (→ Rn. 171).[442]

201 Zum anderen besteht die Situation auch, wenn **aus dem europäischen Datenschutzregime in ein fremdes** übermittelt werden soll, dh an eine Stelle in einem Drittland oder an eine internationale Organisation. Hier gelten Art. 44–50 DSGVO bzw. Art. 35–40 JIRL, §§ 78–81 BDSG,[443] die an Datenverarbeitungen zusätzliche Anforderungen stellen:[444] Es muss grundsätzlich ein Angemessenheitsbeschluss der Europäischen Kommission vorliegen[445] oder eine rechtliche Absicherung geeigneter Garantien gegeben sein. Wo dies nicht der Fall ist, darf in der DSGVO-Sphäre nur bei Vorliegen eines der Erlaubnistatbestände des Art. 49 Abs. 1 S. 1 DSGVO übermittelt werden (zum Verhältnis dieser Vorschrift zu Art. 6 Abs. 1 DSGVO → Rn. 119).

440 Entsprechend: § 60 Abs. 1 S. 3 BlnDSG, § 69 Abs. 1 S. 3 HDSIG, § 32 Abs. 1 S. 3 NDSG, § 44 Abs. 1 S. 3 DSG NRW, § 62 Abs. 1 S. 3 LDSG RP, § 50 Abs. 1 S. 3 LDSG SH, § 36 Abs. 1 S. 3 ThürDSG.

441 Entsprechend: § 61 Abs. 3 S. 2 BlnDSG, § 70 Abs. 3 S. 2 HDSIG, § 32 Abs. 3 S. 1 NDSG, § 54 Abs. 3 S. 2 DSG NRW, § 63 Abs. 3 S. 2 LDSG RP, § 51 Abs. 3 S. 2 LDSG SH, § 35 Abs. 4 S. 1 ThürDSG.

442 Siehe § 25 Abs. 2 S. 1 BDSG aE, § 78 Abs. 1 S. 2 SGB X, fachrechtlich § 16 Abs. 2 Nr. 2 BArchG, landesrechtlich § 6 Abs. 4 BbgDSG sowie die in Fn. 404 genannten Vorschriften.

443 Entsprechend: §§ 64–67 BlnDSG, §§ 73–76 HDSIG, §§ 46–49 NDSG, §§ 62–65 DSG NRW, §§ 66–69 LDSG RP, §§ 54–57 LDSG SH, §§ 57–60 ThürDSG.

444 Vgl. zur Regelungstechnik Sydow/*Sydow*, DSGVO, Einl. Rn. 98.

445 Bisher gilt nur ein Angemessenheitsbeschluss vom 23.1.2019 in Bezug auf Japan, ABl. EU 2019, L 76/1. Die nach früherem Recht ergangenen Feststellungen gelten aber fort gemäß Art. 45 Abs. 9 DSGVO.

c) Wenn Daten anders genutzt werden sollen

aa) Erhobene Daten in der DSGVO-Sphäre

Soweit Daten „erhoben" – also von der Behörde gezielt beschafft und ihr nicht einfach nur ohne eigene Veranlassung von außen zugewachsen, namentlich mitgeteilt – wurden, wirkt in der DSGVO-Sphäre der dabei festgelegte Zweck (→ Rn. 197) über diesen Beschaffungsvorgang hinaus fort.[446] Er wird zwar nicht in dem Sinne perpetuiert, dass eine Verarbeitung zu anderen Zwecken gar nicht möglich wäre; aber in einer mit ihm „nicht zu vereinbarenden Weise" dürfen die erhobenen Daten nicht weiterverarbeitet werden (Art. 5 Abs. 1 lit. b Hs. 1 Var. 2 DSGVO); im Sinne der Transparenz ist die betroffene Person über Weiterverarbeitungen grundsätzlich zu informieren (Art. 13 Abs. 3, Art. 14 Abs. 4 DSGVO, → Rn. 286 ff.). 202

(1) Dogmatische Streitfragen zur DSGVO

Dieses **Weiterverarbeitungsverbot** hat nicht nur in rechtspolitisch, sondern auch in rechtsdogmatischer Hinsicht große Diskussionen ausgelöst.[447] 203

Streitig ist zunächst, **ob das Weiterverarbeitungsverbot eine zusätzliche Anforderung darstellt**, die auch bei Vorliegen eines Erlaubnistatbestands ergänzend zu beachten ist,[448] **oder** ob es für die Situation einer Weiterverarbeitung **eine abschließende Sonderregelung** enthält, die das gewöhnliche Erlaubnisregime der Art. 6, 9, 49 DSGVO (→ Rn. 114 ff.) verdrängt, die Suche nach einem Erlaubnistatbestand hier also entbehrlich macht.[449] Gegen ein so weitreichendes Verständnis des Weiterverarbeitungsverbots spricht allerdings deutlich die – auch aus der Entstehungsgeschichte der Vorschrift erkennba- 204

446 Für den unionsrechtsfreien Bereich der Nachrichtendienste nehmen *Lindner/Unterreitmeier*, DÖV 2019, 165 (173 f.), an, die Erhebung und eine spätere Übermittlung verfolgten ohnehin denselben Zweck („Workflow innerhalb des einheitlichen Prozesses der Gefahrenabwehr"), weshalb sich die grundrechtliche Rechtfertigungsfrage (→ Rn. 125 ff.) hier nicht stelle.

447 Vgl. jetzt monographisch *von Grafenstein*, The Principle of Purpose Limitation in Data Protection Laws, 2018 (mit Schwerpunkt auf der grundrechtlichen Seite).

448 So BVerwG, U. v. 27.9.2018 – 7 C 5.17, Rn. 27; *Albrecht/Jotzo*, Das neue Datenschutzrecht der EU, 2017, Teil 3 Rn. 54; Kühling/Buchner/*Buchner/Petri*, Art. 6 DSGVO Rn. 183 f.; Sydow/*Reimer*, Art. 5 DSGVO Rn. 24, Art. 6 DSGVO Rn. 9, 67; *Schantz*, NJW 2016, 1841 (1844); Simitis/Hornung/Spiecker/*Schantz*, Art. 6 Abs. 1 Rn. 93 ff.

449 So etwa Gierschmann/*Assion/Nolte/Veil*, Art. 6 DSGVO Rn. 212 ff.; *von Grafenstein*, The Principle of Purpose Limitation in Data Protection Laws, 2018, S. 581 f.

re[450] – Zielrichtung, für Einschränkungen bei einer Form der Verarbeitung zu sorgen, die als spezifisch riskant für Betroffene angesehen wird; ein Verzicht auf das gewöhnliche Erlaubnisregime würde diese Verarbeitung aber eher erleichtern als erschweren. Auch der systematische Vergleich zu den gegenüber Art. 6 DSGVO speziellen Erlaubnisregimen der Art. 9 und 49 DSGVO (→ Rn. 117 ff.) legt es nahe, die ganz anders strukturierte Bestimmung des Art. 5 Abs. 1 lit. b Hs. 1 Var. 2 DSGVO nicht im Sinne einer abweichenden Regelung, sondern einer zusätzlichen Anforderung zu verstehen. Praktisch gesehen dürfte es überdies für alle Verantwortlichen im Sinne der Vorsicht liegen, so vorzugehen und bei einer Weiterverarbeitung erhobener Daten auch für die Weiterverarbeitung selbst das Vorliegen eines Erlaubnistatbestands zu begründen.

205 Streitig ist sodann, **ob das Weiterverarbeitungsverbot durch deutsches Recht ausgestaltet oder eingeschränkt werden kann.**[451] Die dies befürwortende Ansicht stützt sich auf Art. 6 Abs. 4 DSGVO,[452] der seine auf das Weiterverarbeitungsverbot bezogene Verfahrensregelung unter den Vorbehalt stellt, dass die Verarbeitung nicht auf einer (qualifizierten) Rechtsvorschrift beruht. Allerdings passt eine solche materiellrechtliche, also auf die Rechtmäßigkeit der Verarbeitung bezogene Deutung nicht gut zum Regelungsansatz des Art. 6 Abs. 4 DSGVO. Dieser richtet nämlich ausdrücklich nur an den Verarbeitungsverantwortlichen eine prozedurale Pflicht, bei der Subsumtion unter das Weiterverarbeitungsverbot gewisse Gesichtspunkte zu berücksichtigen. Von dieser Berücksichtigungspflicht liegt es nahe, ihn zu entbinden, wenn seiner Verarbeitung eine spezielle Rechtsvorschrift zugrunde liegt, namentlich in den Fällen von Art. 6 Abs. 1 lit. c und e DSGVO (→ Rn. 132, 160). Fern liegt es dagegen, hier auch gleich Art. 5 Abs. 1 lit. b Hs. 1 Var. 2 DSGVO als eingeschränkt zu sehen.[453]

206 Unklar ist schließlich die **Interpretation des Tatbestands** des Weiterverarbeitungsverbots, wie also die mit dem Erhebungszweck **„nicht zu vereinbarende Weise“** der Verarbeitung verstanden werden kann, die Art. 5 Abs. 1 lit. b Hs. 1 Var. 2 DSGVO verbietet. Ein wörtliches Verständnis (demzufolge dann also gerade der Ausschluss der Weiterverarbeitung ursprünglich bezweckt

---

450 Vgl. mN *Schantz*, NJW 2016, 1841 (1844).

451 Dagegen etwa BeckOK DatenschutzR/*Albers/Veit*, Art. 6 DSGVO (1.5.2018) Rn. 77; Kühling/Buchner/*Buchner/Petri*, Art. 6 DSGVO Rn. 199 f.; Sydow/*Reimer*, Art. 5 DSGVO Rn. 26, Art. 6 DSGVO Rn. 67; wohl auch Ehmann/Selmayr/*Heberlein*, 2. Aufl., 2018, Art. 6 DSGVO Rn. 51.

452 So etwa RegE BDSG, BT-Drs. 18/11325, S. 95 f.; Gierschmann/*Assion/Nolte/Veil*, Art. 6 DSGVO Rn. 196; *Monreal*, ZD 2016, 507 (511: „Öffnungsklausel“).

453 Das verkennen aber auch *Myßen/Kraus*, DB 2017, 1860 (1862).

gewesen sein müsste) greift hier sicher zu kurz. An dieser Stelle wird man daher tatsächlich die Gesichtspunkte des Art. 6 Abs. 4 DSGVO fruchtbar machen und annehmen können, dass die „Unvereinbarkeit" eher ein abwägungsgestütztes Angemessenheitsurteil bezeichnet: Je enger der inhaltliche Zusammenhang zwischen den Zwecken, je enger das Verhältnis zwischen Betroffenen und Behörde, je weniger empfindlich die verarbeiteten Daten und die drohenden Folgen und je sicherer der Verarbeitungsvorgang, desto seltener wird der Tatbestand des Weiterverarbeitungsverbots vorliegen.[454] Zumindest für eine Fallgruppe spricht Art. 5 Abs. 1 lit. b Hs. 2 DSGVO dieses Ergebnis ausdrücklich aus, nämlich im Sinne einer Wissenschaftsausnahme (→ Rn. 81).[455]

Im Übrigen wird viel davon abhängen, **wie weit oder eng der Erhebungszweck selbst gefasst** werden kann.[456] So könnte man im Steuerrecht etwa auf die Besteuerung insgesamt oder aber speziell auf die Veranlagung zu einer bestimmten Steuerart abstellen und gelangte dann im letzteren Fall zu einem wesentlich weiteren Anwendungsbereich des Weiterverarbeitungsverbots;[457] noch enger wäre die Bindung des Zwecks allein an einen bestimmten Veranlagungszeitraum.[458] Denkbar ist auch, dass bereits die Erhebung zu mehreren Zwecken erfolgt und dementsprechend die Weiterverarbeitung zu jedem dieser von Anfang an mitzudenkenden Zwecke keine Zweck*änderung* darstellt.[459] 207

Manche Landesrechte versuchen, bereits gesetzlich auf die Bestimmung des Erhebungszwecks Einfluss zu nehmen (ziehen also die behördliche Willensbildung an sich, was innerhalb des öffentlichen Bereichs durchaus zulässig sein könnte) und schlagen einem verwaltungsfachlich bestimmten Zweck unabhängig vom Willen der Behörde auch noch gewisse Querschnittsaufgaben zu, deren Wahrnehmung dann nicht als Zweckänderung gelten soll.[460] Pro-

454 Vgl. Sydow/*Reimer*, Art. 5 DSGVO Rn. 25 f.

455 Wiederholt in § 22 Abs. 2 LDSG RP. Das Umgekehrte regelt § 27 Abs. 1 DSG LSA: für Forschungszwecke *erhobene* Daten dürfen für andere Zwecke *nicht* verarbeitet werden.

456 Ausführlich zur „Scheingenauigkeit" des Zweckbegriffs *Forgó/Krügel/Rapp*, Zwecksetzung und informationelle Gewaltenteilung, 2006, S. 33 ff. (noch anhand des früheren Rechts, aber insoweit übertragbar; auch mwN zu älterer Literatur).

457 Vgl. *Myßen/Kraus*, DB 2017, 1860 (1865); *Krumm*, DB 2017, 2182 (2189).

458 Dafür *Brendle-Weith*, ZD 2019, 112 (114), in Bezug auf die Einkommensteuer unter Verweis aus § 2 Abs. 7 EStG.

459 Zur „Mehrzweckerhebung" *Forgó/Krügel/Rapp*, Zwecksetzung und informationelle Gewaltenteilung, 2006, S. 36 f.

460 Siehe § 6 Abs. 1 HmbDSG, § 6 Abs. 1 DSG M-V, § 6 Abs. 1 NDSG, § 7 Abs. 1 SDSG, § 17 Abs. 1 ThürDSG; auch § 10 Abs. 3 DSG LSA könnte man hier einordnen.

blematischer erscheint es dagegen, wenn das gleiche Ergebnis erreicht werden soll, indem nicht der behördliche Zweck gesetzlich vorgegeben, sondern die Vereinbarkeit des neuen mit dem behördlichen Zweck gesetzlich ausgesprochen wird,[461] denn dies ist ja ein autonom auszulegender Unionsrechtsbegriff, worüber die mitgliedstaatliche Ausführungsgesetzgebung nicht disponieren kann.

(2) Deutsches Ausführungsrecht

208 In Ermangelung einer Öffnungsklausel für mitgliedstaatliches Recht können **in der DSGVO-Sphäre keine allgemeinen Ausführungsregelungen zum Weiterverarbeitungsverbot** getroffen werden. Soweit sich die Bundesgesetzgebung auf Art. 6 Abs. 4 DSGVO als Öffnungsklausel stützt,[462] beruht dies auf einem Missverständnis.[463] Die entsprechenden, nach Fallgruppen deutlich präziser differenzierenden und im Folgenden zu betrachtenden Versuche der deutschen Ausführungsgesetzgebung dürfte daher zumindest teilweise die den Mitgliedstaaten verbliebene Kompetenz überschreiten und sich nur, soweit sie **Verarbeitungen nach Art. 6 Abs. 1 lit. c oder e DSGVO** betrifft, als spezifische Anforderung über die Öffnungsklausel des Art. 6 Abs. 2 DSGVO halten lassen (→ Rn. 138, 182 ff.).[464] Da dies allerdings wie gesehen die wichtigsten Erlaubnistatbestände für Behörden sein dürften, bleibt ihnen immerhin ein weiter Anwendungsbereich.

209 In diesem Rahmen wird der Behörde oder sonstige Stelle die Tätigkeit durch die klarer gefassten Tatbestände von § 23 Abs. 1 BDSG[465] – die grundsätzlich auch auf besonders sensible Daten anwendbar sind (§ 23 Abs. 2 BDSG[466]) – nicht unerheblich erleichtert, da die Weiterverarbeitung nirgends

---

461 So § 5 Abs. 2 LDSG BW.

462 RegE BDSG, BT-Drs. 18/11325, S. 95 f.

463 Vgl. BeckOK DatenschutzR/*Albers/Veit*, Art. 6 DSGVO (1.5.2018) Rn. 77 (mit dem Hinweis auf ErwGrd 50 S. 3 DSGVO); Sydow/*Reimer*, Art. 6 DSGVO Rn. 67, 70.

464 Vgl. BeckOK DatenschutzR/*Albers/Veit*, Art. 6 DSGVO (1.5.2018) Rn. 78; Sydow/*Reimer*, Art. 5 DSGVO Rn. 26.

465 Entsprechend: § 29 c Abs. 1 AO, § 67 c SGB X. Aus dem Landesrecht, mit mehr oder weniger ausgeprägten Unterschieden: § 5 Abs. 1, 2 LDSG BW, Art. 6 BayDSG, § 15 Abs. 1 BlnDSG, § 6 Abs. 1 BbgDSG, § 6 Abs. 2 HmbDSG, § 21 Abs. 1 HDSIG, § 4 Abs. 2 DSG M-V, § 6 Abs. 2 NDSG, § 9 DSG NRW, § 7 LDSG RP, § 7 SDSG, § 4 SächsDSDG, § 10 Abs. 2 DSG LSA, § 4 LDSG SH, § 17 ThürDSG.

466 Entsprechend: § 29 c Abs. 2 AO, § 67 b Abs. 1 S. 2 SGB X; aus dem Landesrecht: § 15 Abs. 5 BlnDSG, § 4 Abs. 2 BremDSGVOAG, § 21 Abs. 2 HDSIG, § 7 Abs. 5 SDSG, § 4 Abs. 2 SächsDSDG, § 4 Abs. 2 LDSG SH; vgl. auch § 6 Abs. 1 HmbDSG, dessen Verweis auf Art. 9 DSGVO man auf den Katalog des Abs. 2 ebenfalls wird beziehen dürfen. An-

mehr unmittelbar an dem allgemeinen unionalen Maßstab des Art. 5 Abs. 1 lit. b Hs. 1 Var. 2 DSGVO gemessen werden muss. Allerdings unterscheiden sich die Kriterien zwischen den verschiedenen Untersphären des Ausführungsrechts deutlich voneinander. Ein systematischer Unterschied liegt dabei zwischen BDSG, AO und Landesgesetzen einerseits und dem SGB X andererseits: das Letztere knüpft erstens nicht spezifisch an erhobene, sondern allgemein an gespeicherte Daten an (§ 67c SGB X) und regelt zweitens die Weiterverarbeitung fast ausschließlich unter dem Gesichtspunkt der Übermittlung (§§ 67d–77 SGB X), also einer spezifischen Verarbeitungsform.

Versucht man, die gesetzlichen Tatbestände vorsichtig zu systematisieren, so erscheint die Weiterverarbeitung in drei Fallgruppen als grundsätzlich zulässig: 210

- bei Offensichtlichkeit des **Interesses der betroffenen Person** an der Verarbeitung und mutmaßlicher Einwilligung (§ 23 Abs. 1 Nr. 1 BDSG, § 29c Abs. 1 S. 1 Nr. 3 AO; nicht jedoch im Sozialdatenschutz)
- zum **Schutz bestimmter öffentlicher Interessen** (§ 23 Abs. 1 Nr. 3 BDSG, § 29c Abs. 1 S. 1 Nr. 2 iVm § 30 Abs. 4 Nr. 5 AO; im Sozialdatenschutz nur in Bezug auf Übermittlungen: §§ 68–75 SGB X), **insbesondere der Straf- und Ordnungswidrigkeitenverfolgung** (§ 23 Abs. 1 Nr. 4 BDSG; im Finanzdatenschutz nur für Straftaten und nur in bestimmten Fällen: § 29c Abs. 1 S. 1 Nr. 2 iVm § 30 Abs. 4 Nr. 4, 5 AO; im Sozialdatenschutz sogar nur für schwere Straftaten und nur mit richterlicher Anordnung: § 73 SGB X)
- zu **behördeninternen Zwecken** (unterschiedlich ausbuchstabiert in § 23 Abs. 1 Nr. 6 BDSG [„Wahrnehmung von Aufsichts- und Kontrollbefugnissen", Rechnungsprüfung, Organisationsuntersuchungen] und § 29c Abs. 1 S. 1 Nr. 4 [(Weiter-)Entwicklung automatisierter Verfahren der Finanzbehörden[467]], Nr. 5 [„Gesetzesfolgenabschätzung"], Nr. 6 AO [„Wahrnehmung von Aufsichts-, Steuerungs- und Disziplinarbefugnissen"] sowie § 67c Abs. 3 S. 1 SGB X [„Wahrnehmung von Aufsichts-, Kontroll- und Disziplinarbefugnissen", Rechnungsprüfung, Organisationsuntersuchungen]). Hierzu zählen überall – unter einem zusätzlichen Vorbehalt schutzwürdiger Betroffeneninteressen – auch Ausbildungs- und Prüfungszwecke (§ 23 Abs. 1 Nr. 6 Hs. 2 BDSG, § 29c Abs. 1 S. 1 Nr. 6 S. 2 AO, § 67c Abs. 3 S. 2 SGB X);

ders aber Art. 6 Abs. 3 BayDSG; so auch in Baden-Württemberg, vgl. LT-Drs. (BW) 16/393, S. 94.

467 Zum Hintergrund *Myßen/Kraus*, DB 2017, 1860 (1866).

im BDSG-Bereich außerdem

- zur **Überprüfung von Angaben** der betroffenen Person bei Anhaltspunkten für deren Unrichtigkeit (§ 23 Abs. 1 Nr. 2 BDSG, ähnlich auch § 67e S. 2 SGB X)
- zum **Schutz der Rechte Dritter** bei drohenden „schwerwiegenden Beeinträchtigungen" (§ 23 Abs. 1 Nr. 5 BDSG).

bb) Erhobene Daten in der Richtliniensphäre

211 In der Richtliniensphäre ist die Regelung im Grundsatz deutlich großzügiger:[468] Gleich, zu welchem konkreten Zweck Daten erhoben wurden, können sie **ohne Weiteres**[469] **auch zu anderen Zwecken des Richtlinienbereichs** – also vor allem Strafverfolgung und polizeilicher Gefahrenabwehr – verwendet werden, sofern dies erforderlich und verhältnismäßig ist (Art. 4 Abs. 2 JIRL, § 49 S. 1 BDSG;[470] eine Rechtsgrundlage für die andere Verarbeitung bleibt auch hier erforderlich[471]).[472] Dabei sind archivarische, wissenschaftliche und statistische Zwecke auch in dieser Sphäre privilegiert, nämlich insoweit gleichgestellt (Art. 4 Abs. 3 JIRL, § 50 S. 1 BDSG[473] – gedacht ist etwa an kriminologische und kriminaltechnische Forschungsabteilungen von Sicherheitsbehörden,[474] aber wohl auch einfach an Kriminalstatistiken[475]).

---

468 Vgl. Auernhammer/*Herbst*, DSGVO/BDSG, 6. Aufl., 2018, JIRL Rn. 18; speziell zum Polizeibereich HdbDSR/*Roggenkamp*, § 21 Rn. 68 ff.

469 Verfassungsrechtliche Bedenken hegen insoweit *Johannes/Weinhold*, Das neue Datenschutzrecht bei Polizei und Justiz, 2018, Rn. 150 ff. Die Frage ist hier, ob die Richtlinie an dieser Stelle den Mitgliedstaaten genügend Spielraum lässt, den diese durch eigene verfassungsrechtliche Maßstäbe verengen können.

470 Entsprechend: Art. 29 Abs. 1 S. 1 BayDSG, § 34 S. 1 BlnDSG, § 44 S. 1 HDSIG, § 25 Abs. 4 S. 1 NDSG, § 39 S. 1 DSG NRW, § 30 Abs. 1 LDSG RP (mit Ausnahme für Amts- oder Berufsgeheimnissen unterliegende Daten), § 33 Abs. 2 S. 1 ThürDSG. Strenger § 25 LDSG SH, wonach auch hier eine Gestattung durch besondere Rechtsvorschrift erforderlich ist.

471 Vgl. BeckOK DatenschutzR/*Albers*, § 49 BDSG (1.5.2018) Rn. 6.

472 Die im bisherigen Recht enthaltenen speziellen Weiterverarbeitungsverbote im Sicherheitsbereich – etwa für Daten, die durch Abruf aus der Antiterrordatei bzw. der Rechtsextremismus-Datei erlangt wurden (§ 6 Abs. 1 S. 2 ATDG, § 6 Abs. 1 S. 2 RED-G) – passen insofern nicht recht zur Richtlinienvorgabe.

473 Entsprechend: § 35 Abs. 1 S. 1 BlnDSG, § 45 Abs. 1 S. 1 HDSIG (mit zusätzlicher Voraussetzung eines öffentlichen Interesses oder einer Einwilligung), § 25 Abs. 5 NDSG, § 40 S. 1 DSG NRW, § 31 Abs. 1 LDSG RP, § 26 S. 1 LDSG SH, § 33 Abs. 3 S. 1 ThürDSG.

474 RegE BDSG, BT-Drs. 18/11325, S. 111.

475 So *Johannes/Weinhold*, Das neue Datenschutzrecht bei Polizei und Justiz, 2018, Rn. 153.

Grundsätzlich unzulässig ist dagegen die Verarbeitung **zu Zwecken außerhalb des Richtlinienbereichs**, wofür eine **ausdrückliche Erlaubnis** aus dem Unionsrecht oder mitgliedstaatlichen Recht erforderlich ist (Art. 9 Abs. 1 S. 1 JIRL, § 49 S. 2 BDSG[476]). 212

cc) Nicht erhobene Daten

Im DSGVO-Ausführungsrecht finden sich weitere **punktuelle Weiterverarbeitungsverbote auch für nicht erhobene**, sondern der Behörde oder sonstigen Stelle anderweit zugewachsene Daten. Solche Bestimmungen wären jeweils auf Art. 6 Abs. 3 S. 3 DSGVO zu stützen. 213

Soweit die Behörde oder sonstige Stelle personenbezogene **Daten von einer anderen öffentlichen Stelle übermittelt** bekommen hat, bestimmt in der bundesrechtlichen DSGVO-Sphäre – landesrechtlich korrespondierend nur Bayern, Hessen und Sachsen-Anhalt[477] – der **Übermittlungszweck grundsätzlich** die **Grenze der Verarbeitung** dieser Daten (§ 25 Abs. 1 S. 2 BDSG[478]). Zumindest im BDSG-Regime ist diese Grenze jedoch nicht starr, sondern wird – rechtstechnisch durch eine Verweisung auf § 23 BDSG, → Rn. 210 – auf die sechs Fälle zulässiger Weiterverarbeitung erhobener Daten ausgedehnt (§ 25 Abs. 1 S. 3 BDSG). Polizei- und Ordnungsbehörden dürfen übermittelte Sozialdaten für alle Zwecke der Gefahrenabwehr nutzen (§ 78 Abs. 1 S. 6 SGB X); alle Behörden dürfen übermittelte Sozialdaten für Zwecke eines Straf- oder Disziplinarverfahrens weiterverarbeiten, wenn dies im Zusammenhang mit einer Verwaltungsvollstreckung zum Schutz beteiligter Bediensteter (!) erforderlich wird (§ 78 Abs. 3 SGB X). Innerhalb des Sozialdatenschutzes bestimmt bei nicht erhobenen, insbesondere also übermittelten Daten nicht der fremde Übermittlungs-, sondern der eigene Speicherungszweck über die weitere Verarbeitung (§ 67 c Abs. 1 S. 2 SGB X). Soll später zu einem anderen Zweck verarbeitet werden, gilt dann das Gleiche wie für erhobene Daten (→ Rn. 208 ff.). 214

Darüber hinaus verbietet in der allgemeinen bundesrechtlichen DSGVO-Untersphäre § 34 Abs. 2 S. 3 BDSG (ohne Pendant in AO, SGB X oder Landes- 215

---

476 Entsprechend: Art. 29 Abs. 1 S. 2 BayDSG, § 34 S. 2 BlnDSG, § 34 S. 2 HDSIG, § 25 Abs. 4 S. 2 NDSG, § 39 S. 2 DSG NRW, § 30 Abs. 3 LDSG RP, § 25 LDSG SH, § 33 Abs. 2 S. 2 ThürDSG.

477 Art. 5 Abs. 1 S. 2 BayDSG, § 22 Abs. 2 S. 2 HDSIG, § 11 Abs. 3 DSG LSA. Einige Länder haben für Datenübermittlungen zwischen öffentlichen Stellen ein anderes Regelungsmodell gewählt, vgl. Fn. 406.

478 Entsprechend: § 30 Abs. 11 S. 1 AO und für Sozialdaten, die in die allgemeine Verwaltung übermittelt wurden, § 78 Abs. 1 S. 1 SGB X.

recht) in Bezug auf die **„zum Zweck der Auskunftserteilung [...] gespeicherten Daten“** – was wohl als „erhobenen oder durch das Auskunftsverlangen erlangten Daten“ zu lesen ist – eine Verarbeitung, die nicht zur Auskunftserteilung oder der Datenschutzkontrolle dient. Soll zu anderen Zwecken weiterverarbeitet werden, so müssen die Daten als „eingeschränkt“ markiert werden und dürfen dann nur noch in Gemäßheit des Art. 18 DSGVO verarbeitet werden, also vor allem zum Schutz subjektiver Rechte oder wichtiger öffentlicher Interessen (→ Rn. 217 ff.).

216 Nur **zur Datenschutzkontrolle oder anderen technischen Zwecken gespeicherte Daten**, gleichviel ob erhoben oder nicht, dürfen in manchen DSGVO-Untersphären zu anderen Zwecken überhaupt nicht weiterverarbeitet werden.[479]

d) Wenn Daten als „eingeschränkt“ markiert sind

217 Zusätzliche Anforderungen gelten, wenn die Verarbeitung iSv Art. 4 Nr. 3 DSGVO, Art. 3 Nr. 3 JIRL (§ 46 Nr. 3 BDSG[480]) eingeschränkt ist, dh die Daten als „eingeschränkt“ markiert sind.[481] In den Schwebezustand dieses Status geraten gespeicherte Daten normalerweise, indem die Behörde einem Einschränkungsanspruch der betroffenen Person nach Art. 18 Abs. 1 DSGVO (→ Rn. 304) Folge leistet oder einen Berichtigungs- oder Löschungsanspruch nach Art. 16 Abs. 1, 2 JIRL (§ 58 Abs. 1, 2 BDSG;[482] → Rn. 257) gemäß Art. 16 Abs. 1 S. 1 JIRL nur im Umfang einer solchen Einschränkung teilerfüllt. Prinzipiell kann die Verarbeitung aber auch von Amts wegen eingeschränkt werden, wie es etwa in § 34 Abs. 2 S. 3 Hs. 2 BDSG vorgesehen ist.

479 Siehe § 67 c Abs. 4 SGB X und aus dem Landesrecht Art. 6 Abs. 4 BayDSG, § 15 Abs. 1 S. 2 BlnDSG, § 9 Abs. 1 S. 2 BremDSGVOAG, § 21 Abs. 3 HDSIG, § 6 Abs. 3 DSG M-V, § 6 Abs. 4 NDSG, § 7 Abs. 5 LDSG RP, § 7 Abs. 7 SDSG, § 10 Abs. 4 DSG LSA, § 4 Abs. 5 LDSG SH, § 17 Abs. 3 ThürDSG.

480 Entsprechend: § 31 Nr. 3 BlnDSG, § 41 Nr. 3 HDSIG, § 24 Nr. 3 NDSG, § 36 Nr. 3 DSG NRW, § 27 Nr. 3 LDSG RP, § 21 Nr. 3 LDSG SH, § 32 Nr. 3 ThürDSG.

481 Die Markierung wird für elektronisch verarbeitete Daten den Hauptfall darstellen. Weil der Begriff klarer scheint, wird er im Text durchgehend zur Charakterisierung der „Einschränkung der Verarbeitung“ gebraucht. Zu weiteren Möglichkeiten (separate Aufbewahrung von Archivgut, zB durch Abgabe an ein Staatsarchiv) vgl. Sydow/*Ziebarth*, Art. 4 DSGVO Rn. 81, 83.

482 Entsprechend: § 44 Abs. 1, 2 BlnDSG, § 53 Abs. 1, 2 HDSIG, § 52 Abs. 1, 2 NDSG, § 50 Abs. 1, 2 DSG NRW, § 46 Abs. 1, 2 LDSG RP, § 34 Abs. 1, 2 LDSG SH, § 43 Abs. 1, 2 ThürDSG.

In der DSGVO-Sphäre ist die **Verarbeitung** – außer der Speicherung selbst – **auf drei Fälle beschränkt:** 218

- die betroffene Person **willigt ein** (Art. 18 Abs. 2 Var. 1 DSGVO)
- ein **subjektives Recht** ist zu schützen (Art. 18 Abs. 2 Var. 2 DSGVO für Rechtsansprüche der Behörde, Art. 18 Abs. 2 Var. 3 DSGVO für Rechte Dritter)
- ein **wichtiges öffentliches Interesse** der Union oder eines Mitgliedstaats ist zu schützen (Art. 18 Abs. 2 Var. 4 DSGVO).[483]

Enger ist die Regelung für die Richtliniensphäre: Hier dürfen die eingeschränkten Daten „nur zu dem Zweck verarbeitet werden, der ihrer Löschung entgegenstand" (§ 58 Abs. 3 S. 2 BDSG[484]). 219

Solange die Eingeschränkt-Markierung besteht, ist daher jede andere Verarbeitung rechtswidrig, auch wenn sie *prima facie* auf einen Erlaubnistatbestand gestützt werden könnte. Um eine solche andere Verarbeitung gleichwohl zu ermöglichen, muss sie insofern aufgehoben werden. Dass dies auch aus Sicht des Unionsrechts prinzipiell möglich ist, lassen Art. 18 Abs. 3 DSGVO, Art. 16 Abs. 3 S. 2 JIRL klar erkennen, die für den Fall der **Aufhebung der Markierung** spezielle Informationspflichten statuieren (→ Rn. 290). Die Aufhebung als Kehrseite der Statusbegründung wird man aus Gründen der Systematik für zulässig halten können, wenn 220

- die Markierung von Amts wegen erfolgt war und dazu spätestens jetzt kein Anlass mehr besteht
- die betroffene Person ihr Verlangen nach Einschränkung der Verarbeitung mit Wirkung für die Zukunft zurückzieht (diese Dispositionsbefugnis könnte man ihr als Teil des Rechts aus Art. 18 Abs. 1 DSGVO zuerkennen) oder
- die betroffene Person ihr Verlangen zwar aufrechterhält, aber keine der vier alternativen Voraussetzungen des Einschränkungsanspruchs aus Art. 18 Abs. 1 DSGVO (→ Rn. 304) (mehr) gegeben ist.

483 Eine in der Sache durchaus überzeugende, hinsichtlich der Kompetenzgrundlage allerdings fragliche Konkretisierung versucht § 22 ThürDSG. Hier ließe es sich der Sache nach auch festmachen, wenn § 7 S. 2 SächsDSDG ausspricht, dass die archivrechtliche Anbietungspflicht auch bei Einschränkung der Verarbeitung bestehen bleiben soll.

484 Entsprechend: § 44 Abs. 3 S. 2 BlnDSG, § 53 Abs. 3 S. 2 HDSIG, § 28 Abs. 2 S. 2, § 52 Abs. 3 NDSG, § 50 Abs. 3 S. 2 DSG NRW, § 46 Abs. 3 S. 2 LDSG RP, § 34 Abs. 3 S. 2 LDSG SH, § 35 Abs. 3 S. 2, § 43 Abs. 3 ThürDSG.

e) Wenn Daten (hoch)riskant verarbeitet werden sollen

221 Wiewohl das europäische Datenschutzregime zwar am präventiven Verarbeitungsverbot festgehalten und sich damit gegen einen grundsätzlich risikobasierten Regelungsansatz entschieden hat,[485] sind die mit einzelnen Verarbeitungsvorgängen verbundenen Risiken doch zum Anknüpfungspunkt für zusätzliche Pflichten einer datenverarbeitenden Behörde gemacht worden. Diese Pflichten setzen nicht auf der materiellrechtlichen Ebene der oben behandelten präventiven Verbote (→ Rn. 112 ff.) und ihrer jeweiligen Erlaubnistatbestände an, sondern ergänzen sie durch zwei **prozedurale Anforderungen:**

- Zum einen ist vor Aufnahme einer hochriskanten Verarbeitung eine **Selbstkontrolle**[486] nach Art. 35 Abs. 1 DSGVO, Art. 27 Abs. 1 JIRL (§ 67 BDSG[487]) durchzuführen („Datenschutz-Folgenabschätzung").
- Zum anderen ist vor Aufnahme einer hochriskanten Verarbeitung gemäß Art. 36 Abs. 1 DSGVO, Art. 28 Abs. 1 JIRL (§ 69 BDSG[488]) auch eine **Fremdkontrolle** durch Konsultation der Aufsichtsbehörde durchzuführen, wenn die Datenschutz-Folgenabschätzung das hohe Risiko bestätigt, aber die Behörde keine Maßnahmen zu dessen Eindämmung trifft.

222 Beide prozeduralen Anforderungen wirken als zu Art. 6, 9, 49 DSGVO hinzutretende **eigenständige formelle präventive Verbote**, wie aus der Formulierung „vorab" bzw. „vor" hervorgeht: Wenn A vor B geschehen *muss*, dann *darf* B so lange eben nicht vorgenommen werden, wie A noch nicht erfolgt ist.[489]

223 Inhaltlich knüpfen sowohl die Selbst- als auch die Fremdkontrollpflicht an „ein **hohes Risiko**" an, das, wie Art. 35 Abs. 1 DSGVO, Art. 27 Abs. 1

485 Vgl. Sydow/*Reimer*, Art. 6 DSGVO Rn. 1; *Veil*, ZD 2015, 347; → Rn. 112.

486 Zu den Unschärfen des hier gebrauchten Begriffspaars Selbst-/Fremdkontrolle ebenso wie dessen Alternative „interne/externe Kontrolle" vgl. *Kempny*, Verwaltungskontrolle, 2017, S. 123 ff. Präziser wäre eine Bezeichnung des Unterschieds als „verantwortlicheninterne/verantwortlichenexterne".

487 Entsprechend: § 53 BlnDSG, § 62 HDSIG, § 39 NDSG, § 56 DSG NRW, § 56 LDSG RP, § 43 LDSG SH, § 52 ThürDSG.

488 Entsprechend: § 55 BlnDSG, § 64 HDSIG, § 40 NDSG, § 57 DSG NRW, § 57 LDSG RP, § 45 LDSG SH, § 53 ThürDSG.

489 Vgl. Sydow/*Reimer*, Art. 36 DSGVO Rn. 8; zumindest für die JIRL-Sphäre wie hier *Johannes/Weinhold*, Das neue Datenschutzrecht bei Polizei und Justiz, 2018, § 1 Rn. 298 (mit Fn. 387). AA allerdings nicht wenige, etwa Gierschmann/*Kramer*, Art. 36 DSGVO Rn. 53 f.; Gola/*Nolte*/*Werkmeister*, Art. 36 DSGVO Rn. 14.

JIRL (begrifflich anders §§ 66, 67 BDSG:[490] „erhebliche Gefahr“[491]) präzisieren, „für die Rechte und Freiheiten natürlicher Personen“ bestehen muss. Worin ein derartiges Risiko bestehen müsste, ist freilich nicht ohne Weiteres klar: Geht es um die Gefahr einer belastenden Verwendung der Daten oder um die Gefahr eines Einschüchterungseffekts durch die Datenhaltung als solche?

Für die praktische Handhabung des Tatbestandsmerkmals „hohes Risiko“ 224
gibt es immerhin eine Reihe von Hilfestellungen:

- Drei **Beispiele** hochriskanter Verarbeitungen benennt Art. 35 Abs. 3 DSGVO ausdrücklich und knüpft dabei an die Systematizität, an den schieren Umfang der Verarbeitungstätigkeit und an die verarbeiteten Datenkategorien an. Relativ greifbar erscheinen die beiden Tatbestände der umfangreichen Verarbeitung sensibler Daten (lit. b) und der systematischen *und* umfangreichen Überwachung öffentlich zugänglicher Bereiche (lit. c).[492] Nur eine Spur konkreter macht den Tatbestand des hohen Risikos dagegen das Beispiel der lit. a: „systematische und umfassende Bewertung persönlicher Aspekte natürlicher Personen, die sich auf automatisierte Verarbeitung einschließlich Profiling gründet und die ihrerseits als Grundlage für Entscheidungen dient, die Rechtswirkung gegenüber natürlichen Personen entfalten oder diese in ähnlich erheblicher Weise beeinträchtigen“. Man kann sich immerhin vorstellen, dass dies in der Steuerverwaltung bei Programmänderungen nicht selten vorkommen wird.[493]
- Die Aufsichtsbehörde kann für ihren Zuständigkeitsbereich eine **Positivliste** hochriskanter Verarbeitungen aufstellen (Art. 35 Abs. 4 DSGVO bzw. Art. 28 Abs. 3 JIRL, § 69 Abs. 1 S. 2 BDSG[494]), in der DSGVO-Sphäre überdies auch eine verbindliche und verlässliche **Negativliste** nicht-hochriskanter Verarbeitungen (Art. 35 Abs. 5 DSGVO).
- Die Selbstkontrolle kann in der DSGVO-Sphäre bei Verarbeitungen zur Rechtspflichterfüllung oder für öffentliche Aufgaben, also nach Art. 6

490 Entsprechend: §§ 53, 55 BlnDSG, §§ 43, 45 LDSG SH; ähnlich auch §§ 52, 53 ThürDSG („hohe Gefährdung“ bzw. „hohe Gefahr“). Dagegen sagen wie die Richtlinie „hohes Risiko“ auch §§ 62, 64 HDSIG, §§ 39, 40 NDSG, §§ 56, 57 DSG NRW, §§ 56, 57 LDSG RP.

491 Zum Verhältnis der Begriffe im datenschutzrechtlichen Kontext vgl. *Johannes/Weinhold*, Das neue Datenschutzrecht bei Polizei und Justiz, 2018, § 1 Rn. 243 ff., 247, 261.

492 Insbesondere Videoüberwachung; vgl. *Wysk*, VerwArch 109 (2018), S. 141 (159 f.).

493 *Myßen/Kraus*, DB 2017, 1860 (1869).

494 Vgl. *Johannes/Weinhold*, Das neue Datenschutzrecht bei Polizei und Justiz, 2018, § 1 Rn. 278. Entsprechend: § 55 Abs. 1 S. 2 BlnDSG, § 64 Abs. 1 S. 2 HDSIG, § 40 Abs. 1 S. 2 NDSG, § 57 Abs. 1 S. 2 DSG NRW, § 57 Abs. 1 S. 2 LDSG RP, § 53 Abs. 1 S. 2 LDSG SH, § 53 Abs. 1 S. 2 ThürDSG.

Abs. 1 lit. c oder e DSGVO, ersetzt werden durch eine **Folgenabschätzung bereits auf der Ebene der Rechtsgrundlage** (Art. 35 Abs. 10 DSGVO,[495] ohne Parallele in der Richtlinie).

- Möglich sein soll auch eine **Folgenabschätzung bereits beim bisherigen Anwender**, wenn ein automatisiertes Verfahren von einer anderen Behörde unverändert übernommen wird (§ 32h Abs. 2 S. 2 AO und punktuell im Landesrecht,[496] Kompetenz fraglich[497]).

f) Wenn Daten mithilfe eines Dritten verarbeitet werden sollen

225 Auch an den Fall, dass sich die Behörde für die Verarbeitung der Unterstützung einer anderen Stelle bedienen möchte, werden zusätzliche Anforderungen gestellt. Eine derartige **Auftragsverarbeitung** (Outsourcing) ist datenschutzrechtlich zwar in der Weise möglich, dass die Verantwortung wie bei selbst durchgeführter Verarbeitung die Behörde trifft und der Auftragsverarbeiter nur eine punktuelle und abgeleitete Verantwortung in seinem Zuständigkeitsbereich erhält (vgl. Art. 29, 30 Abs. 2, 32, 33 Abs. 2 DSGVO u.ö. bzw. Art. 24 Abs. 2, 28, 29 JIRL, §§ 64, 70 Abs. BDSG u.ö.).[498] Die Auftragsverarbeitung setzt auf Seiten der auftraggebenden Behörde aber zweierlei voraus.

226 Zum einen muss die **Auswahl** des Auftragsverarbeiters so erfolgen, dass dieser hinreichende Garantien für eine technisch und organisatorisch im Sinne der Datenschutzrechtskonformität gestaltete Verarbeitung bietet (Art. 28 Abs. 1 DSGVO, in der Richtliniensphäre § 62 Abs. 2 BDSG[499]). Soweit andere Behörden als Auftragsverarbeiter in Frage kommen,[500] wird man dies zwar regelmäßig unterstellen, doch muss sich die auftraggebende Behörde hier selbst vergewissern. Im Bereich des Finanzdatenschutzes müssen die für den Auftragsverarbeiter handelnden natürlichen Personen noch speziell zur

---

495 Wiederholt in Art. 14 Abs. 1 Nr. 2 BayDSG.

496 Art. 14 Abs. 1 Nr. 1 BayDSG.

497 Keine Aussage dazu im AusschussE, BT-Drs. 18/12611, S. 91 f.

498 Dieser wird erst dort selbst zum Verantwortlichen iSd Art. 4 Nr. 7 DSGVO, wo er *ultra vires* verarbeitet, nämlich unter eigener Festlegung von Zielen und Mitteln der Verarbeitung, siehe Art. 28 Abs. 10 DSGVO, Art. 22 Abs. 5 JIRL und vgl. Sydow/*Ingold*, Art. 28 DSGVO Rn. 24 ff.

499 Entsprechend: § 48 Abs. 2 BlnDSG, § 57 Abs. 2 HDSIG, § 51 Abs. 2 LDSG RP, § 38 Abs. 2 LDSG SH, § 48 Abs. 2 ThürDSG. Auf die DSGVO verweisen Art. 28 Abs. 2 S. 1 Nr. 3 BayDSG, § 45 Abs. 2 NDSG, § 52 DSG NRW.

500 Etwa mit technischen Hilfstätigkeiten iSd § 20 Abs. 3 FVG betraute Finanzbehörden, vgl. *BMF*, Schreiben v. 12.1.2018 – IV A 3-S 0030/16/10004-07, Rn. 14.

Wahrung des Steuergeheimnisses verpflichtet worden sein (§ 30 Abs. 9 AO, gestützt auf Art. 6 Abs. 2 DSGVO[501]). Im Bereich des Sozialdatenschutzes darf die Verarbeitung nur nach vorheriger Anzeige an die (allgemeine) Rechts- oder Fachaufsichtsbehörde (§ 80 Abs. 1 SGB X), nicht in problematischem Ausland (§ 80 Abs. 2 SGB X) und nur nachrangig durch nichtöffentliche Stellen erfolgen (§ 80 Abs. 3 SGB X).

Zum anderen muss mit dem Auftragsverarbeiter ein schriftlicher oder elek- 227
tronischer **Vertrag** geschlossen werden (Art. 28 Abs. 3 DSGVO zum Inhalt, Abs. 9 zur Form; in der Richtliniensphäre Art. 22 Abs. 3 S. 1 Var. 1 JIRL, § 62 Abs. 5, 6 BDSG). Dieser hat die Verarbeitungsbedingungen (Gegenstand, Dauer, Art, Zweck), die Art der Daten, die Art der Betroffenen und die Rechtsstellung der auftraggebenden Behörde zu regeln. Im Verhältnis zwischen rechtlich selbstständigen öffentlichen Stellen, die zu hoheitlichen Zwecken Daten verarbeiten, wird hierfür oft ein öffentlich-rechtlicher Vertrag nach § 54 S. 1 VwVfG (und Parallelvorschriften) in Frage kommen. Im Verhältnis zwischen Behörden desselben Verwaltungsträgers ist ein öffentlich-rechtlicher Vertrag dagegen wohl ausgeschlossen.[502]

Soweit die Vertragsform nicht zur Verfügung steht, genügt gemäß Art. 28 228
Abs. 3 S. 1 Var. 2 DSGVO bzw. Art. 22 Abs. 3 S. 1 Var. 2 JIRL, § 62 Abs. 5 S. 1 Var. 2 BDSG[503] auch ein **anderes „Rechtsinstrument** […,] das den Auftragsverarbeiter [im Verhältnis zum] Verantwortlichen bindet“. Ob hierfür in Deutschland ein Gesetz erforderlich ist (das den Auftragsverarbeiter umfassend bände) oder zumindest eine Verwaltungsvorschrift/Weisung von Seiten einer gemeinsamen übergeordneten Behörde oder ob gar eine Verwaltungsvereinbarung der beteiligten Behörden diesen unionsrechtlichen Anforderungen genügt, ist noch nicht erkennbar. Für Auftragsverarbeitungsverhältnisse *innerhalb* eines Verwaltungsträgers (etwa: zu einem Rechenzentrum als Landesbetrieb) liegt darin derzeit ein größeres Risiko als für solche *zwischen* Verwaltungsträgern (etwa: zu einem Rechenzentrum als rechtsfähiger Anstalt).

Eine Verarbeitung, die die Behörde durch einen untauglichen oder nicht hin- 229
reichend rechtlich gebundenen Auftragsverarbeiter durchführen lässt, ist da-

501 AusschussE, BT-Drs. 18/12611, S. 80.

502 Jedenfalls geht die hM zumindest implizit davon aus, dass auch öffentlich-rechtliche Verträge nur auf der Personen-, nicht der Organebene geschlossen werden; vgl. etwa Stelkens/Bonk/Sachs/*Bonk/Neumann/Siegel*, VwVfG, 9. Aufl., 2018, § 54 Rn. 74.

503 Entsprechend: Art. 28 Abs. 2 S. 1 Nr. 3 BayDSG (DSGVO-Verweis), § 48 Abs. 5 S. 1 Var. 2 BlnDSG, § 57 Abs. 5 S. 1 Var. 2 HDSIG, § 43 Abs. 3 S. 1 Var. 2 NDSG, § 52 DSG NRW (DSGVO-Verweis), § 51 Abs. 5 S. 1 Var. 2 LDSG RP, § 38 Abs. 5 S. 1 Var. 2 LDSG SH, § 48 Abs. 6 S. 1 Var. 2 ThürDSG.

nach auch bei Vorliegen eines Erlaubnistatbestands bereits wegen dieser Durchführungsmodalität rechtswidrig.

g) Wenn Entscheidungen automatisiert getroffen werden sollen

230 Einen etwas anderen Bezugspunkt als die zuvor behandelten Anforderungen haben die Vorschriften über automatisierte Einzelfallentscheidungen: Hier wird auf die Entscheidung abgestellt, nicht auf die Verarbeitung, die in Form einer Daten*verwendung* (Art. 4 Nr. 2 Var. 9 DSGVO, Art. 3 Nr. 2 Var. 9 JIRL, § 46 Nr. 2 Var. 10 BDSG[504]) der Entscheidung zwar vorausgeht, aber mit dieser nicht identisch ist. Eine solche Entscheidung, die der betroffenen Person gegenüber „rechtliche Wirkung entfaltet oder sie in ähnlicher Weise erheblich beeinträchtigt", ist insbesondere ein an sie gerichteter Verwaltungsakt, weshalb die betreffenden Vorschriften zumal für die Massenverwaltung von Bedeutung sind. Sie tragen wegen der weitreichenden Ausnahmen im Verwaltungsdatenschutzrecht aber im Ergebnis nicht viel aus.

231 In der **DSGVO-Sphäre** bildet den Ausgangspunkt ein Unterlassungsanspruch der betroffenen Person, mit dem automatisierte Entscheidungen der genannten Art abgewehrt werden können (Art. 22 Abs. 1 DSGVO) und der wohl unabhängig von der Geltendmachung durch Betroffene die verarbeitende Behörde objektivrechtlich zur Unterlassung verpflichtet.[505]

232 Von dieser Unterlassungspflicht gelten jedoch in Bezug auf die meisten Verarbeitungs-Erlaubnistatbestände **Ausnahmen,**[506] und zwar

- **für die Rechtspflichterfüllung und die Wahrnehmung öffentlicher Aufgaben**, soweit unionsrechtliche oder mitgliedstaatliche Rechtsvorschriften die automatisierte Entscheidung zulassen – wie sie für einen automatisierten Verwaltungsakt auch noch § 35 a VwVfG fordert[507] und für den Steuerbescheid § 155 Abs. 4 AO grundsätzlich gestattet[508] – und „angemesse-

504 Entsprechend: § 31 Nr. 2 Var. 10 BlnDSG, § 41 Nr. 2 Var. 10 HDSIG, § 24 Nr. 2 Var. 9 NDSG, § 36 Nr. 3 DSG NRW, § 27 Nr. 2 Var. 10 LDSG RP, § 21 Nr. 2 Var. 10 LDSG SH, § 32 Nr. 2 Var. 10 ThürDSG.

505 Sydow/*Helfrich*, Art. 22 DSGVO Rn. 38 ff.

506 Die ausführungsgesetzliche Bestimmung des § 37 BDSG dürfte für das Verwaltungsdatenschutzrecht kaum Relevanz entfalten, weil er weitere Ausnahmen nur für Versicherungsverträge enthält.

507 Vgl. *Ziekow*, NVwZ 2018, 1169 (1171).

508 Für die „Beurteilung der Notwendigkeit weiterer Ermittlungen und Prüfungen" im Rahmen des Verwaltungsverfahrens gilt daneben allgemein § 88 Abs. 5 AO.

ne Maßnahmen“ enthalten (Art. 22 Abs. 2 lit. b, in Bezug auf besonders sensible Daten in Verbindung mit Art. 22 Abs. 4 und Art. 9 Abs. 2 lit. g DSGVO)

- **für die Einwilligung,** die hier nur – wie bei besonders sensiblen Daten und problematischen Auslandsübermittlungen generell, → Rn. 148 – ausdrücklich erfolgen muss (Art. 22 Abs. 2 lit. c, in Bezug auf besonders sensible Daten in Verbindung mit Art. 22 Abs. 4 und Art. 9 Abs. 2 lit. a DSGVO)
- **für Vertragsabschluss oder -erfüllung** (Art. 22 Abs. 2 lit. a DSGVO) – insoweit allerdings nicht für besonders sensible Daten (Art. 22 Abs. 4 DSGVO), was aber für das Verwaltungsdatenschutzrecht kaum eine Rolle spielen dürfte, weil die Verarbeitung solcher Daten von Behörden ohnehin nur ausnahmsweise unter Berufung auf einen Vertrag gerechtfertigt werden kann (→ Rn. 142).

In der **Richtliniensphäre** muss die automatisierte Einzelentscheidung unions- 233
rechtlich oder gesetzlich vorgesehen sein, wobei in Bezug auf besonders sensible Daten „geeignete Maßnahmen“ getroffen werden müssen (Art. 11 JIRL, § 54 BDSG[509]). Ein Profiling ist hier ganz verboten, wenn es „zur Folge hat, dass [... wegen] besonderen Kategorien [...] diskriminiert“ wird (Art. 11 Abs. 3 JIRL, § 54 Abs. 3 BDSG[510]).

509 Entsprechend: Art. 35 BayDSG, § 39 BlnDSG, § 49 HDSIG, § 29 NDSG, § 46 DSG NRW, § 36 LDSG RP, § 30 LDSG SH, § 38 ThürDSG.

510 Eine entsprechende Bestimmung fehlt in § 38 ThürDSG. Statt „diskriminiert“ sagt Art. 35 Abs. 2 BayDSG, wohl ohne Bedeutungsunterschied, „benachteiligt“.

IV. Organisatorische Anforderungen

234 Über die Regelung der Zulässigkeit einzelner von einer Behörde in Aussicht genommener Datenverarbeitungsvorgänge hinaus stellt das Verwaltungsdatenschutzrecht noch eine ganze Reihe weiterer **Anforderungen an die Aufbau- und Ablauforganisation der Behörde**, die alle von Amts wegen zu beachten sind.

235 Zu nennen sind zunächst die aufbauorganisatorische Pflicht, einen behördlichen Datenschutzbeauftragten zu benennen (→ Rn. 237 ff.), und die technisch-organisatorische Pflicht, für Sicherheit bei der Datenverarbeitung zu sorgen (→ Rn. 246 ff.). Des Weiteren müssen verschiedene Verarbeitungsvorgänge von Amts wegen organisiert werden (→ Rn. 252 ff.). Hinzu treten diverse Dokumentationspflichten, teilweise als selbstständige Verpflichtungen, teilweise in Abhängigkeit von einzelnen Verarbeitungsvorgängen (→ Rn. 263 ff.), sowie die Organisationspflicht in der JIRL-Sphäre zur Ermöglichung vertraulicher Meldungen von Datenschutzverstößen (→ Rn. 274).

Auch die in Art. 6, 7 Abs. 1 JIRL (§§ 72, 73 BDSG) vorgesehenen Pflichten, die Verarbeitung – insbesondere also die Datenbestände – so zu organisieren, dass „so weit wie möglich" zwischen Kategorien betroffener Personen sowie zwischen fakten- und einschätzungsbasierten Daten unterschieden wird, gehören der Sache nach hierher.

236 Eingeordnet werden könnten hier überdies die Pflichten der Behörde, die Betroffenen in gewissen Fällen **von Amts wegen zu informieren**. Sie werden wegen des ebenso engen Sachzusammenhangs allerdings im anschließenden Abschnitt über das datenschutzrechtliche Verhältnis der Behörde zum Bürger behandelt (→ Rn. 275 ff.).

1. Bestellung eines Datenschutzbeauftragten

237 Behörden und andere öffentliche Stellen, die personenbezogene Daten verarbeiten, haben gemäß Art. 37 Abs. 1 lit. a DSGVO bzw. Art. 32 Abs. 1 JIRL –

beides umgesetzt[511] in § 5 Abs. 1 BDSG,[512] auch iVm § 81 Abs. 4 S. 1, 3 SGB X – stets einen **Datenschutzbeauftragten** zu benennen, der die mit den konkreten Verarbeitungsvorgängen der Behörde verbundenen Risiken zu begleiten hat (Art. 39 Abs. 2 DSGVO, § 7 Abs. 3 BDSG). Sie genießen dabei das Privileg, dass „für mehrere solcher Behörden oder Stellen unter Berücksichtigung ihrer Organisationsstruktur und ihrer Größe ein gemeinsamer Datenschutzbeauftragter benannt werden" kann (Art. 37 Abs. 3 DSGVO bzw. Art. 32 Abs. 3 JIRL, § 5 Abs. 2 BDSG). Die Benennung wird dann durch eine höhere Behörde erfolgen.[513] Weniger klar im Einklang mit der DSGVO-Vorgabe steht dagegen eine landesrechtliche Ermächtigung, innerhalb derselben Behörde *mehrere* Datenschutzbeauftragte zu erstellen,[514] würde dies die Ansprechfunktionen (dazu sogleich) doch wieder relativieren.

Der behördliche Datenschutzbeauftragte fungiert als **einheitlicher Ansprechpartner für drei Zielgruppen:** 238

- für die **Bediensteten** (in Datenschutzrechtsfragen – Art. 39 Abs. 1 lit. a Var. 2, lit. c DSGVO bzw. Art. 34 lit. a Var. 2, lit. c JIRL, § 7 Abs. 1 S. 1 Nr. 1 Var. 2 BDSG)
- für die **Aufsichtsbehörde** (zur Erleichterung der Kontrolle – Art. 39 Abs. 1 lit. d, e DSGVO bzw. Art. 34 lit. d, e JIRL, § 7 Abs. 1 S. 1 Nr. 5 BDSG), der seine Kontaktdaten nach Art. 37 Abs. 7 Var. 2 DSGVO bzw. Art. 32 Abs. 4 JIRL (§ 5 Abs. 5 Var. 2 BDSG) ebenfalls mitzuteilen sind
- außerhalb der Richtliniensphäre für die **Betroffenen** (wegen der Verarbeitung sie betreffender Daten und der Wahrnehmung ihrer subjektiven Datenschutzrechte – Art. 38 Abs. 4 DSGVO, § 6 Abs. 5 BDSG), wofür die Kontaktdaten des Datenschutzbeauftragten generell zu veröffentlichen (Art. 37 Abs. 7 Var. 1 DSGVO, § 5 Abs. 5 Var. 1 BDSG) und im Zusammenhang der Erhebung von Daten überdies individuell mitzuteilen sind (Art. 13 Abs. 1 lit. b, Art. 14 Abs. 1 lit. b DSGVO, → Rn. 280).

511 Innerhalb des DSGVO-Anwendungsbereichs dürfte § 5 Abs. 1 BDSG gegen das Verbot verstoßen, eine EU-Verordnung inhaltlich zu wiederholen, wenn es nicht insoweit durch die salvatorische Klausel des § 1 Abs. 5 BDSG ausgehebelt würde. Entsprechendes gilt für zahlreiche der anschließenden Bestimmungen des BDSG sowie die landesrechtliche Vollregelung des § 14 a DSG LSA, worauf im Folgenden nicht jedes Mal eigens hingewiesen wird.

512 Entsprechend: §§ 4–6 BlnDSG, §§ 5–7 HDSIG, §§ 13–15 ThürDSG; auf die JIRL-Umsetzung beschränkt: §§ 58 NDSG, §§ 37–39 LDSG RP, §§ 58–60 LDSG SH.

513 So spricht es Art. 12 Abs. 3 BayDSG denn auch aus; anderswo vermisst man meist einschlägige ausdrückliche Festlegungen. Zum Parallelproblem bei der Benennung eines Konzerndatenschutzbeauftragten *Kremer*, in: Laue/Kremer, Das neue Datenschutzrecht in der betrieblichen Praxis, 2. Aufl., 2019, § 6 Rn. 13.

514 So § 31 Abs. 1 DSG NRW.

239 Der Datenschutzbeauftragte hat daneben in der DSGVO-Sphäre auch von Amts wegen die Leitung und die Bediensteten der Behörde oder sonstigen Stelle über datenschutzrechtliche Pflichten zu unterrichten (Art. 39 Abs. 1 lit. a Var. 1 DSGVO, § 7 Abs. 1 S. 1 Nr. 1 Var. 1 BDSG).

240 Datenschutzbeauftragter muss immer eine **natürliche Person** sein, wie die normierten Eignungsvoraussetzungen erkennen lassen.[515] Diese beziehen sich auf die berufliche Qualifikation, das Fachwissen um Datenschutzrecht und -praxis sowie – abstrakter – auf die Fähigkeit zur Erfüllung seiner Aufgaben (Art. 37 Abs. 5 DSGVO bzw. Art. 32 Abs. 2 JIRL, § 5 Abs. 3 BDSG). Ob die Person dabei im öffentlichen Dienst steht, insbesondere als Bediensteter der Behörde oder sonstigen Stelle, oder ob sie ihr Amt aufgrund eines Geschäftsbesorgungsvertrags selbstständig versieht, ist dagegen ohne Belang (Art. 37 Abs. 6 DSGVO, § 5 Abs. 4 BDSG).

241 Mit der erzwungenen Einsetzung des Datenschutzbeauftragten wirkt die Unionsgesetzgebung in die behördliche Organisation direkt hinein und **mobilisiert eigene Kräfte des Verarbeitungsverantwortlichen für eine (Selbst-)Kontrolle** von dessen Tätigkeit.[516] Die Behörde muss dementsprechend

- ihren Datenschutzbeauftragten in hinreichendem Maße mit „Ressourcen“ – Material, ggf. Personal,[517] nicht zuletzt Fortbildungsmitteln – ausstatten (Art. 38 Abs. 2 Var. 1, 3 DSGVO bzw. Art. 33 Abs. 2 Var. 1, 3 JIRL, § 6 Abs. 2 BDSG), im Sozialdatenschutz in Bundesbehörden und landesunmittelbaren Sozialversicherungsträgern sogar in Form von „räumlich getrennten Organisationseinheiten“ (§ 81 Abs. 4 S. 2 SGB X),
- ihm Zugang zu den vorhandenen personenbezogenen Daten und Verarbeitungsvorgängen geben (Art. 38 Abs. 2 Var. 2 DSGVO, Art. 33 Abs. 2 Var. 2 JIRL),
- ihn frühzeitig in alle datenschutzrelevanten Angelegenheiten einbeziehen (Art. 38 Abs. 1 DSGVO bzw. Art. 33 Abs. 1 JIRL, § 6 Abs. 1 BDSG).

---

515 Ebenso *Kremer*, in: Laue/Kremer, Das neue Datenschutzrecht in der betrieblichen Praxis, 2. Aufl., 2019, § 6 Rn. 18. Zumindest als externe Datenschutzbeauftragte hält auch juristische Personen für tauglich Gola/*Klug*, Art. 37 DSGVO Rn. 15.

516 Selbstkontrolle liegt hier zunächst nur insoweit vor, als die Behörde die Tätigkeit des Datenschutzbeauftragten selbst zu ermöglichen hat; sie kann die Gestalt einer „behördeninternen“ oder -externen annehmen; vgl. *Kempny*, Verwaltungskontrolle, 2017, S. 123 f., 126 (dort auch mit dem Beispiel des behördlichen Datenschutzbeauftragten früheren Rechts). Strenggenommen kann von „Kontrolle“ hier nur in Bezug auf Ausschnitte des Tätigkeitsspektrums des Datenschutzbeauftragten die Rede sein, nämlich die Überwachungstätigkeit nach Art. 39 Abs. 1 lit. b DSGVO, Art. 34 lit. b JIRL.

517 Sydow/*Helfrich*, Art. 38 DSGVO Rn. 40.

Dabei ist der Datenschutzbeauftragte in Erfüllung seiner Aufgaben weisungsfrei (Art. 38 Abs. 3 S. 1 DSGVO, § 6 Abs. 3 S. 1 BDSG) und auch von der Einhaltung des Dienstwegs befreit (Art. 38 Abs. 3 S. 3 DSGVO, § 6 Abs. 3 S. 2 BDSG) sowie vor anderen, insbesondere – wenn es sich um einen eigenen Bediensteten handelt – dienstrechtlichen Benachteiligungen geschützt (Art. 38 Abs. 3 S. 2 DSGVO; entsprechend, aber differenzierter § 6 Abs. 3 S. 3, Abs. 4 BDSG).[518] Gemäß § 6 Abs. 5 S. 2, Abs. 6 BDSG trifft den Datenschutzbeauftragten eine besondere Verschwiegenheitspflicht (unabhängig davon, ob Art. 38 Abs. 5 DSGVO für die DSGVO-Sphäre diese bereits konstituiert[519]). 242

Art. 33 JIRL macht für die rechtliche Stellung des Datenschutzbeauftragten deutlich weniger Vorgaben und sieht Weisungsfreiheit oder ein Benachteiligungsverbot nicht ausdrücklich vor.

Die Ausführungsgesetzgebung flankiert dies noch – hier sicher ohne Verstoß gegen das Wiederholungsverbot – mit einem abgeleiteten Zeugnisverweigerungsrecht nebst Beschlagnahmeverbot in Bezug auf aus der Tätigkeit erlangte Daten, für die jemand anderem in der Behörde oder sonstigen Stelle aus beruflichen Gründen ein solches Recht zusteht (§ 6 Abs. 6 BDSG iVm § 53 StPO; zu denken ist vor allem an beamtete Ärzte). 243

Wird nicht ein Außenstehender, sondern ein Bediensteter eingesetzt, so entsteht mit der so eingeräumten Stellung ein „inneres Gegenüber" der Behördenleitung,[520] eine verselbständigte und relativ unabhängige Organisationseinheit, die als **Vertreterin des Datenschutzinteresses** den für andere besondere Belange eingesetzten Vertretungen und Beauftragten (etwa Personalrat oder Gleichstellungsbeauftragten) verwandt ist. Wenn die Aufgaben als Datenschutzbeauftragter den Bediensteten nicht auslasten, kann diese Funktion allerdings auch als weitere Dienstaufgabe vergeben werden; mit dem ursprünglichen Hauptamt, wo für gewöhnlich eine Weisungsbindung durchaus besteht, darf es nur nicht zu Interessenkonflikten kommen (Art. 38 Abs. 6 DSGVO, § 7 Abs. 2 BDSG).[521] 244

518 Für die Richtliniensphäre fehlt es insoweit an unionsrechtlichen Vorgaben; das deutsche Gesetzesrecht differenziert hier aber nicht.

519 Vgl. bejahend Kühling/Buchner/*Bergt*, Art. 38 Rn. 38, verneinend Sydow/*Helfrich*, Art. 38 DSGVO Rn. 71 mwN.

520 Sicher nicht der Vorstellung der Verordnunggebung entspricht der möglicherweise manchmal bestehende „unausgesprochene Wunsch des Behördenleiters [...], der Dienststelle nicht zu viel Ärger zu bereiten": *Vogelgesang*, CR 1993, 378 (378).

521 Das betont bereits *Vogelgesang*, CR 1993, 378 (382 f.). Einige Beispiele bei *Riegel*, ZTR 1997, 61 (62): „gleichzeitige Aufgabe als Leiter der EDV-Abteilung, des Personalreferats oder gar als Geheimschutzbeauftragter".

245 Etwas anders stellt sich die Lage dar, wenn für einen ganzen Verwaltungszweig ein Bediensteter einer höheren Behörde als gemeinsamer Datenschutzbeauftragter bestellt wird. Hier wird ein „äußeres Gegenüber" geschaffen, das aus Sicht der einzelnen Behörde als eine neben die Aufsichtsbehörde tretende zusätzliche externe Datenschutzkontrolle erscheint.

2. Sicherheitspflichten

246 Das Thema der Sicherheit bei der Datenverarbeitung hat eine umfangreiche technisch-organisatorische Seite, die gerade bei der Entwicklung des „E-Government" wichtig ist,[522] die aus juristischer Sicht nicht erschöpfend behandelt werden kann. Schon die zugrundeliegenden Rechtsakte enthalten insoweit hauptsächlich abstrakt formulierte Vorgaben, die von den einzelnen Verantwortlichen unter Zuhilfenahme (informations)technischen Sachverstands ausgefüllt werden müssen (zu gewissen Erleichterungen → Rn. 248).

Im Hinblick auf die Sicherheit der verarbeiteten personenbezogenen Daten treffen die Behörde vor allem

- die **Grundpflicht zu Integrität und Vertraulichkeit** aus Art. 5 Abs. 1 lit. f DSGVO bzw. Art. 4 lit. f JIRL (§ 47 Nr. 6 BDSG[523]) und
- die **Pflicht zu geeigneten technischen und organisatorischen Maßnahmen für ein risikoangemessenes Schutzniveau** aus Art. 32 DSGVO bzw. Art. 29 JIRL (§ 64 BDSG[524]).

Die beiden Pflichten überlappen einander;[525] beide sind als umfassende Generalklauseln formuliert. Immerhin geben Art. 32 Abs. 1 DSGVO und detaillierter noch für seinen Anwendungsbereich Art. 29 JIRL einige Anhaltspunkte, wie das „Risiko" zu bestimmen ist und welche „Maßnahmen" in Betracht kommen.[526]

522 Vgl. insoweit stellvertretend *Müller-Terpitz*, in: Borges/Schwenk (Hrsg.), Daten- und Identitätsschutz, in Cloud Computing, E-Government und E-Commerce, 2012, S. 169 („Sicherheit im E-Government") mwN (noch anhand des früheren Datenschutzrechts).

523 Entsprechend: Art. 28 Abs. 2 S. 1 Nr. 2 BayDSG (iVm Art. 5 Abs. 1 lit. f DSGVO), § 32 Abs. 1 Nr. 5 BlnDSG, § 42 Nr. 6 HDSIG, § 37 Nr. 6 DSG NRW, § 28 Abs. 2 Nr. 6 LDSG RP, § 22 Nr. 6 LDSG SH. Niedersachsen hat keine Grundpflicht in diesem Sinne aufgestellt.

524 Entsprechend: Art. 32 BayDSG, § 50 BlnDSG, § 59 HDSIG, § 34 NDSG, § 58 DSG NRW, § 53 LDSG RP, § 40 LDSG SH, § 54 ThürDSG.

525 In einem Verhältnis funktionaler Zuordnung sieht die Bestimmungen Sydow/*Mantz*, Art. 32 DSGVO Rn. 1.

526 Vgl. auch *Laue*, in: Laue/Kremer, Das neue Datenschutzrecht in der betrieblichen Praxis, 2. Aufl., 2019, § 7 Rn. 24 ff.

Nur angemessen, nicht höchstmöglich, muss das Schutzniveau sein. Erwartet wird unionsrechtlich also eine **Abwägung** – auf der einen Seite – 247

- der drohenden Nachteile für die Betroffenen und
- der Eintrittswahrscheinlichkeit dieser Nachteile infolge der Verarbeitung oder anderer Ereignisse in Bezug auf die Daten (gemäß Art. 32 Abs. 2 DSGVO insbesondere: Verlust, unbefugte Offenlegung, unbefugter Zugang)

mit – auf der anderen Seite –

- dem Stand der Technik
- den Implementationskosten für technisch-organisatorische Maßnahmen
- den Umständen der fraglichen Verarbeitung (insbesondere: welche Daten; wie verarbeitet; in welchem Umfang?).

Diese Abwägung obliegt stets der Behörde selbst; es gibt **keine Datenschutzfreigabe im Vorwege** etwa durch die Aufsichtsbehörde. Immerhin besteht in der DSGVO-Sphäre die Möglichkeit, von der Aufsichtsbehörde bereits gutgeheißene Verhaltensregeln nach Art. 40 DSGVO oder Zertifizierungsverfahren nach Art. 42 DSGVO einzuhalten,[527] doch wirkt dies nur „als Faktor“ bei der Beurteilung mit, ob die Sicherheitspflicht aus Art. 32 Abs. 1 DSGVO erfüllt sei (Art. 32 Abs. 3 DSGVO). 248

Als bloße **Beispiele möglicher Maßnahmen**[528] nennt Art. 32 Abs. 1 Hs. 2 DSGVO: 249

- in Bezug auf den Datenbestand deren Pseudonymisierung oder Verschlüsselung (lit. a)
- in Bezug auf die Informationstechnik ein geeignetes Informationssicherheitsmanagementsystem[529] (lit. b) sowie einen Mechanismus zur Wiederherstellung verlorener Daten (lit. c)
- in Bezug auf die Sicherheitsorganisation ein Überprüfungs- und Evaluationsverfahren für die getroffenen Maßnahmen (lit. d).

In den Zusammenhang der Sicherheitspflichten gehört auch eine Pflicht sicherzustellen, dass **Bedienstete** der Behörde die Datenverarbeitung nur auf Anweisung – in der Regel in Gestalt einer Verwaltungsvorschrift – durchführen (Art. 32 Abs. 4 DSGVO). Wie gesehen, erscheinen die Bediensteten nicht selbst als Adressaten unionsdatenschutzrechtlicher Pflichten, unterliegen 250

527 Dazu: *Laue*, in: Laue/Kremer, Das neue Datenschutzrecht in der betrieblichen Praxis, 2. Aufl., 2019, § 8.

528 Sydow/*Mantz*, Art. 32 DSGVO Rn. 9.

529 Vgl. dazu Sydow/*Mantz*, Art. 32 DSGVO Rn. 14–17.

aber persönlicher Verantwortung (→ Rn. 87, 107 ff.). Die Behörde trifft die Organisationspflicht, auf ihre Bediensteten entsprechend einzuwirken. Das kann einerseits unmittelbar-imperativisch durch deren Verpflichtung auf den Datenschutz geschehen, andererseits mittelbar etwa durch Schulungen.[530]

251 In der **Richtlinienspäre** verlangt Art. 29 Abs. 2 JIRL eine Anlagenzugangs-, Datenträger-, Speicher-, Benutzer-, Datenzugangs-, Übertragungs-, Eingabe- und Transportkontrolle sowie Vorkehrungen zur Datenwiederherstellung, zur Zuverlässigkeitssicherung und zur Datenintegrität.

3. Amtswegige Verarbeitungspflichten

252 Andere organisatorische Pflichten haben **bestimmte Verarbeitungen** personenbezogener Daten zum Gegenstand, die eine Behörde **von Amts wegen vornehmen muss.** Da sie zur Erfüllung von Rechtspflichten erforderlich sind, sind diese Verarbeitungen immer erlaubt nach Art. 6 Abs. 1 lit. c, 9 Abs. 2 lit. g[531] DSGVO (→ Rn. 130 ff.) und ebenso nach Art. 8 Abs. 1 JIRL (→ Rn. 134, 160). Das Risiko für die Behörde liegt daher weniger in der Rechtmäßigkeit derartiger Verarbeitungen als vielmehr darin, organisatorisch sicherzustellen, dass diese tatsächlich erfolgen.

253 Inhaltlich geht es dabei vor allem – neben Sonderfällen wie der Pflicht zur Verbreitung der Kontaktdaten des behördlichen Datenschutzbeauftragten, siehe → Rn. 280 – um die **Pflege des gespeicherten Datenbestands.** Hier ist grundsätzlich das Entbehrliche zu löschen (→ Rn. 254 ff.) und das Unrichtige zu löschen oder zu berichtigen (→ Rn. 259 ff.).

a) Löschung von Amts wegen

254 Bereits nach Art. 5 Abs. 1 lit. d, e DSGVO[532] bzw. Art. 4 Abs. 1 lit. d, e JIRL (§ 47 Nr. 4, 5 BDSG[533]) müssen Daten grundsätzlich gelöscht werden,

530 Sydow/*Mantz*, Art. 32 DSGVO Rn. 25.

531 In Bezug auf die besonders sensiblen Daten fehlt es zwar an einer ausdrücklichen Regelung für die Pflichterfüllung, aber die Systematik drängt darauf, jedenfalls einer durch die DSGVO selbst konkret gebotenen Verarbeitung keines ihrer präventiven Verbote entgegenzusetzen. Konstruktiv lässt sich dies der lit. g zuordnen (unionsrechtliche Grundlage mit erheblichem öffentlichem Interesse), sofern man nicht gleich eine Verdrängung des Art. 9 DSGVO durch die DSGVO-internen Löschungspflichten annehmen möchte.

532 Sydow/*Reimer*, Art. 5 DSGVO Rn. 37, 40 f.; aA *Leeb/Lorenz*, ZD 2018, 573 (574), die auf Art. 5 Abs. 1 lit. b DSGVO (Zweckbindung) verweisen.

533 Entsprechend: Art. 28 Abs. 2 S. 1 Nr. 2 BayDSG (iVm Art. 5 Abs. 1 lit. d, e DSGVO), § 32 Abs. 1 Nr. 4, Abs. 2 BlnDSG, § 42 Nr. 4, 5 HDSIG, § 25 Abs. 2 Nr. 3 NDSG (entsprechend

wenn sie entbehrlich oder unrichtig (geworden) sind. Spezialgesetzliche Löschungspflichten können hinzutreten[534] und müssen es in der Richtliniensphäre sogar, Art. 5 JIRL. Statt der Löschung im technischen Sinne[535] ist alternativ eine Vernichtung (des Datenträgers), eine Anonymisierung (Entfernung des Personenbezugs) oder – bei Unrichtigkeit – eine Berichtigung (→ Rn. 259 ff.) möglich.[536] Art. 17 Abs. 1 DSGVO, Art. 16 Abs. 2 JIRL (insoweit unvollkommen § 58 Abs. 2 BDSG[537]) sprechen dies als eine **Pflicht zur „Löschung"** (worunter hier aber auch die genannten Alternativen verstanden werden dürfen[538]) erneut aus, und zwar – soweit hier von Interesse[539] – für drei Fälle:

- **Rechtswidrigkeit der bisherigen Verarbeitung**, insbesondere wenn die Daten bereits rechtswidrig erhoben und/oder gespeichert wurden (Art. 17 Abs. 1 lit. d DSGVO bzw. Art. 16 Abs. 2 Var. 1 JIRL, § 58 Abs. 2 Var. 1 BDSG) oder – in der Richtliniensphäre – wenn sie zwar rechtmäßig erhoben und gespeichert, aber von einer anderen Behörde rechtswidrig übermittelt wurden (Art. 7 Abs. 3 S. 2 JIRL, § 58 Abs. 5 S. 3 BDSG)
- **Entbehrlichkeit der weiteren Speicherung** nach erfolgter Verarbeitung (Art. 17 Abs. 1 lit. a DSGVO bzw. § 58 Abs. 2 Var. 2 BDSG)

---

nur lit. d), § 37 Nr. 4, 5 DSG NRW, § 28 Abs. 2 Nr. 4, 5 LDSG RP, § 22 Nr. 4, 5 LDSG SH.

534 Jeweils im Rahmen der Spielräume für mitgliedstaatliches Recht. Siehe etwa § 4 Abs. 5 BDSG (Löschung von Videoüberwachungsdaten), § 6 BSIG (Löschung durch das Bundesamt für Sicherheit in der Informationstechnik).

535 Dazu *Hunzinger*, Das Löschen im Datenschutzrecht, 2018, S. 116: „die digitale Vernichtung gespeicherter Daten in der Weise [...], dass diese nicht mehr wahrnehmbar sind und mit technischen Mitteln auch nicht wiederhergestellt werden können"; zur technischen Umsetzbarkeit ebd., S. 118 ff.

536 Zur technischen Seite dieser Verarbeitungen vgl. mN *Leeb/Lorenz*, ZD 2018, 573 (575 ff.).

537 Dort ist nur von einem Recht die Rede; entsprechend: § 44 Abs. 2 BlnDSG, § 53 Abs. 2 HDSIG, § 50 Abs. 2 DSG NRW, § 46 Abs. 2 LDSG RP, § 34 Abs. 2 LDSG SH; die Pflicht zur amtswegigen Löschung ergibt sich hier dann zumindest aus der unmittelbar anwendbaren Richtlinie (→ Rn. 27). Dagegen setzen Pflicht und Recht separat um § 28 Abs. 1, § 52 Abs. 2 NDSG, § 35 Abs. 2, § 43 Abs. 2 ThürDSG. Der einfachere Weg, Pflicht und Recht – wie in JIRL und DSGVO – in derselben Vorschrift zu regeln, wurde nicht gewählt.

538 Ähnlich BeckOK DatenschutzR/*Worms*, Art. 17 DSGVO (1.8.2018) Rn. 55 f. Eine Sonderstellung hat insofern die Berichtigung. Da sie in Art. 16 DSGVO speziell geregelt ist, wird man sie begrifflich nicht der „Löschung" iSv Art. 17 DSGVO unterordnen können.

539 Außer Betracht bleiben kann lit. f, denn diese Regelung bezieht sich auf (kommerzielle) Dienste der Informationsgesellschaft. Lit. e hat im vorliegenden Zusammenhang keine eigenständige Bedeutung, sondern nimmt nur anderweit bestehende Löschungspflichten erneut auf (mit der Folge einer „Fehlerverdopplung") und subjektiviert sie, soweit noch nicht geschehen.

- **Rechtswidrigkeit der weiteren Speicherung** infolge des Widerrufs einer Einwilligung (Art. 17 Abs. 1 lit. b DSGVO – wenn kein anderer Erlaubnistatbestand dafür gegeben ist) oder eines begründeten Widerspruchs (Art. 17 Abs. 1 lit. c DSGVO, → Rn. 179 ff. – wenn die Verarbeitung nur auf Art. 6 Abs. 1 lit. e DSGVO zu stützen ist) oder einer anderweit begründeten Löschungspflicht (Art. 16 Abs. 2 Var. 2 JIRL, § 58 Abs. 2 Var. 3 BDSG).

255 Die Löschungspflicht ist allerdings in einigen Fällen tatbestandlich beschränkt. In der **DSGVO-Sphäre** muss gemäß Art. 17 Abs. 3 DSGVO nicht gelöscht werden, wenn die „Verarbeitung" (gemeint ist offenbar primär die weitere Speicherung)[540]

- von dem Erlaubnistatbestand des **Art. 6 Abs. 1 lit. c oder e DSGVO** bzw. – bei besonders sensiblen Daten (→ Rn. 117) – des Art. 9 Abs. 2 lit. h oder i DSGVO getragen wird (Art. 17 Abs. 3 lit. b,[541] c DSGVO), insbesondere durch eine dem Löschen entgegenstehende Aufbewahrungspflicht[542]
- **privilegierten Zwecken** dient (→ Rn. 81) und deren Verwirklichung durch die Löschung unmöglich gemacht oder ernsthaft beeinträchtigt würde (Art. 17 Abs. 3 lit. d DSGVO)[543] oder

540 Wiederum kann bei öffentlichen Stellen ein Teil außer Betracht bleiben; hier: die Schonung der Meinungsfreiheit des Verantwortlichen durch Art. 17 Abs. 3 lit. a DSGVO, da eine Behörde über eine solche Rechtsposition nicht verfügt. Eine Ausnahme gilt angesichts von Art. 5 Abs. 1 S. 2 Var. 2 GG höchstens für die grundsätzlich ebenfalls als öffentliche Stellen anzusehenden Rundfunkanstalten (→ Rn. 82).

541 Art. 6 Abs. 1 DSGVO wird hier wörtlich zitiert, wenn auch nicht genannt.

542 Für „satzungsgemäße oder vertragliche Aufbewahrungsfristen" ausgesprochen von § 35 Abs. 3 BDSG, für „vertragliche" auch von § 32 f Abs. 4 AO. Während bezüglich der satzungsrechtlichen hierin nur eine Wiederholung von Art. 17 Abs. 3 lit. b Var. 1 DSGVO liegen dürfte, ist die Einbeziehung der vertraglichen Pflichten kompetentiell zumindest insoweit durchaus fraglich, als es um ein Vertragsverhältnis gerade mit der betroffenen Person geht, wie das Nebeneinander von Art. 6 Abs. 1 lit. b und c DSGVO erkennen lässt. Bei Vertragsverhältnissen mit Dritten dagegen stellt sich die Frage nach Sinn und Zweck der Ausnahme, was manche insoweit zu einer teleologischen Reduktion veranlasst, siehe Paal/Pauly/*Paal*, § 35 BDSG Rn. 7.

543 Dies konkretisieren etwa § 9 BbgDSG, § 10 Abs. 1 DSG NRW, § 7 S. 1 SächsDSDG: Löschung bei anzubietenden Unterlagen erst nach Ablehnung der Archivwürdigkeit.

- der gerichtlichen oder außergerichtlichen[544] **Rechtsverteidigung** der Behörde[545] oder eines Dritten[546] dient und deren Verwirklichung durch die Löschung erschwert würde (Art. 17 Abs. 3 lit. e DSGVO); das gilt grundsätzlich bis zur Verjährung der fraglichen Ansprüche.[547]

Die DSGVO-Ausführungsgesetzgebung[548] hat, allerdings auf fragwürdiger Kompetenzgrundlage,[549] noch weitere Beschränkungen der Löschungspflicht[550] (unter gleichzeitiger Verpflichtung zur Markierung als eingeschränkt, § 35 Abs. 1 S. 2 BDSG) hinzugefügt für die Fälle, dass 256

- bei papierförmiger Aktenführung[551] die **Löschung unmöglich oder vom Aufwand her unverhältnismäßig,** das Interesse der betroffenen Person an der Löschung dagegen gering und die bisherige Verarbeitung rechtmäßig ist (§ 35 Abs. 1 S. 1 BDSG) oder
- aus der Sicht der Behörde die **schutzwürdigen Interessen der betroffenen Person beeinträchtigt** würden, und zwar auch dann, wenn diese Person selbst die Löschung verlangt (so, etwas paternalistisch,[552] § 35 Abs. 2 S. 1 BDSG).

In der **Richtlinienspháre** braucht nicht gelöscht, sondern kann eingeschränkt werden (vgl. → Rn. 217), wenn die Richtigkeit der Daten umstritten ist oder die Daten noch für Beweiszwecke in straf- oder gefahrenabwehrrechtlichen 257

544 Vgl. Sydow/*Peuker*, Art. 16 DSGVO Rn. 24, Art. 17 Rn. 69.

545 Mangels erkennbarer Beschränkung müsste die Klausel auch für die Rechtsverfolgung durch Behörden gelten.

546 Die Bestimmung präzisiert nicht, um wessen Ansprüche es gehen müsse. Sydow/*Peuker*, Art. 17 DSGVO Rn. 69, will gleichwohl nur solche des Verantwortlichen oder der betroffenen Person gelten lassen.

547 *Hunzinger*, Das Löschen im Datenschutzrecht, 2018, S. 168 f.

548 § 35 Abs. 1–3 BDSG entspricht § 32 f Abs. 2–4 AO. Das Landesrecht zeigt sich insgesamt restriktiver bezüglich der Löschungspflichtausnahmen, nur fünf Länder sehen überhaupt solche vor; siehe, mit Unterschieden im Einzelnen, § 10 Abs. 2, 3 LDSG BW, § 17 S. 1 HmbDSG, § 34 HDSIG, § 10 Abs. 2 DSG NRW, § 16 Abs. 3 DSG LSA.

549 Vgl. Kühling/Buchner/*Herbst*, § 35 BDSG Rn. 16 (§ 35 Abs. 1 BDSG sei mit Unionsrecht unvereinbar). Als mögliches Problem gesehen auch bei BeckOK DatenschutzR/*Worms*, § 35 BDSG (1.8.2018) Rn. 9.

550 Die Bestimmung ist zwar vom „Recht auf Löschung" her formuliert, bezieht sich erkennbar aber auch auf die amtswegige Löschung. Wie hier Kühling/Buchner/*Herbst*, § 35 BDSG Rn. 13; wohl auch BeckOK DatenschutzR/*Worms*, § 35 BDSG (1.8.2018) Rn. 11, 15.

551 Das Gesetz spricht von „nicht automatisierter Datenverarbeitung" und einer „besonderen Art der Speicherung", die gegeben sein müssten.

552 Vgl. *Schantz*, in: Schantz/Wolff, Das neue Datenschutzrecht, 2017, Rn. 1220.

Verfahren aufbewahrt werden müssen (Art. 16 Abs. 3 S. 1 lit. a, b JIRL, § 58 Abs. 1 S. 3, Abs. 3 S. 1 Nr. 2 BDSG[553]). Die deutsche Gesetzgebung ergänzt überdies auch hier die Fälle der Unmöglichkeit oder Unverhältnismäßigkeit der Löschung sowie der Fürsorge für Interessen der betroffenen Person (§ 58 Abs. 3 S. 1 Nr. 3 bzw. Nr. 1 BDSG).[554]

258 Über die Löschung sind Stellen, denen die Daten weitergegeben wurden, grundsätzlich zu informieren, damit die unerlaubte Verarbeitung nicht perpetuiert wird (Art. 19 S. 1 DSGVO bzw. Art. 16 Abs. 6 JIRL, § 58 Abs. 5 BDSG, vgl. → Rn. 307; zur ähnlichen „Produktbeobachtungspflicht" bei Übermittlungen in der Richtliniensphäre → Rn. 199).

b) Berichtigung von Amts wegen

259 Von Amts wegen geboten ist außer der Löschung auch die **Berichtigung unrichtig gespeicherter**, also **die Wirklichkeit unrichtig abbildender Daten.** Diese Pflicht ergibt sich direkt aus Art. 5 Abs. 1 lit. d DSGVO[555] bzw. Art. 4 Abs. 1 lit. d JIRL (§ 47 Nr. 4 BDSG[556]).[557] Sie ist überdies Gegenstand eines subjektiven Rechts aus Art. 16 DSGVO bzw. Art. 16 Abs. 1 JIRL, § 58 Abs. 1 S. 1 BDSG[558] (→ Rn. 304), wo – anders als bei Art. 17 Abs. 1 DSGVO – allerdings nicht ausdrücklich auch die Pflicht zur amtswegigen Vornahme statuiert ist.[559] Ergänzend ist für die Richtliniensphäre eine Überprüfung des Datenbestands von Amts wegen dann vorgeschrieben, wenn die

553 Entsprechend: § 44 Abs. 1 S. 3, Abs. 3 S. 1 Nr. 2 BlnDSG, § 53 Abs. 1 S. 3, Abs. 3 S. 1 Nr. 2 HDSIG (ohne Einschränkung der Aufbewahrungsgründe auf JIRL-Zwecke), § 52 Abs. 1 S. 4, Abs. 3 iVm § 28 Abs. 2 S. 1 Nr. 2 NDSG, § 50 Abs. 1 S. 3, Abs. 3 S. 1 Nr. 2 DSG NRW, § 46 Abs. 1 S. 3, Abs. 3 S. 1 Nr. 2 LDSG RP, § 34 Abs. 1 S. 3, Abs. 3 S. 1 Nr. 2 LDSG SH, § 43 Abs. 1 S. 3, Abs. 3 iVm § 35 Abs. 3 S. 1 Nr. 2 ThürDSG (mit Bezug der Aufbewahrungsgründe [nur] auf alle gerichtlichen Verfahren).

554 Zur Vereinbarkeit mit der Richtlinie mN BeckOK DatenschutzR/*Worms*, § 58 BDSG (1.8.2018) Rn. 48; *Johannes/Weinhold*, Das neue Datenschutzrecht bei Polizei und Justiz, 2018, § 1 Rn. 197.

555 Sydow/*Reimer*, Art. 5 DSGVO Rn. 36 f.

556 Entsprechend: Art. 28 Abs. 2 S. 1 Nr. 2 BayDSG (iVm Art. 5 Abs. 1 lit. d DSGVO), § 32 Abs. 1 Nr. 4 BlnDSG, § 42 Nr. 4 HDSIG, § 25 Abs. 2 Nr. 3 NDSG, § 37 Nr. 4 DSG NRW, § 28 Abs. 2 Nr. 4 LDSG RP, § 22 Nr. 4 LDSG SH.

557 *Johannes/Weinhold*, Das neue Datenschutzrecht bei Polizei und Justiz, 2018, § 1 Rn. 134: „Überprüfungspflicht".

558 Entsprechend: § 44 Abs. 1 S. 1 BlnDSG, § 53 Abs. 1 S. 1 HDSIG, § 52 Abs. 1 S. 1 NDSG, § 50 Abs. 1 S. 1 DSG NRW, § 46 Abs. 1 S. 1 LDSG RP, § 34 Abs. 1 S. 1 LDSG SH, § 43 Abs. 1 S. 1 ThürDSG.

559 Eine entsprechende Pflicht entnimmt Art. 16 DSGVO gleichwohl Sydow/*Peuker*, Art. 16 DSGVO Rn. 27.

Daten übermittelt oder zum Abruf bereitgestellt werden sollen, Art. 7 Abs. 2 S. 1, 2 JIRL (§ 74 Abs. 1 S. 1, 2 BDSG[560]).

Die Berichtigungspflicht greift in zwei Fällen: 260

- **ursprüngliche Unrichtigkeit** der Daten (Art. 5 Abs. 1 lit. d Hs. 2 DSGVO bzw. Art. 4 Abs. 1 lit. d Hs. 2 JIRL)
- **nachträglich eingetretene Unrichtigkeit** der Daten (Art. 5 Abs. 1 lit. d Hs. 1 Var. 2 DSGVO bzw. Art. 4 Abs. 1 lit. d Hs. 1 Var. 2 JIRL).

Statt den Dateneintrag anzupassen, kann die Behörde die erkannte Unrichtigkeit grundsätzlich auch zum Anlass nehmen, ihn ganz zu löschen – auch dadurch wird dem unrichtigen Zustand abgeholfen, wenn nicht gerade eine Aufbewahrungspflicht entgegensteht. Das Berichtigungsverlangen als solches verpflichtet wohl nicht zur Aufbewahrung.[561] 261

Die Berichtigungspflicht kennt nur wenige **Ausnahmen**, denn soweit Daten überhaupt gespeichert werden, gilt deren Richtigkeit als hohes Gut (vgl. Art. 5 Abs. 1 lit. d Hs. 1 DSGVO, Art. 4 Abs. 1 lit. d Hs. 1 JIRL). Im DSGVO-Ausführungsrecht (das an dem subjektiven Recht der betroffenen Person ansetzt, aber ersichtlich auch für die Pflicht Geltung beansprucht) werden nur zum einen Archive davor geschützt, Archivgut verfälschen zu müssen,[562] indem sie in den Fällen des Art. 16 DSGVO nur eine etwaige Gegendarstellung der betroffenen Person den Unterlagen hinzuzufügen haben (§ 28 Abs. 3 BDSG,[563] gestützt auf Art. 89 Abs. 3 DSGVO[564]). Zum anderen braucht bei Verarbeitung zu Forschungs- oder statistischen Zwecken nicht berichtigt zu werden, wenn sonst voraussichtlich die Zweckverwirklichung 262

560 Entsprechend: § 60 Abs. 1 S. 1, 2 BlnDSG, § 69 Abs. 1 S. 1, 2 HDSIG, § 32 Abs. 1 S. 1, 2 NDSG, § 44 Abs. 1 S. 1, 2 DSG NRW, § 62 Abs. 1 S. 1, 2 LDSG RP, § 50 Abs. 1 S. 1, 2 LDSG SH, § 36 Abs. 1 S. 1, 2 ThürDSG.

561 Vgl. Sydow/*Peuker*, Art. 16 DSGVO Rn. 12; BeckOK DatenschutzR/*Worms*, Art. 16 DSGVO (1.8.2018) Rn. 61.

562 Dies erscheint im Hinblick auf die „Funktionslogik von Archiven" zwingend; so *Schantz*, in: Schantz/Wolff, Das neue Datenschutzrecht, 2017, Rn. 1360.

563 Entsprechende archivbezogene Norm des allgemeinen Datenschutzrechts nur in vier Ländern, siehe § 14 Abs. 3 LDSG BW, Art. 26 Abs. 4 BayDSG, § 25 Abs. 3 HDSIG, § 24 Abs. 4 SDSG. Allgemeiner gefasst, aber in der Sache ähnlich: § 16 Abs. 1 S. 2 DSG LSA für unrichtige Daten „in Akten".

564 RegE BDSG, BT-Drs. 18/11325, S. 100.

unmöglich oder ernsthaft beeinträchtigt würde[565] (§ 27 Abs. 2 S. 1 BDSG,[566] gestützt auf Art. 89 Abs. 2 DSGVO[567]) – dabei kann es eigentlich nur um eine Zweckvereitelung durch Überforderung (im Stile eines „datenschutzrechtlichen Denial-of-Service-Angriffs“) gehen, denn inhaltlich dürfte kaum ein Forschungs- oder statistischer Zweck darunter leiden, dass er jetzt mit *besseren* Informationen verfolgt werden muss.[568]

4. Dokumentationspflichten

263 Eine Reihe weiterer, potenziell recht umfangreicherer organisatorischer Pflichten bezieht sich schließlich auf die **Dokumentation der eigenen Datenverarbeitung.** Hier droht ein erheblicher bürokratischer Aufwand. Diese Dokumentationspflichten sollten dabei nicht als Selbstzweck gesehen und vorsorglich immer weitestmöglich interpretiert, sondern mit Augenmaß im Hinblick auf ihren Zweck angewandt werden: den Umgang der Behörden mit personenbezogenen Daten für diese selbst nachvollziehbar und für die Aufsichtsbehörden kontrollierbar zu machen.[569]

a) Einhaltung der Grundpflichten

264 Einen Ausgangspunkt für die Dokumentationspflichten bildet die **Rechenschaftspflicht** nach Art. 5 Abs. 2 DSGVO bzw. Art. 4 Abs. 2 JIRL, wonach die verarbeitende Behörde die Einhaltung der datenschutzrechtlichen Grund-

565 Die weitere gesetzliche Voraussetzung, dass „die Beschränkung für die Erfüllung der Forschungs- oder Statistikzwecke notwendig“ sein müsse, scheint inhaltlich in der ersten bereits enthalten zu sein; für zwei Prüfungsschritte aber etwa Paal/Pauly/*Pauly*, § 27 BDSG Rn. 12.

566 Entsprechend: § 31 c Abs. 2 AO; aus dem Landesrecht: § 13 Abs. 4 LDSG BW, Art. 25 Abs. 4 BayDSG (ohne Statistik), § 17 Abs. 4 S. 1 BlnDSG, § 25 Abs. 5 Var. 1 BbgDSG, § 13 Abs. 3 S. 1 BremDSGVOAG, § 11 Abs. 5 HmbDSG, § 24 Abs. 2 S. 1 HDSIG, § 9 Abs. 5 DSG M-V, § 13 Abs. 5 NDSG, § 17 Abs. 5 DSG NRW, § 23 Abs. 4 SDSG, § 12 Abs. 4 SächsDSDG, § 13 Abs. 5 LDSG SH, § 28 Abs. 5 ThürDSG. Keine derartige Berichtigungsausnahme in Rheinland-Pfalz und Sachsen-Anhalt.

567 RegE BDSG, BT-Drs. 18/11325, S. 99; AusschussE, BT-Drs. 18/12611, S. 84.

568 Zu denken ist vielleicht an Erhebungen, die Selbsteinschätzungen gerade zu einem bestimmten Zeitpunkt abfragen und dann auswerten wollen; für ein solches Vorhaben stellt die nachträgliche Berichtigung dann in der Tat wohl eine Verfälschung dar.

569 Dieser Zweck wird deutlich in Vorschriften wie Art. 30 Abs. 4, Art. 33 Abs. 5 S. 2 DSGVO.

pflichten[570] aus Art. 5 Abs. 1 DSGVO bzw. Art. 4 Abs. 1 JIRL (§ 47 BDSG[571]) „nachweisen können“ muss.[572] Diese Grundpflichten sind freilich ausgesprochen heterogen.[573] Soweit sie für bestimmte Verarbeitungsvorgänge gewisse Modalitäten vorgeben, wird man zur Erfüllung der Rechenschaftspflicht verlangen müssen, dass *alle* Verarbeitungen dokumentiert werden; der Negativbeweis, vorgabenwidrige Verarbeitungen seien *nicht* erfolgt, kann schließlich nicht geführt werden. Dadurch überschneidet sich die Rechenschaftspflicht allerdings wiederum mit den konkreten Dokumentationsvorgaben, die nachfolgend zu behandeln sind (→ Rn. 268 ff., 271 ff.).

Eine Erleichterung bei der Nachweisführung soll es gemäß Art. 24 Abs. 3 DSGVO bringen, wenn der Verantwortliche von der Aufsichtsbehörde genehmigte **Verhaltensregeln** iSv Art. 40 DSGVO befolgt.[574]

Zu den Grundpflichten gehört zunächst die – für sich genommen redundante[575] – Pflicht zu **rechtmäßiger Verarbeitung** (Art. 5 Abs. 1 lit. a Var. 1 DSGVO bzw. Art. 4 Abs. 1 lit. a Var. 1 JIRL, § 47 Nr. 1 BDSG). Insoweit müssen Unterlagen vorgehalten werden, mit denen für jeden Verarbeitungsvorgang das Vorliegen eines Erlaubnistatbestands belegt werden kann. Für Erhebungsvorgänge muss ergänzend belegt werden, dass sie im Hinblick auf festgelegte, eindeutige und rechtmäßige (DSGVO: „legitime“) Zwecke erfolgen (Art. 5 Abs. 1 lit. b Hs. 1 Var. 1 DSGVO bzw. Art. 4 Abs. 1 lit. b Var. 1 JIRL, § 47 Nr. 2 Var. 1 BDSG). Bei zweckgeänderten Weiterverarbeitungen muss belegt werden, dass sie nicht in einer Weise erfolgen, die mit dem Erhebungszweck unvereinbar wäre (Art. 5 Abs. 1 lit. b Hs. 1 Var. 2 DSGVO bzw. Art. 4 Abs. 1 lit. b Var. 2 JIRL, § 47 Nr. 2 Var. 2 BDSG, → Rn. 202 ff.). 265

Die Grundpflichten zu **Datenminimierung, Richtigkeit** und **Speicherbegrenzung** (Art. 5 Abs. 1 lit. c, d, e DSGVO bzw. Art. 4 Abs. 1 lit. c, d, e JIRL, § 47 266

570 Die hier jeweils statuierten „Grundsätze“ enthalten Pflichten, nicht nur ein Programm. Zur DSGVO entsprechend Sydow/*Reimer*, Art. 5 DSGVO Rn. 2; zur JIRL *Johannes/Weinhold*, Das neue Datenschutzrecht bei Polizei und Justiz, 2018, § 1 Rn. 123.

571 Entsprechend: Art. 28 Abs. 2 S. 1 Nr. 2 BayDSG (iVm Art. 5 Abs. 1 DSGVO), § 32 Abs. 1, 2 BlnDSG, § 42 HDSIG, § 25 Abs. 2 NDSG (gekürzter Katalog), § 37 DSG NRW, § 28 Abs. 2 LDSG RP, § 22 LDSG SH. Thüringen hat – durchaus überzeugend – darauf verzichtet, den JIRL-Katalog als solchen zu übernehmen.

572 Zur organisatorischen Seite vgl. etwa *Berning*, ZD 2018, 348.

573 Zu ihnen etwa *Roßnagel*, ZD 2018, 339.

574 Anders als Art. 41 DSGVO (dort Abs. 6) nimmt Art. 40 nicht die öffentlichen Stellen aus, so dass Verhaltensregeln von einschlägigen Vereinigungen – etwa den kommunalen Interessenverbänden – durchaus auch für Behörden in Frage kommen. AA aber Paal/Pauly/*Paal*, Art. 40 DSGVO Rn. 9.

575 Vgl. Sydow/*Reimer*, Art. 5 DSGVO Rn. 13.

Nr. 3, 4, 5 BDSG) korrespondieren den Pflichten zu Löschung und Berichtigung von Amts wegen (→ Rn. 252 ff.). Hier wird vor allem zu dokumentieren sein, dass die Erfüllung dieser Pflichten sichergestellt ist, wie es auch im jeweiligen Normtext deutlich zum Ausdruck kommt („alle angemessenen Maßnahmen zu treffen, damit" die Löschung bzw. Berichtigung erfolgt).

267 Die Grundpflicht zu **Integrität und Vertraulichkeit** (Art. 5 Abs. 1 lit. f DSGVO bzw. Art. 4 Abs. 1 lit. f JIRL, § 47 Nr. 6 BDSG) wird wesentlich konkretisiert durch die Sicherheitspflichten (→ Rn. 246 ff.).

b) Abstraktes Verarbeitungsverzeichnis

268 Gemäß Art. 30 Abs. 1 DSGVO bzw. Art. 24 Abs. 1 JIRL (§ 70 Abs. 1 BDSG[576]) hat jede Behörde ein **Verzeichnis aller Verarbeitungstätigkeiten** ihres Zuständigkeitsbereichs zu führen. Dieses Verarbeitungsverzeichnis hat einerseits eine **Warnfunktion** (die Behörde muss sich ihre Verarbeitungen bewusst machen), andererseits eine **Kontrollfunktion** (die Behörde muss das Verzeichnis der Aufsichtsbehörde auf Anfrage zur Verfügung stellen, Art. 30 Abs. 4 DSGVO bzw. Art. 24 Abs. 3 UAbs. 2 RL, § 70 Abs. 4 BDSG).[577]

269 Zwar gilt in der DSGVO-Sphäre eine **Ausnahme für** „Einrichtungen" mit weniger als 250 Mitarbeitern (Art. 30 Abs. 5 DSGVO), worunter grundsätzlich auch **kleinere Behörden** gefasst werden können.[578] Dabei gibt es allerdings mehrere Gegenausnahmen, die im Falle von Behörden oftmals einschlägig sein werden: vor allem (1) bei nicht nur gelegentlicher Verarbeitung, außerdem (2) bei riskanter Verarbeitung (insbesondere in den Fällen der Art. 35, 36 DSGVO, vgl. → Rn. 221 ff.) sowie (3) bei Verarbeitung der herausgehobenen Kategorien von Daten nach Art. 9, 10 DSGVO (→ Rn. 117).

270 Das Verzeichnis ist schriftlich zu führen, wobei eine elektronische Form genügt (Art. 30 Abs. 3 DSGVO bzw. Art. 24 Abs. 3 UAbs. 1 JIRL, § 70 Abs. 3 BDSG). Prinzipiell reicht dafür insofern ein aktuell gehaltenes Textverarbeitungsdokument mit bestimmten **Kopfdaten** (Namen und Kontaktdaten der Behörde und des behördlichen Datenschutzbeauftragten, Art. 30 Abs. 1 S. 2 lit. a DSGVO bzw. Art. 24 Abs. 1 S. 2 lit. a JIRL, § 70 Abs. 1 S. 2 Nr. 1 BDSG) und einer **Tabelle**, die **für alle Arten von Verarbeitungsvorgängen** jeweils mindestens folgende Spalten vorsieht:

---

576 § 70 BDSG entsprechend: § 56 BlnDSG, § 65 HDSIG, § 58 LDSG RP, § 46 LDSG SH, § 50 ThürDSG. Parallel: Art. 28 Abs. 2 S. 2, 31 BayDSG, § 38 NDSG, § 53 DSG NRW jeweils iVm Art. 30 DSGVO.

577 Gleichsinnig Sydow/*Ingold*, Art. 30 DSGVO Rn. 1.

578 So auch Paal/Pauly/*Martini*, Art. 30 DSGVO Rn. 27.

- die **Kategorien der verarbeiteten Daten und der betroffenen Personen** (Art. 30 Abs. 1 S. 2 lit. c DSGVO bzw. Art. 24 Abs. 1 S. 2 lit. c JIRL, § 70 Abs. 1 S. 2 Nr. 3 BDSG)
- die **Zwecke der Verarbeitung** dieser Daten (Art. 30 Abs. 1 S. 2 lit. a DSGVO bzw. Art. 24 Abs. 1 S. 2 lit. b JIRL, § 70 Abs. 1 S. 2 Nr. 2 BDSG) und in der Richtliniensphäre auch ihre Rechtsgrundlage (Art. 24 Abs. 1 S. 2 lit. g JIRL, § 70 Abs. 1 S. 2 Nr. 7 BDSG)
- eine „allgemeine Beschreibung" der **für die Sicherheit getroffenen Maßnahmen** (Art. 30 Abs. 1 S. 2 lit. g DSGVO bzw. Art. 24 Abs. 1 S. 2 lit. i JIRL, § 70 Abs. 1 S. 2 Nr. 9 BDSG)
- bei Verarbeitung durch **Übermittlung** an Dritte die Empfängerkategorien (Art. 30 Abs. 1 S. 2 lit. d DSGVO bzw. Art. 24 Abs. 1 S. 2 lit. d JIRL, § 70 Abs. 1 S. 2 Nr. 4 BDSG) sowie, wenn die Übermittlung in ein Drittland oder an eine internationale Organisation erfolgt, dieser Umstand, Zielland bzw. -organisation und etwaige Schutzmaßnahmen nach Art. 49 Abs. 1 UAbs. 2 DSGVO (→ Rn. 201; Art. 30 Abs. 1 S. 2 lit. e DSGVO bzw. – etwas restriktiver in den hier aufzunehmenden Angaben – Art. 24 Abs. 1 S. 2 lit. f JIRL, § 70 Abs. 1 S. 2 Nr. 6 BDSG)
- die **vorgesehenen Löschungsfristen** (Art. 30 Abs. 1 S. 2 lit. f DSGVO bzw. Art. 24 Abs. 1 S. 2 lit. h JIRL, § 70 Abs. 1 S. 2 Nr. 8 BDSG).

c) Konkrete Verarbeitungsprotokollierung

In Gestalt einer **Verletzungsprotokollierung** sehen Art. 33 Abs. 5 DSGVO bzw. Art. 30 Abs. 5 JIRL (§ 65 Abs. 5 BDSG[579]) auch die Dokumentation einzelner Vorgänge vor, und zwar unabhängig davon, ob der rechtswidrige Verarbeitungsvorgang auch der Aufsichtsbehörde oder der betroffenen Person zu melden war (→ Rn. 94 ff.).[580] 271

Hier sind jeweils aktenkundig zu machen:

- die Datenschutzverletzung als solche, dh vor allem: die **verletzte Vorschrift** des Datenschutzrechts und der Umstand, dass diese aus Sicht der Behörde verletzt wurde
- der **Sachverhalt** („alle [... damit] im Zusammenhang [...] stehenden Fakten"), dh vor allem: der Verarbeitungsvorgang, bei dem die Verletzung erfolgt ist

579 Entsprechend: § 51 Abs. 5 BlnDSG, § 60 Abs. 5 HDSIG, § 54 Abs. 5 LDSG RP, § 41 Abs. 5 LDSG SH, § 55 Abs. 5 ThürDSG. Jeweils auf Art. 33 Abs. 5 DSGVO verweisen Art. 28 Abs. 2 S. 2 BayDSG, § 41 Abs. 1 S. 1 NDSG, § 59 S. 1 DSG NRW.

580 Vgl. Sydow/*Wilhelm*, Art. 33 DSGVO Rn. 28.

- die **Auswirkungen** der Verletzung und
- die **ergriffenen Abhilfemaßnahmen.**

272 In Gestalt einer **Zugriffsprotokollierung** weiter gehen dagegen die Pflichten in der Richtliniensphäre, wo gemäß Art. 25 JIRL (§ 76 BDSG[581]) nicht nur Datenschutzverstöße, sondern vorsorglich *alle* Erhebungen, Veränderungen, Abfragen, Offenlegungen, Kombinationen und Löschungen aus automatisierten Verarbeitungssystemen zu protokollieren sind (ausgespart worden ist dabei insbesondere die Verarbeitungsart der Verwendung).[582] Aufzunehmen sind dabei jeweils die Identität der verarbeitenden Person, der Grund und der Zeitpunkt der Verarbeitung.[583] Diese Zugriffsprotokolle, die selbst personenbezogene Daten enthalten, unterliegen allerdings einer Verwendungseinschränkung auf Zwecke der Datenschutzkontrolle, Art. 25 Abs. 2 JIRL (§ 76 Abs. 3 BDSG).

Außerhalb der Richtliniensphäre ist die Führung von Zugriffsprotokollen vereinzelt auch im deutschen Recht angeordnet, namentlich bei behördlich geführten Registern (zB §§ 12 Abs. 4, 12 a Abs. 3 GBO, § 13 AZRG).

273 Zu führen ist in der Richtliniensphäre außerdem ein **Auslandsübermittlungsprotokoll**, worin alle Übermittlungen in datenschutzrechtlich problematisches Ausland, die ohne rechtlich abgesicherte Garantien erfolgen, dokumentiert werden müssen (Art. 37 Abs. 3, 38 Abs. 3 JIRL, §§ 79 Abs. 2, 80 Abs. 3 BDSG[584]).

5. Ermöglichung vertraulicher Meldungen (Whistleblowing)

274 Zu den organisatorischen Anforderungen gehört es in der Richtliniensphäre schließlich auch, wirksame Vorkehrungen für vertrauliche Meldungen über

581 Entsprechend: § 62 BlnDSG, § 71 HDSIG, § 35 Abs. 2–4 NDSG, § 55 DSG NRW, § 64 LDSG RP, § 52 LDSG SH, § 51 ThürDSG. Nur für DNA-Abgleiche Art. 29 Abs. 5 BayDSG.

582 Dazu *Piltz*, NVwZ 2018, 696.

583 Die für die Löschung der Protokolldaten festgelegte starre Jahresfrist des § 76 Abs. 4 BDSG halten für JIRL-widrig *Johannes/Weinhold*, Das neue Datenschutzrecht bei Polizei und Justiz, 2018, § 1 Rn. 324.

584 Entsprechend: §§ 65 Abs. 2, 66 Abs. 3 BlnDSG, §§ 74 Abs. 2, 75 Abs. 3 HDSIG, §§ 47 Abs. 2, 48 Abs. 3 NDSG, §§ 63 Abs. 2, 64 Abs. 3 DSG NRW, §§ 67 Abs. 2, 68 Abs. 3 LDSG RP, §§ 55 Abs. 2, 56 Abs. 3 LDSG SH, §§ 58 Abs. 2, 59 Abs. 3 ThürDSG.

Verstöße zu treffen, Art. 48 JIRL (§ 77 BDSG[585]).[586] Das Umsetzungsrecht macht keine genaueren Vorgaben, so dass die Ausgestaltung eines geeigneten Mechanismus für datenschutzbezogenes Whistleblowing letztlich in der Verantwortung der einzelnen Behörden(leitungen) liegt.

Eine dienstrechtliche Frage ist daneben, ob Bedienstete von diesem internen Mechanismus Gebrauch machen müssen oder sich – ggf. unter zusätzlichen Voraussetzungen im Sinne eines Nachrangverhältnisses – auch an andere Stellen, namentlich die Datenschutz-Aufsichtsbehörde (→ Rn. 321 ff.), wenden dürfen.[587] Im öffentlichen Dienstrecht ist die Ausgangslage hier sehr restriktiv (§ 67 BBG, § 37 BeamtStG, § 14 SG). Es bleibt abzuwarten, ob die in Vorbereitung befindliche Richtlinie „zum Schutz von Personen, die Verstöße gegen das Unionsrecht melden“, insoweit Veränderungsimpulse geben wird.[588]

585 Entsprechend: Art. 36 BayDSG, § 63 BlnDSG, § 72 HDSIG, § 43 Abs. 1 NDSG, § 66 DSG NRW, § 65 DSG RP, § 53 LDSG SH.

586 Vgl. dazu *Johannes/Weinhold*, Das neue Datenschutzrecht bei Polizei und Justiz, 2018, § 1 Rn. 325 ff.

587 So ausdrücklich § 43 Abs. 2 NDSG.

588 Kommissionsentwurf: COM(2018) 218 final.

V. Das Verhältnis zum Bürger

1. Information der Betroffenen von Amts wegen

275 Zu den Grundsätzen des unionalen Datenschutzrechts gehört namentlich die **Transparenz** (so programmatisch Art. 5 Abs. 1 lit. a Var. 3 DSGVO, ohne Pendant in der Richtliniensphäre). Im Verhältnis der Behörde zum Bürger wird dieser Grundsatz durch eine Reihe von Informationspflichten ergänzt, die – im Unterschied zu bloßen Auskunftsansprüchen – von Amts wegen eintreten. Die betroffene Person ist danach zu informieren,

- wenn sie betreffende Daten erhoben werden (→ Rn. 278 ff.),
- wenn mit ihr kommuniziert wird (→ Rn. 285),
- wenn Daten zu anderen Zwecken weiterverarbeitet werden (→ Rn. 286 ff.),
- wenn Daten, die als eingeschränkt markiert werden, wiederverarbeitet werden (→ Rn. 290),
- wenn Datenschutzrecht verletzt wurde (→ Rn. 291).

276 Die danach geschuldeten Informationen sind der Regelungsidee nach jeweils **grundsätzlich im Einzelfall** abzugeben. Informationen an die Öffentlichkeit – etwa durch Veröffentlichung auf der Behördenwebsite – können zur Erfüllung dieser Pflichten aber dann genügen, wenn die betreffenden Einzelnen darüber „individuell und gezielt“[589] erreicht werden. Für die Information anlässlich der Erhebung von Daten (Art. 13, 14 DSGVO, dazu sogleich

589 Sydow/*Greve*, Art. 12 DSGVO Rn. 19.

→ Rn. 278 ff.) spricht § 32 d Abs. 2 AO diese Möglichkeit ausdrücklich aus, wenn auch auf etwas unsicherer Kompetenzgrundlage. Hinzu tritt die von § 13 Abs. 1 TMG geforderte Datenschutzerklärung, die uU auch eine Behörde zur Verfügung zu stellen hat, wenn sie im Sinne dieses Gesetzes Telemedien zur Nutzung bereithält (§ 2 S. 1 Nr. 1 Hs. 1 TMG).

In der Richtliniensphäre, wo die Transparenz insgesamt schwächer gewichtet ist, wird nicht an die Erhebung angeknüpft, sondern nur generell die Zurverfügungstellung (passiv) und Erteilung (aktiv) von Informationen vorgesehen (Art. 12 JIRL). In allgemeiner Form – naheliegenderweise ebenfalls durch Veröffentlichung im Internet[590] – ist über Verarbeitungszwecke und Betroffenenrechte zu informieren (§ 55 BDSG[591]). 277

a) Information anlässlich der Erhebung von Daten

Wenn eine Behörde Daten erhebt, hat sie **in der DSGVO-Sphäre** die betroffene Person darüber grundsätzlich zu informieren und dieser dabei noch bestimmte ergänzende Angaben zu machen. Diese Pflicht entfällt grundsätzlich nur insoweit, als die betroffene Person bereits informiert ist, und zwar nicht nur über die Erhebung als solche, sondern auch über die Gegenstände der ergänzenden Angaben (Art. 13 Abs. 3, 14 Abs. 5 lit. a DSGVO; zu weiteren Ausnahmen → Rn. 282 f.). Erfüllt werden muss die Pflicht zum Zeitpunkt der Erhebung (Art. 13 Abs. 1 DSGVO – wenn die Daten bei der betroffenen Person erhoben werden) oder bis zu den in Art. 14 Abs. 3 DSGVO genannten Zeitpunkten (bei nicht offener Erhebung). 278

Die mitzuteilenden Informationen sind gesetzgebungstechnisch auf zwei Gruppen verteilt worden (jeweils Absatz 1 und Absatz 2 von Art. 13 und 14 DSGVO), deren Verhältnis noch nicht geklärt ist. Viel spricht dafür, die Absatz-1-Angaben als stets geboten und die Absatz-2-Angaben nur als geboten anzusehen, soweit sie im jeweiligen Falle „notwendig sind, um eine faire und transparente Verarbeitung zu gewährleisten", wie der Normtext in einem Relativsatz unklarer Funktion formuliert.[592] Dafür spricht auch die zusätzliche Informationspflicht aus Art. 21 Abs. 4 DSGVO anlässlich der ersten Kommunikation, die sich sonst mit Art. 13 Abs. 2 lit. b DSGVO überschnitte 279

590 Vgl. ErwGrd 39, 42 JIRL.

591 Entsprechend: § 41 BlnDSG, § 50 HDSIG, § 50 NDSG, § 47 DSG NRW, § 43 LDSG RP, § 31 LDSG SH, § 40 ThürDSG.

592 Vgl. mwN Paal/Pauly/*Paal/Hennemann*, Art. 13 DSGVO Rn. 22; sa Sydow/*Helfrich*, Art. 21 DSGVO Rn. 109. Anders etwa *Leeb/Lorenz*, ZD 2018, 573 (575), die die Absatz-2-Angaben offenbar nur als Regelbeispiele verstehen.

(→ Rn. 285). Praktisch sollten aber wohl am einfachsten und sichersten stets alle Angaben gemacht werden.[593]

280 Dies sind dann **generell folgende Angaben** (in vorsichtig systematisierender Paraphrase):

- die **Behörde** mit Kontaktdaten, einschließlich eines Ansprechpartners (Art. 13 Abs. 1 lit. a, 14 Abs. 1 lit. a DSGVO)
- der behördliche **Datenschutzbeauftragte** mit Kontaktdaten (→ Rn. 237 ff.; Art. 13 Abs. 1 lit. b, 14 Abs. 1 lit. b DSGVO)
- die **Zwecke** der vorgesehenen Verarbeitung (Art. 13 Abs. 1 lit. c Var. 1, 14 Abs. 1 lit. c Var. 1 DSGVO)
- die **Rechtsgrundlagen** der vorgesehenen Verarbeitung (Art. 13 Abs. 1 lit. c Var. 2, 14 Abs. 1 lit. c Var. 2 DSGVO)
- die **Rechte der betroffenen Person** auf Auskunft, Berichtigung, Löschung, Verarbeitungseinschränkung, Widerspruch, Datenübertragbarkeit, Widerruf und Beschwerde (Art. 13 Abs. 2 lit. b–d, 14 Abs. 2 lit. c–e DSGVO; zu den subjektiven Rechten → Rn. 292 ff.)

sowie weitere Angaben je nach Verarbeitungskonstellation:

- *bei vorgesehener Verarbeitung durch Übermittlung:* die Empfänger(kategorien) (Art. 13 Abs. 1 lit. e, 14 Abs. 1 lit. e DSGVO) – dies im Sozialdatenschutz allerdings nur ausnahmsweise (§§ 82 Abs. 1, 82 a Abs. 4 SGB X, gestützt auf Art. 23 Abs. 1 lit. e DSGVO und die „Funktionsfähigkeit der Verwaltung"[594])
- *bei vorgesehener Verarbeitung durch Übermittlung in ein Drittland oder an eine internationale Organisation:* dieser Umstand sowie ein Hinweis auf die spezifische Datenschutzlage für dieses Drittland (genauer: ob ein Angemessenheitsbeschluss der Kommission existiert) und ggf. auf für die Übermittlung erforderliche Garantien und deren Zugänglichkeit (→ Rn. 201; Art. 13 Abs. 1 lit. f., 14 Abs. 1 lit. f DSGVO)
- *bei vorgesehener Verarbeitung durch Speicherung:* deren Dauer oder hilfsweise die Kriterien für deren Festlegung (Art. 13 Abs. 2 lit. a, 14 Abs. 2 lit. a DSGVO), nach teilweise vertretener Ansicht auch der Beginn der Speicherung[595]

593 Ebenso Paal/Pauly/*Paal/Hennemann*, Art. 13 DSGVO Rn. 23.

594 AusschussE, BT-Drs. 18/12611, S. 118.

595 So *Leeb/Lorenz*, ZD 2018, 573 (575); Paal/Pauly/*Paal/Hennemann*, Art. 13 DSGVO Rn. 25.

- *bei vorgesehener automatisierter Entscheidungsfindung im Sinne von Art. 22 DSGVO* (→ Rn. 230 ff.)*:* dieser Umstand und die dabei verwendete „Logik“ (Art. 13 Abs. 2 lit. f, 14 Abs. 2 lit. g DSGVO).

Die **Doppelung der Normen** ergibt sich hier aus der etwas holprigen Regelungstechnik der Verordnung, die mit den zwei Artikeln die beiden Fälle durchgehend getrennt erfasst, dass die Behörde die **Daten offen** („bei der betroffenen Person“; dann Art. 13 DSGVO) **oder nicht offen erhebt** (dann Art. 14 DSGVO). Jedenfalls in Bezug auf die Informationspflicht unterscheiden sich die Bestimmungen allerdings nur marginal, sie sind insoweit sogar fast gänzlich gleichlautend gefasst. Der einzige augenfällige Unterschied zwischen den Informationskatalogen liegt darin, dass 281

- *bei offener Erhebung* eine etwaige Rechtspflicht der Behörde zu der Verarbeitung aus Gesetz oder Vertrag anzugeben ist (Art. 13 Abs. 2 lit. e DSGVO)
- *bei nichtoffener Erhebung* stattdessen die Kategorien der erhobenen Daten (Art. 14 Abs. 1 lit. d DSGVO) sowie die (konkrete[596]) Quelle der Datenerhebung und deren öffentliche Zugänglichkeit (Art. 14 Abs. 2 lit. f DSGVO).

Immerhin gelten bei der nichtoffenen Erhebung noch **weitere ausdrückliche Ausnahmen von der Pflicht zur individuellen Information**, die über den bereits genannten Fall, dass die betroffene Person bereits Kenntnis hat (→ Rn. 278), hinausgehen: 282

- bei **tatsächlicher Unmöglichkeit** (Art. 14 Abs. 5 lit. b Hs. 1 Var. 1 DSGVO – etwa, weil die zu informierenden Personen nicht bekannt sind oder die Daten verlorengegangen sind)[597] oder bei **Unverhältnismäßigkeit** der Informationserteilung, insbesondere im Hinblick auf Forschungszwecke (Art. 14 Abs. 5 lit. b Hs. 1 Var. 2 DSGVO). In diesen Fällen muss die Behörde allerdings kompensatorisch darüber die Öffentlichkeit informieren, welche Schutzvorkehrungen sie trifft
- bei unions- oder mitgliedstaatsrechtlicher **Verpflichtung der Behörde zu der Verarbeitung** – jedenfalls, sofern die fraglichen Rechtsvorschriften geeignete Maßnahmen zum Schutz der berechtigten Betroffeneninteressen treffen (Art. 14 Abs. 5 lit. d DSGVO)

---

596 Sydow/*Ingold*, Art. 14 DSGVO Rn. 27 Fn. 11 mwN.

597 Sydow/*Ingold*, Art. 14 DSGVO Rn. 13. Nach *Ingold*, ebd., Art. 13 Rn. 11, soll der hierin ausgedrückte allgemeine Rechtsgrundsatz aber prinzipiell auch auf die Konstellation des Art. 13 DSGVO angewandt werden können. Dass zu Unmöglichem keine Pflicht auferlegt werden solle, ist für das öffentliche Recht oft ein plausibles Auslegungsergebnis, vgl. *Reimer*, RW 2017, 1 (12 f.).

- bei unions- oder mitgliedstaatsrechtlicher **Verpflichtung der Behörde zur Vertraulichkeit (treuhänderische Geheimhaltung[598])**, zum einen aus Gründen eines „Berufsgeheimnis[ses]" (Art. 14 Abs. 5 lit. e DSGVO – diese primär für private Berufsgeheimnisträger gedachte Klausel kann prinzipiell auch einmal für öffentliche Stellen mit vergleichbaren Funktionen einschlägig sein, etwa Gesundheitsämter, personalärztliche Dienste, Rechtsauskunftsstellen), zum anderen „wegen der überwiegenden berechtigten Interessen eines Dritten" (§ 29 Abs. 1 S. 2 BDSG,[599] gestützt auf Art. 23 Abs. 1 lit. i DSGVO[600])
- außerdem kraft DSGVO-Ausführungsgesetzgebung bei **Gefährdung öffentlicher Interessen (strategische Geheimhaltung[601])**, entweder der öffentlichen Sicherheit oder Ordnung oder das Wohl des Bundes oder eines Landes (§ 33 Abs. 1 Nr. 1 lit. b BDSG[602]) oder der Aufgabenerfüllung auf bestimmten in Art. 23 Abs. 1 DSGVO genannten Gebieten (§ 33 Abs. 1

598 Konzept: *Wischmeyer*, Die Verwaltung 51 (2018), S. 393 (402 f., 422 ff.).

599 Entsprechend: § 32 b Abs. 1 S. 1 Nr. 2 AO, § 82 a Abs. 1 Nr. 2 SGB X; alle Länder kennen Parallelen, wenn auch teilweise mit etwas abweichendem Tatbestand: § 9 Abs. 1 S. 1 iVm § 8 Abs. 1 Nr. 4 LDSG BW, Art. 9 Abs. 1 iVm Art. 6 Abs. 2 Nr. 3 lit. d BayDSG, § 23 Abs. 1 S. 1, 2 Nr. 3 BlnDSG, § 10 Abs. 1 Nr. 4 BbgDSG, § 8 Abs. 1 Nr. 3 BremDSGVOAG, § 15 Abs. 1 Nr. 2 HmbDSG, § 26 Abs. 1 HDSIG, § 5 Nr. 3 DSG M-V, § 8 Nr. 3 NDSG, § 11 Abs. 1 Nr. 2 DSG NRW, § 11 Abs. 1 S. 1 Nr. 3 LDSG RP, § 10 Abs. 1 Nr. 3 SDSG, § 8 Abs. 1 Nr. 3 SächsDSDG (nur zu Art. 14 DSGVO), § 9 Abs. 5 S. 2 Nr. 4 iVm § 15 Abs. 4 Nr. 3 DSG LSA (nur zu Art. 14 DSGVO), § 8 Abs. 1 Nr. 3 LDSG SH, § 20 Abs. 1 Nr. 2 ThürDSG.

600 RegE BDSG, BT-Drs. 18/11325, S. 100.

601 Konzept: *Wischmeyer*, Die Verwaltung 51 (2018), S. 393 (398 f., 413 ff.).

602 Entsprechend: § 32 b Abs. 1 S. 1 Nr. 1 lit. b AO, § 82 a Abs. 1 Nr. 1 lit. b SGB X; alle Länder: § 9 Abs. 1 S. 1 iVm § 8 Abs. 1 Nr. 1 LDSG BW, Art. 9 Abs. 1 iVm Art. 6 Abs. 2 Nr. 3 lit. a BayDSG, § 23 Abs. 1 S. 1 2 Nr. 1 BlnDSG, § 10 Abs. 1 Nr. 1 BbgDSG, § 8 Abs. 1 Nr. 1 BremDSGVOAG, § 15 Abs. 1 Nr. 1 HmbDSG, § 32 Abs. 1 S. 1 Nr. 4 HDSIG, § 5 Nr. 1 DSG M-V, § 8 Nr. 1 NDSG, § 11 Abs. 1 Nr. 1 DSG NRW, § 11 Abs. 1 S. 1 Nr. 1 LDSG RP, § 10 Abs. 1 Nr. 1 SDSG, § 8 Abs. 1 Nr. 1 SächsDSDG (nur zu Art. 14 DSGVO), § 9 Abs. 5 S. 2 Nr. 4 iVm § 15 Abs. 4 Nr. 2 DSG LSA, § 8 Abs. 1 Nr. 2 LDSG SH, § 20 Abs. 1 Nr. 1 ThürDSG.

Nr. 1 lit. a BDSG,[603] im Landesrecht meist nur zur Strafverfolgung[604]). Dies wird flankiert durch eine Pflicht, eine allgemein gehaltene Öffentlichkeitsinformation bereitzustellen und die Gründe für das behördliche Vorgehen aktenkundig zu machen (§ 33 Abs. 2 BDSG[605]).[606]

Weitere Ausnahmen hat die **unionsrechtsfreie** Gesetzgebung in § 85 Abs. 3 BDSG sowie teilweise für die Ordensverwaltung[607] und für Gnadensachen[608] vorgesehen. 283

In der **Richtliniensphäre** ist nicht generell nach Erhebungen, sondern nur „in besonderen Fällen" eine Information zu erteilen (Art. 13 Abs. 2 JIRL). Das deutsche Datenschutzrecht setzt dies nicht in eine Informationspflicht-Generalklausel um, sondern trifft nur verallgemeinerte Ausführungsbestimmungen zu den Informationspflichten des Fachrechts, wonach im Interesse der öffentlichen Sicherheit oder von Rechten Dritter auf die Informationsertei- 284

603 Verwiesen wird auf lit. a–e, also insbesondere Verteidigung und Strafverfolgung. Für den Sozialdatenschutz § 82 a Abs. 1 Nr. 1 lit. a SGB X (mit dem Hinweis auf Art. 23 Abs. 1 lit. a–e DSGVO nur in der Begründung, siehe AusschussE, BT-Drs. 18/12611, S. 119); inhaltlich etwas verschoben § 32 b Abs. 1 S. 1 Nr. 1 lit. a AO (mit Verweis auf lit. d–h: insbesondere Steuererhebung). Aus dem Landesrecht: § 32 Abs. 1 S. 1 Nr. 1 HDSIG, § 8 Abs. 1 Nr. 1 LDSG SH (mit Verweis auf lit. a–f); wohl zu weitgehend § 9 Abs. 5 S. 2 Nr. 4 iVm § 15 Abs. 4 Nr. 1 DSG LSA, wo auf das gesamte Aufgabenspektrum der Behörde verwiesen wird.

604 Einschließlich Ordnungswidrigkeiten – siehe Art. 9 Abs. 1 iVm Art. 6 Abs. 2 Nr. 3 lit. b BayDSG, Art. 23 Abs. 1 S. 1, 2 Nr. 2 BlnDSG, § 10 Abs. 1 Nr. 2 BbgDSG, § 8 Abs. 1 Nr. 2 BremDSGVOAG, § 15 Abs. 1 Nr. 2 HmbDSG, § 5 Nr. 2 DSG M-V, § 8 Nr. 2 NDSG, § 11 Abs. 1 S. 1 Nr. 2 LDSG RP, § 10 Abs. 1 Nr. 2 SDSG (ausdrücklich für Verhütung/Ermittlung/Aufdeckung/Verfolgung), § 8 Abs. 1 Nr. 2 SächsDSDG (nur zu Art. 14 DSGVO), § 20 Abs. 1 Nr. 3 iVm § 31 ThürDSG (für alle Zwecke der JIRL),

605 Entsprechend: § 82 a Abs. 3 SGB X, jedoch ohne Entsprechung in der AO; aus dem Landesrecht vgl. § 23 Abs. 2 S. 3 BlnDSG, § 10 Abs. 2 BbgDSG, § 32 Abs. 2 HDSIG; ohne Öffentlichkeitsinformationspflicht § 8 Abs. 3 LDSG BW, § 8 Abs. 2 BremDSGVOAG, § 15 Abs. 3 HmbDSG, § 11 Abs. 1 S. 2–4 LDSG RP (wonach statt der Öffentlichkeit die betroffene Person darüber zu informieren ist, dass sie nicht informiert wird), § 10 Abs. 3 SDSG, § 8 Abs. 3 SächsDSDG.

606 Die in § 33 Abs. 3 BDSG enthaltene weitere Ausnahme gilt, wie Abs. 1 erweist, zwar prinzipiell auch für die Informationserteilung anlässlich der nicht offenen Erhebung (Art. 14 Abs. 1 DSGVO), passt hier aber tatbestandlich nicht: Erhebung ist gerade nicht Übermittlung *an* eine andere Behörde. Ihr Anwendungsbereich liegt deshalb in der Information anlässlich einer Weiterverarbeitung in Gestalt der Übermittlung (Art. 14 Abs. 4 DSGVO), vgl. → Rn. 287; Parallelvorschriften: Fn. 661.

607 Bundesrechtlich geplant in einem neuen § 86 Abs. 2 BSDG, siehe RegE 2. DSAnpUG-EU, BT-Drucks. 19/4674, S. 26 (Art. 12 Nr. 8); aus dem geltenden Landesrecht vgl. § 71 Abs. 3 BlnDSG, § 30 Abs. 5 BbgDSG, § 13 Abs. 4 DSG M-V, § 15 Abs. 2 NDSG, § 22 Abs. 4 DSG NRW, § 62 ThürDSG.

608 Siehe § 31 Abs. 2 BbgDSG, § 14 Abs. 2 DSG M-V, § 16 S. 2 NDSG, § 23 Abs. 2 DSG NRW, § 63 iVm § 62 ThürDSG.

lung zumindest vorübergehend verzichtet werden kann (§ 56 Abs. 2 BDSG,[609] gestützt auf Art. 13 Abs. 3 JIRL). Damit besteht hier potenziell eine Umsetzungslücke.[610]

b) Information anlässlich der „ersten Kommunikation“

285 In der DSGVO-Sphäre ist im Übrigen immer dann auf das Widerspruchsrecht der betroffenen Person nach Art. 21 Abs. 1 DSGVO hinzuweisen, wenn es zur „**ersten Kommunikation**“ mit ihr kommt (Art. 21 Abs. 4 DSGVO) und ein solches Widerspruchsrecht tatsächlich besteht, was freilich im Verhältnis zu Behörden eher selten der Fall sein wird (→ Rn. 180). Bei offener Erhebung wird dieser Hinweis insofern mit der nach Art. 13 Abs. 2 lit. b DSGVO zu erteilenden Information (→ Rn. 280) zusammenfallen; eigene Bedeutung gewinnt Art. 21 Abs. 1 DSGVO hier nur, wenn man annimmt, die zusätzlichen Informationen nach Art. 13 Abs. 2 DSGVO müssten tatsächlich nicht stets erteilt werden (→ Rn. 279).[611] Bedeutung hat die eigenständige Informationspflicht aus Art. 21 Abs. 4 DSGVO daher vor allem für den Fall der nichtoffenen Erhebung, indem sie hierfür eine – Art. 14 Abs. 3 DSGVO noch verschärfende, vgl. → Rn. 278 – zeitliche Grenze zieht.

c) Information anlässlich der Weiterverarbeitung erhobener Daten

286 Sind in der DSGVO-Sphäre Daten erhoben worden, so hat dies bereits nach Art. 13 Abs. 1 lit. c Var. 1, 14 Abs. 1 lit. c Var. 1 DSGVO eine Pflicht zur Mitteilung der Verarbeitungszwecke ausgelöst (→ Rn. 280). Falls dann später eine **weitere Verarbeitung zu einem anderen Zweck**, etwa die Übermittlung an eine andere Stelle, erfolgen soll, so muss die betroffene Person nunmehr **erneut informiert** werden (Art. 13 Abs. 3, 14 Abs. 4 DSGVO), wenn sie von dieser Absicht der Behörde oder sonstigen Stelle nicht bereits Kenntnis hat (Art. 13 Abs. 4, 14 Abs. 5 DSGVO). Es handelt sich hier um eine flankierende Regelung zu den besonderen Einschränkungen, die die Weiterverarbeitung zu anderen Zwecken durchgehend erfahren hat (vgl. Art. 5 Abs. 1 lit. b, Art. 6 Abs. 4 DSGVO und → Rn. 202 ff.). Gegenstand der Informations-

---

609 Entsprechend: § 43 BlnDSG, § 51 Abs. 2 HDSIG, § 48 DSG NRW, § 44 Abs. 2 LDSG RP, § 32 Abs. 2 LDSG SH, § 41 Abs. 2 ThürDSG.

610 An der Richtlinienkonformität zweifeln auch *Johannes/Weinhold*, Das neue Datenschutzrecht bei Polizei und Justiz, 2018, § 1 Rn. 186 f.

611 So in der Tat Sydow/*Helfrich*, Art. 21 DSGVO Rn. 109.

pflicht im Weiterverarbeitungsfall sind zum einen der neue Verarbeitungszweck, zum anderen die jeweiligen Absatz-2-Angaben (→ Rn. 279 ff.).

Die Ausführungsgesetzgebung hat von dieser weiteren Informationspflicht eine Reihe (grundsätzlich dilatorischer, § 32 Abs. 3 BDSG[612]) **Ausnahmen** vorgesehen, die zumindest im Bundesbereich die Differenzierung der DSGVO nach offener oder nicht offener Erhebung aufnehmen und auch deshalb nicht besonders übersichtlich ausfallen.[613] Diese Ausnahmen gelten zum einen **bei Gefährdung öffentlicher Interessen**, und zwar in Gestalt entweder 287

- der **öffentlichen Sicherheit** oder Ordnung oder des Wohls des Bundes oder eines Landes (§§ 32 Abs. 1 Nr. 3, 33 Abs. 1 Nr. 1 lit. b BDSG;[614] diese Interessen müssen im Einzelfall überwiegen) oder, prozedural gefasst, fehlender Zustimmung des Empfängers, wenn die Verarbeitung in einer Datenübermittlung an Nachrichtendienste oder Behörden des Verteidigungsressorts bestehen soll[615] (§ 33 Abs. 3 BDSG;[616] hier ohne Interessenabwägung),

612 Entsprechend: § 32 a Abs. 4 AO, § 82 Abs. 4 SGB X; aus dem Landesrecht vgl. § 23 Abs. 3 BlnDSG, § 7 Abs. 2 LDSG RP, § 7 Abs. 3 SDSG, § 4 Abs. 5 SächsDSDG. Im Übrigen ergibt sich dies meist aus dem Gebrauch der Konjunktion „solange" wie in § 8 Abs. 1 LDSG BW, Art. 9 Abs. 1 BayDSG, § 11 Abs. 1 S. 1 BbgDSG, § 15 Abs. 1 HmbDSG, § 31 Abs. 3 HDSIG, § 5 DSG M-V, § 11 Abs. 1 DSG NRW, § 20 Abs. 1 ThürDSG.

613 Darauf, der Zweck der (Weiter-)Verarbeitung dürfe durch die Informationserteilung nicht gefährdet werden, stellen § 15 Abs. 3 S. 1 BlnDSG, § 6 Abs. 2 BbgDSG, § 4 Abs. 5 BremDSGVOAG, § 6 Abs. 5 NDSG, § 9 Abs. 3 DSG NRW, § 7 Abs. 2 LDSG RP, § 7 Abs. 3 SDSG, § 4 Abs. 5 SächsDSDG, jeweils generalklauselmäßig ab. Die Informationspflichtausnahmen der § 11 LDSG RP, § 10 SDSG, § 11 DSG NRW, § 10 BbgDSG dürften daneben anwendbar bleiben (siehe folgende Fußnoten); diejenige des § 8 SächsDSDG bezieht sich demgegenüber ausdrücklich nur auf Art. 14 Abs. 1, 2 und nicht Abs. 4 DSGVO; auch § 23 BlnDSG, § 8 BremDSGVOAG, § 8 NDSG gelten nur für die Information über die Erhebung.

614 Entsprechend: §§ 32 a Abs. 1 Nr. 2, 32 b Abs. 1 Nr. 1 lit. b AO, §§ 82 Abs. 2 Nr. 2, 82 a Abs. 1 Nr. 1 lit. b SGB X; aus dem Landesrecht vgl. § 8 Abs. 1 Nr. 1 LDSG BW, Art. 9 Abs. 1 iVm Art. 6 Abs. 2 Nr. 3 lit. a BayDSG, § 10 Abs. 1 Nr. 1 BbgDSG, § 31 Abs. 1 S. 1 Nr. 2 lit. e HDSIG, § 5 Nr. 1 DSG M-V, § 11 Abs. 1 Nr. 1 DSG NRW, § 11 Abs. 1 S. 1 Nr. 1 LDSG RP, § 10 Abs. 1 Nr. 1 SDSG, § 8 Abs. 1 Nr. 2 LDSG SH, § 20 Abs. 1 Nr. 1 ThürDSG.

615 Einen Konflikt mit der DSGVO gibt es hier zumindest insoweit von vornherein nicht, als man diese Verarbeitung wegen ihres Verteidigungsbezugs als außerhalb des Anwendungsbereichs des Unionsrechts liegend ansieht, vgl. → Rn. 43 ff.

616 Entsprechend: §§ 32 a Abs. 5, 32 b Abs. 2 AO, §§ 82 Abs. 5, 82 a Abs. 5 SGB X; aus dem Landesrecht vgl. § 15 Abs. 2 HmbDSG, § 11 Abs. 2 DSG NRW, § 10 Abs. 2 SDSG, § 8 Abs. 2 LDSG SH; nur Anhörung erforderlich nach § 8 Abs. 2 LDSG BW.

- der Erfüllung bestimmter **öffentlicher Aufgaben**
  - der Behörde oder sonstigen Stelle selbst auf den in Art. 23 Abs. 1 lit. a–e DSGVO genannten Gebieten insbesondere der Verteidigung, der Strafverfolgung oder des Staatshaushalts (§§ 32 Abs. 1 Nr. 2, 33 Abs. 1 Nr. 1 lit. a BDSG[617]),
  - im Landesrecht meist nur auf dem Gebiet der Strafverfolgung (gleichviel ob als eigene oder fremde Aufgabe),[618] in Baden-Württemberg außerdem auf dem Gebiet der Forschung[619],
  - im Finanzdatenschutz: einer Finanzbehörde auf den in Art. 23 Abs. 1 lit. d–h DSGVO genannten Gebieten (§§ 32 a Abs. 1 Nr. 1, Abs. 2, 32 b Abs. 1 Nr. 1 lit. a AO);

  auch dieses Interesse muss jeweils die Betroffeneninteressen im Einzelfall überwiegen,
- der Aufgabenerfüllung einer anderen öffentlichen Stelle, die für ihre Effektivität eine vertrauliche Übermittlung voraussetzt (§ 32 Abs. 1 Nr. 5 BDSG[620]), wie etwa die Strafverfolgung,[621]
- **(zivil)rechtlicher**[622] **Ansprüche** der öffentlichen Stelle, deren Verfolgung durch die Information beeinträchtigt würde (§ 32 Abs. 1 Nr. 4 BDSG[623]).

617 Entsprechend: §§ 82 Abs. 2 Nr. 1, 82 a Abs. 1 Nr. 1 lit. a SGB X (hier allerdings ohne ausdrücklichen Verweis auf Art. 23 DSGVO); aus dem Landesrecht siehe § 31 Abs. 1 S. 1 Nr. 2 lit. a HDSIG, § 8 Abs. 1 Nr. 1 LDSG SH (hier mit Verweis auf Art. 23 Abs. 1 lit. a–f DSGVO).

618 Siehe § 8 Abs. 1 Nr. 2 LDSG BW, Art. 9 Abs. 1 iVm Art. 6 Abs. 2 Nr. 3 lit. b BayDSG, § 10 Abs. 1 Nr. 2 BbgDSG, § 15 Abs. 1 Nr. 3 HmbDSG, § 5 Nr. 2 DSG M-V, § 11 Abs. 1 S. 1 Nr. 2 LDSG RP, § 10 Abs. 1 Nr. 2 SDSG (Verhütung/Ermittlung/Aufdeckung/Verfolgung von Straftaten), § 20 Abs. 1 Nr. 3 iVm § 31 ThürDSG (JIRL-Zwecke). Die Ordnungswidrigkeitenverfolgung ist regelmäßig eingeschlossen.

619 Siehe § 8 Abs. 1 Nr. 5 LDSG BW.

620 Entsprechend: § 32 a Abs. 1 Nr. 4 AO, § 82 Abs. 2 Nr. 3 SGB X, ohne Parallelen im Landesrecht.

621 Beispiel nach RegE BDSG, BT-Drs. 18/11325, S. 103. Landesrechtlich würde dies wohl auch unter die in Fn. 663 genannten Tatbestände fallen.

622 Der BDSG-Begriff „rechtlicher“ ist angesichts der in Art. 23 Abs. 1 lit. j DSGVO (worauf sich RegE BDSG, BT-Drs. 18/11325, S. 103, auch stützt) nur für zivilrechtliche Ansprüche gegebenen Öffnungsklausel zunächst wohl nur auf diese anwendbar, vgl. BeckOK DatenschutzR/*Schmidt-Wudy*, § 32 BDSG (1.11.2018) Rn. 44. Art. 23 Abs. 1 lit. i DSGVO („Rechte und Freiheiten anderer Personen“) gäbe zumindest für Grundrechtsträger einen gewissen Raum, auch außerzivilrechtliche Ansprüche einzuschließen; dafür Kühling/Buchner/*Golla*, § 32 BDSG Rn. 17 (mit dem beachtlichen Hinweis, lit. j gehe in lit. i auf). Ausdrücklich „zivilrechtlicher“ sagt jedenfalls § 32 Abs. 1 Nr. 3 AO.

623 Entsprechend: § 32 a Abs. 1 Nr. 3 AO; nur fünf Länder: § 8 Abs. 1 Nr. 3 LDSG BW, § 10 Abs. 1 Nr. 3 BbgDSG, § 15 Abs. 1 Nr. 4 HmbDSG, § 31 Abs. 1 S. 1 Nr. 2 lit. d HDSIG, § 11 Abs. 1 Nr. 3 DSG NRW.

Zum anderen hat die Ausführungsgesetzgebung – insoweit allerdings auf fragwürdiger Kompetenzgrundlage[624] und nicht im Finanz- oder Sozialdatenschutz – Ausnahmen vorgesehen **bei unverhältnismäßigem Aufwand**, der hier gesetzlich vertypt ist,[625] und zwar für den Fall eines gering einzuschätzenden Betroffeneninteresses an der Vorabinformation über die Weiterverarbeitung in einer Situation nichtdigitaler Speicherung und nichtdigitaler Kommunikation mit der betroffenen Person, die durch die Weiterverarbeitung selbst direkt angesprochen wird und dadurch ohnehin von dieser erfährt (§ 32 Abs. 1 Nr. 1 BDSG[626]). 288

Sofern die Behörde oder andere Stelle von einer dieser Ausnahmen Gebrauch macht und dies nicht gerade die vertrauliche Übermittlung oder die Anspruchsverfolgung unterliefe, muss sie zumindest eine allgemein gehaltene **Öffentlichkeitsinformation** bereitstellen und die Gründe für ihr Vorgehen aktenkundig machen (§ 32 Abs. 2 BDSG[627]). 289

d) Information anlässlich der Wiederverarbeitung als eingeschränkt markierter Daten

Einen besonderen Status genießen die Daten, deren Verarbeitung aufgrund eines Anspruchs der betroffenen Person nach Art. 18 Abs. 1 DSGVO bzw. Art. 16 Abs. 3 JIRL, § 58 Abs. 1 S. 3, Abs. 3 BDSG[628] eingeschränkt wurde, dh, die im Datenbestand als „eingeschränkt“ markiert wurden (vgl. Art. 4 Nr. 3 DSGVO bzw. Art. 3 Nr. 3 JIRL, § 46 Nr. 3 BDSG;[629] zum subjektiven Recht → Rn. 304). Soll diese Markierung später wieder aufgehoben werden – weil die Voraussetzungen des Anspruchs nach Art. 18 Abs. 1 DSGVO zwischenzeitlich entfallen sind, → Rn. 220 –, ist die betroffene Person wiederum 290

624 Zweifelnd auch BeckOK DatenschutzR/*Schmidt-Wudy*, § 32 BDSG (1.11.2018) Rn. 7.

625 Keine Einzelfallprüfung der Unverhältnismäßigkeit laut dem Ausschussbericht, BT-Drs. 18/12144, S. 5; diese hatte die Bundesregierung noch vorgesehen, vgl. RegE BDSG, BT-Drs. 18/11325, S. 102 f.

626 Entsprechend nur zwei Länder: § 15 Abs. 1 Nr. 5 HmbDSG, § 31 Abs. 1 S. 1 Nr. 1 HDSIG.

627 Entsprechend: § 82 Abs. 3 SGB X; aus dem Landesrecht vgl. § 8 Abs. 3 LDSG BW, § 10 Abs. 2 BbgDSG, § 31 Abs. 2 HDSIG.

628 Entsprechend: § 44 Abs. 1 S. 3, Abs. 3 BlnDSG, § 53 Abs. 1 S. 3, Abs. 3 HDSIG, § 52 Abs. 1 S. 4, Abs. 3 iVm § 28 Abs. 2 NDSG, § 50 Abs. 1 S. 3, Abs. 3 DSG NRW, § 46 Abs. 1 S. 3, Abs. 3 LDSG RP, § 34 Abs. 1 S. 3, Abs. 3 LDSG SH, § 43 Abs. 1 S. 3, Abs. 3 iVm § 35 Abs. 3 ThürDSG.

629 Entsprechend: § 31 Nr. 3 BlnDSG, § 41 Nr. 3 HDSIG, § 24 Nr. 3 NDSG, § 36 Nr. 3 DSG NRW, § 27 Nr. 3 LDSG RP, § 21 Nr. 3 LDSG SH, § 32 Nr. 3 ThürDSG.

zu informieren (Art. 18 Abs. 3 DSGVO bzw. Art. 16 Abs. 3 S. 2 JIRL, § 58 Abs. 1 S. 4 BDSG[630]).

e) Information anlässlich eines Datenschutzverstoßes

291 Von Amts wegen zu informieren ist die betroffene Person schließlich auch dann, wenn die Behörde bei der Verarbeitung qualifiziert gegen Datenschutzrecht verstoßen hat (Art. 34 DSGVO bzw. Art. 31 JIRL, § 66 BDSG;[631] dazu bereits oben → Rn. 94 ff.).

2. Subjektive Rechte der Betroffenen

292 Dem Bürger als Betroffenem behördlicher Datenverarbeitung steht eine Reihe subjektiver Rechte zu, die in den Unionsrechtsakten jeweils das Kapitel III bündelt (Art. 15 ff. DSGVO, Art. 12 ff. JIRL). Betrachtet man die jeweiligen Inhalte dieser Rechte, so lassen sie sich **sämtlich** als **Ansprüche** im Sinne des § 194 Abs. 1 BGB formulieren: als Rechte darauf, dass jemand – hier die Behörde – etwas tue oder unterlasse.[632] Dabei unterscheidet sich teilweise die Perspektive der verschiedenen Ansprüche: sie beziehen sich

- auf die Datenverarbeitungs*tätigkeit* der Behörde (Auskunft → Rn. 295 ff.; Unterlassung → Rn. 308 f.) oder
- auf den gespeicherten Daten*bestand* der Behörde (Übertragung → Rn. 302 f.; Berichtigung/Löschung → Rn. 304 ff.).

293 Dabei sind die Auskunfts- und Übertragungsansprüche für die Behörde in aller Regel bloß lästig; die übrigen Ansprüche beeinträchtigen dagegen uU den von der Behörde vorgesehenen Verwaltungsablauf.

---

630 Entsprechend: § 44 Abs. 1 S. 4 BlnDSG, § 53 Abs. 1 S. 4 HDSIG, § 52 Abs. 1 S. 5 NDSG, § 50 Abs. 1 S. 4 DSG NRW, § 46 Abs. 1 S. 4 LDSG RP, § 34 Abs. 1 S. 4 LDSG SH, § 43 Abs. 1 S. 4 ThürDSG.

631 Entsprechend: § 52 BlnDSG, § 61 HDSIG, § 55 LDSG RP, § 42 LDSG SH, § 56 ThürDSG. Auf Art. 34 DSGVO verweisen Art. 28 Abs. 2 S. 1 Nr. 3 BayDSG, § 42 NDSG, § 67 Nr. 5 DSG NRW.

632 Eine andere Rekonstruktion der subjektiven Rechte aus der DSGVO bei *Franck*, RDV 2016, 111, der ihre Inhalte in „Permission", „Intervention", „Information", „Petition" und „Kompensation" einteilt. Dahinter stehen daher allerdings rechtstechnisch heterogene Gebilde, nämlich sowohl Ansprüche als auch Handlungsmöglichkeiten und bloße Rechtsreflexe.

Insbesondere die in Art. 17, 18, 21 DSGVO bzw. Art. 16 JIRL, § 58 BDSG[633] statuierten Rechte machen im Zusammenhang aber auch deutlich, dass es nach dem unionsrechtlichen Datenschutzregime grundsätzlich **kein allgemeines subjektives Recht auf rechtmäßige Verarbeitung der personenbezogenen Daten** gibt.[634] Das Erfordernis eines Erlaubnistatbestands nach Art. 6, 9 DSGVO, Art. 8 JIRL und die Grundpflichten der Behörde nach Art. 5 DSGVO bzw. Art. 4 JIRL, § 47 BDSG[635] sind nach der erkennbaren Konzeption der Unionsrechtsakte im Unterschied zu den subjektiven Rechten der Kapitel III zunächst einmal objektives Recht, das die Behörde zu befolgen hat und das die Aufsichtsbehörde durchsetzen kann. Allein im Sozialdatenschutz räumt die Ausführungsgesetzgebung einen korrespondierenden generellen Anspruch ein (§ 35 Abs. 1 S. 1 SGB I). Einen Anspruch auf Unterlassung rechtswidriger Datenverarbeitung besteht damit im Übrigen höchstens in den Bereichen, wo die deutsche Grundrechtsbindung voll aufrechterhalten ist (vgl. → Rn. 71 ff.). Ungewöhnlich weit reicht aus der Sicht der deutschen Verwaltungsrechtsdogmatik dagegen der Sekundärrechtsschutz: jeder Verstoß kann zu Schadensersatz verpflichten (→ Rn. 100 ff.), selbst wenn seine Unterlassung als solche nicht hätte verlangt werden können. 294

a) Auskunft über Datenbestand und Datenverarbeitung

aa) Anspruchsgrundlagen und -inhalte

Die betroffene Person hat einen grundsätzlich voraussetzungslosen **Anspruch auf Auskunft** darüber, *ob* die Behörde ihre personenbezogenen Daten verarbeitet (Art. 15 Abs. 1 Hs. 1 DSGVO bzw. Art. 14 Hs. 1 JIRL, § 57 Abs. 1 S. 1 BDSG[636]) und, wenn ja, über einige Details dieser Verarbeitung (Art. 15 Abs. 1 Hs. 2 DSGVO bzw. Art. 14 Hs. 2 JIRL, § 57 Abs. 1 S. 2 BDSG[637]). 295

633 Entsprechend: § 44 BlnDSG, § 53 HDSIG, § 52 NDSG, § 50 DSG NRW, § 46 LDSG RP, § 34 LDSG SH, § 43 ThürDSG.

634 Vgl. Sydow/*Kreße*, Art. 79 DSGVO Rn. 10 ff.; *Reimer*, BRJ 2018, 6 (9). Anders offenbar *Franck*, RDV 2016, 111 (113), der einen quasinegatorischen Anspruch analog §§ 823, 1004 BGB annimmt.

635 Entsprechend (vgl. Fn. 614): Art. 28 Abs. 2 S. 1 Nr. 2 BayDSG, § 32 Abs. 1, 2 BlnDSG, § 42 HDSIG, § 25 Abs. 2 NDSG, § 37 DSG NRW, § 28 Abs. 2 LDSG RP, § 22 LDSG SH.

636 Entsprechend: § 43 Abs. 1 S. 1 BlnDSG, § 52 Abs. 1 S. 1 HDSIG, § 49 Abs. 1 S. 1 DSG NRW, § 45 Abs. 1 S. 1 LDSG RP, § 33 Abs. 1 S. 1 LDSG SH, § 42 Abs. 1 S. 1 ThürDSG. Niedersachsen hat auf eine Regelung zum „Ob" einer Verarbeitung verzichtet, man wird sie aber in die „Was"-Regelung hineinlesen können (§ 51 Abs. 1 S. 1 NDSG).

637 Entsprechend: § 43 Abs. 1 S. 2 BlnDSG, § 52 Abs. 1 S. 2 HDSIG, § 51 Abs. 1 S. 1 NDSG, § 49 Abs. 1 S. 2 DSG NRW, § 45 Abs. 1 S. 2 LDSG RP, § 33 Abs. 1 S. 2 LDSG SH, § 42 Abs. 1 S. 2 ThürDSG.

Der entsprechende Katalog in der DSGVO überschneidet sich erheblich mit denen von Art. 13, 14 DSGVO (→ Rn. 280 f.):

- die **Zwecke** der Verarbeitung und
- die **Rechte der betroffenen Person** auf Berichtigung, Löschung, Verarbeitungseinschränkung, Widerspruch und Beschwerde

sowie weitere Angaben je nach Verarbeitungskonstellation:

- *bei Verarbeitung durch Übermittlung:* die Empfänger(kategorien),
- *bei Verarbeitung durch Speicherung:* deren Dauer oder hilfsweise die Kriterien für deren Festlegung,
- *bei nichtoffener Erhebung:* die Herkunft der Daten,
- *bei automatisierter Entscheidungsfindung:* dieser Umstand und ggf. die dabei verwendete „Logik".

Ein separater Auskunftsanspruch bezieht sich in der DSGVO-Sphäre auf die „geeigneten Garantien" im Falle einer Verarbeitung durch Übermittlung an ein Drittland oder eine internationale Organisation (Art. 15 Abs. 2 DSGVO).

296 Die genannten datenschutzrechtlichen Auskunftsansprüche treten **grundsätzlich neben die sonstigen Informationsrechte**, die gegenüber der Behörde eingeräumt sind, namentlich also die Ansprüche für jedermann nach den Informationsfreiheitsgesetzen (die zumindest für den Bereich des Finanzdatenschutzes § 32 e S. 2 AO freilich generell abbedingt) und für Verfahrensbeteiligte nach den Verwaltungsverfahrensgesetzen (§ 29 VwVfG und Parallelvorschriften).

bb) Anspruchsausschlüsse

297 Außer in dem Fall, dass Auskunft über *andere* Personen oder *andere* Behörden begehrt wird,[638] ist der Auskunftsanspruch in einer Reihe von Fällen ausgeschlossen, prozedural gesprochen: die Behörde also zu einer Ablehnung eines entsprechenden Antrags berechtigt. Das ist der Fall, wieder in vorsichtig systematisierender Paraphrase:

- **bei Beeinträchtigung von Rechten und Freiheiten Dritter** (Art. 15 Abs. 4 DSGVO bzw. Art. 15 Abs. 1 lit. e JIRL, § 57 Abs. 4 iVm § 56 Abs. 2 Nr. 3

638 Bereits nach Art. 15 Abs. 1 S. 1 DSGVO richtet sich der Anspruch auf „sie [sc. die betroffene Person] betreffende personenbezogene Daten"; deren passivisch ausgesprochenes Verarbeitetwerden (auch in der englischen Fassung: "whether or not personal data [...] are being processed") muss auf den Schuldner, nämlich den Verantwortlichen, bezogen werden, der hier allein als semantisches Subjekt in Frage kommt.

BDSG[639]),[640] insbesondere bei Bestehen von Geheimhaltungsvorschriften (vor allem für die Berufsgeheimnisträger des § 203 Abs. 1 StGB[641]) oder doch Geheimhaltungsnotwendigkeiten „wegen der überwiegenden berechtigten Interessen eines Dritten",[642] die durch die Auskunftserteilung verletzt würden (§ 29 Abs. 1 S. 2 BDSG[643])

- **bei Beeinträchtigung öffentlicher Interessen**, und zwar
  - der öffentlichen Sicherheit oder Ordnung (§ 34 Abs. 1 Nr. 1 iVm § 33 Abs. 1 Nr. 1 lit. b BDSG[644] bzw. Art. 15 Abs. 1 lit. c, d JIRL, § 57 Abs. 4 iVm § 56 Abs. 2 Nr. 2 BDSG[645]) – oder, teilweise daneben angesprochen, des Wohls des Bundes oder eines Landes – oder, prozedural gefasst, bei fehlender Zustimmung des Empfängers, wenn die Auskunft sich auf eine Datenübermittlung an Sicherheitsbehörden – im Bund: Nachrichtendienste oder Behörden des Verteidigungsressorts – beziehen soll (§ 34 Abs. 1 Nr. 2 iVm § 33 Abs. 3 BDSG[646])

639 Entsprechend: § 43 Abs. 4 iVm § 42 Abs. 2 Nr. 3 BlnDSG, § 52 Abs. 4 iVm § 51 Abs. 2 S. 1 Nr. 1 lit. c HDSIG, § 51 Abs. 3 S. 1 Nr. 3 NDSG, § 49 Abs. 4 iVm § 48 Abs. 2 Nr. 3 DSG NRW, § 45 Abs. 4 iVm § 44 Abs. 2 Nr. 3 LDSG RP, § 33 Abs. 4 iVm § 32 Abs. 2 Nr. 3 LDSG SH, § 42 Abs. 4 iVm § 41 Abs. 2 Nr. 4 ThürDSG.

640 Vgl. Sydow/*Specht*, Art. 15 DSGVO Rn. 22–24.

641 Die Bundesregierung wollte hier eine Parallelregelung zu Art. 14 Abs. 5 lit. d DSGVO schaffen, vgl. RegE BDSG, BT-Drs. 18/11325, S. 100.

642 Zum Kompetenzproblem angesichts des Art. 23 Abs. 1 lit. i DSGVO vgl. bereits Fn. 240.

643 Entsprechend alle Länder außer dem Saarland: § 9 Abs. 1 S. 1 iVm § 8 Abs. 1 Nr. 4 LDSG BW, Art. 10 Abs. 2 Nr. 3 Var. 2 BayDSG (ohne Verweis auf Geheimhaltungs*vorschriften*), § 24 Abs. 1 S. 1, 2 Nr. 3 BlnDSG, § 11 Abs. 1 S. 1 Nr. 3 BbgDSG, § 9 Abs. 1 S. 1 Nr. 3 BremDSGVOAG, § 16 Abs. 1 Nr. 2 HmbDSG, § 26 Abs. 2 HDSIG, § 6 Abs. 2 Nr. 3 DSG M-V, § 9 Abs. 2 S. 1 Nr. 3 NDSG, § 12 Abs. 2 S. 1 Nr. 3 DSG NRW, § 12 Abs. 2 S. 1 Nr. 3 LDSG RP, § 9 Abs. 1 Nr. 3 SächsDSDG, § 15 Abs. 1 Nr. 3 DSG LSA, § 9 Abs. 1 iVm § 8 Abs. 1 Nr. 3 LDSG SH, § 21 Abs. 1 Nr. 2 ThürDSG. Notwendigkeit der Geheimhaltung „zum Schutz der betroffenen Person" kennt dagegen § 11 Abs. 2 Nr. 3 SDSG als Auskunftspflichtausnahme.

644 Entsprechend: § 32 c Abs. 1 Nr. 1 iVm § 32 b Abs. 1 S. 1 Nr. 1 lit. b AO, § 83 Abs. 1 Nr. 1 iVm § 82 a Abs. 1 Nr. 1 lit. b SGB X; aus dem Landesrecht vgl. § 9 Abs. 1 S. 1 iVm § 8 Abs. 1 Nr. 1 LDSG BW, Art. 10 Abs. 2 Nr. 2 BayDSG, § 24 Abs. 1 S. 1, 2 Nr. 1 BlnDSG, § 11 Abs. 1 S. 1 Nr. 1 BbgDSG, § 9 Abs. 1 S. 1 Nr. 1 BremDSGVOAG, § 16 Abs. 1 Nr. 1 HmbDSG, § 33 Abs. 1 Nr. 1 iVm § 32 Abs. 1 S. 1 Nr. 4 HDSIG, § 6 Abs. 2 Nr. 1 DSG M-V, § 9 Abs. 2 S. 1 Nr. 1 NDSG, § 12 Abs. 2 S. 1 Nr. 2 DSG NRW, § 12 Abs. 2 S. 1 Nr. 1 LDSG RP, § 11 Abs. 2 Nr. 1 SDSG, § 9 Abs. 1 Nr. 1 SächsDSDG, § 15 Abs. 4 Nr. 2 DSG LSA, § 9 Abs. 1 iVm § 8 Abs. 1 Nr. 2 LDSG SH, § 21 Abs. 1 Nr. 1 ThürDSG.

645 Entsprechend: § 43 Abs. 4 iVm § 42 Abs. 2 Nr. 2 BlnDSG, § 52 Abs. 4 iVm § 51 Abs. 2 S. 1 Nr. 1 lit. b HDSIG, § 51 Abs. 3 S. 1 Nr. 2 NDSG, § 49 Abs. 4 iVm § 48 Abs. 2 Nr. 2, 4 DSG NRW, § 45 Abs. 4 iVm § 44 Abs. 2 Nr. 2 LDSG RP, § 33 Abs. 4 iVm § 32 Abs. 2 Nr. 2 LDSG SH, § 42 Abs. 4 iVm § 41 Abs. 2 Nr. 3 ThürDSG.

646 Entsprechend: § 32 c Abs. 1 Nr. 1 iVm § 32 b Abs. 2 AO, § 83 Abs. 5 und Abs. 1 Nr. 1 iVm § 82 a Abs. 5 SGB X; aus dem Landesrecht vgl. Art. 10 Abs. 1 BayDSG, § 24 Abs. 2

- der Erfüllung öffentlicher Aufgaben auf bestimmten in Art. 23 Abs. 1 DSGVO genannten Gebieten (nur für eigene Aufgaben, § 34 Abs. 1 Nr. 1 iVm § 33 Abs. 1 Nr. 1 lit. a BDSG[647]) bzw. speziell auf dem Gebiet der Strafverfolgung und Gefahrenabwehr (so in den meisten landesrechtlichen DSGVO-Untersphären[648] sowie in der Richtliniensphäre, Art. 15 Abs. 1 lit. a, b JIRL, § 57 Abs. 4 iVm § 56 Abs. 2 Nr. 1 BDSG[649])
- der Durchsetzung zivilrechtlicher Ansprüche des Rechtsträgers (bundesrechtlich nur im Finanzdatenschutz: § 32c Abs. 1 Nr. 2 AO[650]) oder
- der Verwirklichung von wissenschaftlichen oder historischen Forschungszwecken oder von statistischen Zwecken (§ 27 Abs. 2 S. 1 BDSG,[651] gestützt auf Art. 89 Abs. 2 DSGVO[652])

BlnDSG, § 11 Abs. 3 BbgDSG, § 9 Abs. 2 BremDSGVOAG, § 16 Abs. 3 HmbDSG, § 33 Abs. 1 Nr. 1 iVm § 32 Abs. 3 HDSIG, § 12 Abs. 3 DSG NRW, § 12 Abs. 1 LDSG RP, § 9 Abs. 3 SächsDSDG, § 15 Abs. 3 DSG LSA, § 9 Abs. 1 iVm § 8 Abs. 2 LDSG SH, § 21 Abs. 3 ThürDSG. Nur Anhörung ist vorgesehen in § 9 Abs. 2 iVm § 8 Abs. 2 LDSG BW, § 6 Abs. 1 DSG M-V, § 9 Abs. 1 NDSG. Soweit die Berliner und die Brandenburger Regelungen *Bundes*behörden zur Erteilung der Zustimmung verpflichten wollen, dürfte dies über die Landeskompetenz hinausgehen.

647 Entsprechend: § 32c Abs. 1 Nr. 1 iVm § 32b Abs. 1 S. 1 Nr. 1 lit. a AO, § 83 Abs. 1 Nr. 1 iVm § 82a Abs. 1 Nr. 1 lit. a SGB X; aus dem Landesrecht, Art. 10 Abs. 2 Nr. 1 BayDSG, § 24 Abs. 1 S. 1, 2 Nr. 2 BlnDSG, § 33 Abs. 1 Nr. 1 iVm § 32 Abs. 1 S. 1 Nr. 1 HDSIG, § 15 Abs. 4 Nr. 1 DSG LSA (gesamtes Aufgabenspektrum), § 9 Abs. 1 iVm § 8 Abs. 1 Nr. 1 LDSG SH.

648 Besonders deutlich § 11 Abs. 2 Nr. 1 SDSG, § 21 Abs. 1 Nr. 3 iVm § 31 ThürDSG. Nur auf Strafverfolgung (regelmäßig einschließlich Ordnungswidrigkeitenverfolgung) beziehen sich § 9 Abs. 1 S. 1 iVm § 8 Abs. 1 Nr. 2 LDSG BW, § 11 Abs. 1 S. 1 Nr. 2 BbgDSG, § 9 Abs. 1 S. 1 Nr. 2 BremDSGVOAG, § 16 Abs. 1 Nr. 3 HmbDSG, § 9 Abs. 2 S. 1 Nr. 2 NDSG, § 12 Abs. 2 S. 1 Nr. 2 LDSG RP, § 9 Abs. 1 Nr. 2 SächsDSDG.

649 Entsprechend: § 43 Abs. 4 BlnDSG, § 52 Abs. 4 HDSIG, § 51 Abs. 3 S. 1 Nr. 1 NDSG, § 49 Abs. 4 DSG NRW, § 44 Abs. 4 LDSG RP, § 33 Abs. 4 LDSG SH, § 42 Abs. 4 ThürDSG.

650 Im Landesrecht entsprechend nur § 9 Abs. 1 S. 1 iVm § 8 Abs. 1 Nr. 3 LDSG BW; im Ergebnis wohl auch § 11 Abs. 2 Nr. 2 SDSG („finanzielles Interesse eines Landes"). Ob das „Wohl" des Landes in den anderen Landesrechten dessen zivilrechtliche Forderungen umfasst, erscheint demgegenüber zumindest offen.

651 Im Finanzdatenschutz nur statistische Zwecke: § 31c Abs. 2 AO. – Im Landesrecht: § 13 Abs. 4 S. 1 LDSG BW, Art. 25 Abs. 4 BayDSG, Art. 3 Abs. 3 Abs. 1 BayStatG, § 17 Abs. 4 S. 1 BlnDSG, § 25 Abs. 5 BbgDSG, § 13 Abs. 3 S. 1 BremDSGVOAG, § 11 Abs. 5 HmbDSG, § 24 Abs. 2 S. 1 HDSIG, § 9 Abs. 5 DSG M-V, § 13 Abs. 5 NDSG, § 17 Abs. 5 DSG NRW, § 23 Abs. 4 SDSG, § 12 Abs. 5 SächsDSDG, § 13 Abs. 5 LDSG SH, § 28 Abs. 5 ThürDSG; nicht in Rheinland-Pfalz oder Sachsen-Anhalt.

652 RegE BDSG, BT-Drs. 18/11325, S. 99; als Beispiel genannt wird der Fall, dass bei Auskunftserteilung „die zuständige Ethikkommission zum Schutz der betroffenen Person eine Durchführung des Projekts […] untersagen würde".

- bei „exzessiven Anträgen“ (so die **Querulanten-Klausel** des Art. 12 Abs. 5 S. 2 lit. b DSGVO bzw. Art. 12 Abs. 4 JIRL, § 59 Abs. 3 BDSG[653]) – die DSGVO-Bestimmung nennt es hier zwar entbehrlich, „aufgrund des Antrags tätig zu werden“, so dass man nach Unionsrecht womöglich sogar auf die Unterrichtung im Sinne von Art. 12 Abs. 4 DSGVO verzichten dürfte; vorsorglich sollte eine deutsche Behörde schon allein mit Blick auf Art. 17 GG den Antragsteller aber wohl zumindest im Sinne einer Ablehnung unterrichten
- außerdem **bei unverhältnismäßigem Aufwand**, dies jedoch nur in den vier vertypten Fällen,
  - wo die Daten grundsätzlich nicht aktiv verarbeitet werden, sondern nur aufgrund von Aufbewahrungsvorschriften oder zur Datensicherung oder gerade zur Datenschutzkontrolle gespeichert sind und zu anderen Zwecken aus technischen oder organisatorischen Gründen gar nicht verarbeitet werden können (§ 34 Abs. 1 Nr. 2 BDSG,[654] Kompetenz fraglich[655])
  - wo die Daten nicht elektronisch und auch sonst nicht strukturiert gespeichert sind und die betroffene Person auch nicht durch geeignete Angaben das Auffinden der Daten ermöglicht (§ 34 Abs. 4 BDSG[656]). Speziell gilt das für Archivgut, das nicht durch den Namen der Person erschlossen ist oder aufgrund geeigneter Angaben mit vertretbarem

653 Entsprechend: § 45 Abs. 3 BlnDSG, § 54 Abs. 3 HDSIG, § 53 Abs. 3 NDSG, § 51 Abs. 3 DSG NRW, § 47 Abs. 3 LDSG RP, § 35 Abs. 3 LDSG SH, § 44 Abs. 3 ThürDSG.

654 Entsprechend: § 32 c Abs. 1 Nr. 3 AO, § 83 Abs. 1 Nr. 2 SGB X; alle Landesrechte außer Hamburg und Sachsen: § 9 Abs. 1 S. 2 LDSG BW, Art. 10 Abs. 3 Nr. 4 BayDSG, § 24 Abs. 1 S. 3 BlnDSG, § 11 Abs. 1 S. 2 BbgDSG, § 9 Abs. 1 S. 2 BremDSGVOAG, § 33 Abs. 1 Nr. 2 HDSIG (ohne die technisch-organisatorische Voraussetzung), § 6 Abs. 5 DSG M-V (dito), § 9 Abs. 2 S. 2 NDSG, § 17 Abs. 2 S. 2 DSG NRW, § 12 Abs. 2 S. 2 LDSG RP, § 11 Abs. 2 Nr. 4 SDSG, § 15 Abs. 1 a, 2 DSG LSA, § 9 Abs. 2 LDSG SH, § 21 Abs. 2 ThürDSG.

655 Zweifelnd auch BeckOK DatenschutzR/*Schmidt-Wudy*, § 34 BDSG (1.11.2018) Rn. 38.

656 Entsprechend: § 32 c Abs. 3 AO, § 83 Abs. 2 S. 2 SGB X; aus dem Landesrecht vgl. Art. 10 Abs. 2 Nr. 5 BayDSG, § 24 Abs. 5 BlnDSG, § 33 Abs. 4 HDSIG, § 12 Abs. 1 DSG NRW, § 11 Abs. 4 SDSG; für „in Akten“ gespeicherte Daten § 15 Abs. 1 S. 3 DSG LSA, § 9 Abs. 4 LDSG SH; nur an „eine große Menge“ anknüpfend § 8 Abs. 2 LDSG BW. – Angesichts von Art. 2 Abs. 1 DSGVO liegen diese Vorschriften außerhalb des sachlichen Anwendungsbereichs der DSGVO, gelten also für einen der „Erstreckungsbereiche“ (→ Rn. 69). Dementsprechend brauchen sie sich auch nicht auf eine der Öffnungsklauseln der Verordnung zu stützen; so denn auch RegE BDSG, BT-Drs. 18/11325, S. 104 f. Vgl. BeckOK DatenschutzR/*Schmidt-Wudy*, § 34 BDSG (1.11.2018) Rn. 66.

Aufwand auffindbar gemacht wird (§ 28 Abs. 2 BDSG,[657] gestützt auf Art. 89 Abs. 3 DSGVO[658])
- wo die Daten für wissenschaftliche Forschungszwecke erforderlich sind (§ 27 Abs. 2 S. 2 BDSG,[659] auf fragwürdiger Kompetenzgrundlage[660]), namentlich bei „Forschungsvorhaben mit besonders großen Datenmengen“[661]
- wo im Sozialdatenschutz über die Empfänger von Datenübermittlungen auch von Amts wegen nicht informiert werden muss (§ 83 Abs. 1 Nr. 1 iVm § 82 a Abs. 4 SGB X).

Weitere Ausnahmen hat die **unionsrechtsfreie** Gesetzgebung teilweise für die Ordensverwaltung[662] und für Gnadensachen[663] vorgesehen.

cc) Verfahrensfragen

298 Der Auskunftsanspruch wird durch einen **Antrag** gegenüber der Behörde geltend gemacht, der nicht formgebunden ist und sich regelmäßig zugleich auf das „Ob“ der Verarbeitung und auf deren Details beziehen wird (ggf. konkludent; vgl. → Rn. 295).[664] Im Finanz- und Sozialdatenschutz „soll“ der

---

657 Entsprechende archivbezogene Normen des allgemeinen Datenschutzrechts nur in vier Ländern, siehe § 14 Abs. 2 LDSG BW, Art. 26 Abs. 3 BayDSG, § 25 Abs. 2 HDSIG, § 9 Abs. 5 NDSG, § 24 Abs. 3 S. 1 SDSG.

658 RegE BDSG, BT-Drs. 18/11325, S. 100.

659 Zur Entlastung der „Forschenden von der Beantwortung von Auskunftsverlangen“, *Johannes*, in: Roßnagel (Hrsg.), Das neue Datenschutzrecht, 2018, § 7 Rn. 272; ihm zufolge (ebd., Rn. 293), sollte die Klausel aber nur auf Fälle bezogen werden, wo „der konkrete Aufwand“ für die Auskunftserteilung die Zweckverwirklichung „unmöglich macht oder erheblich beeinträchtigt“ (sie wäre dann mit § 27 Abs. 2 S. 1 BDSG deckungsgleich). – Entsprechend fünf Landesrechte: § 13 Abs. 4 S. 2 LDSG BW, § 17 Abs. 4 S. 2 BlnDSG, § 25 Abs. 5 Var. 2 BbgDSG, § 13 Abs. 3 S. 2 BremDSGVOAG, § 24 Abs. 2 S. 2 HDSIG.

660 RegE BDSG, BT-Drs. 18/11325, S. 99, stützt sich auf Art. 23 Abs. 1 lit. i DSGVO, wo es allerdings um den Schutz von Personen geht. Die Wissenschafts-Öffnungsklausel des Art. 89 Abs. 2 DSGVO reicht ebenfalls nicht weit genug. Eine Kompetenz verneinte im Ergebnis auch der Bundesrats-Innenausschuss in seinem Empfehlungsbeitrag zum DSAnpUG-EU auf BR-Drs. 110/1/17(neu), 1.3.2017, S. 35. Einen Verstoß gegen Art. 23 Abs. 2 DSGVO erkennt Gola/*Franck*, Art. 15 DSGVO Rn. 46.

661 RegE BDSG, BT-Drs. 18/11325, S. 99 f.

662 Bundesrechtlich geplant in einem neuen § 86 Abs. 2 BSDG, siehe RegE 2. DSAnpUG-EU, BT-Drucks. 19/4674, S. 26 (Art. 12 Nr. 8); aus dem geltenden Landesrecht vgl. § 71 Abs. 3 BlnDSG, § 30 Abs. 5 BbgDSG, § 13 Abs. 4 DSG M-V, § 15 Abs. 2 NDSG, § 22 Abs. 4 DSG NRW, § 62 ThürDSG .

663 Siehe § 31 Abs. 2 BbgDSG, § 14 Abs. 2 DSG M-V, § 16 S. 2 NDSG, § 23 Abs. 2 DSG NRW, § 63 iVm § 62 ThürDSG.

664 Vgl. Sydow/*Specht*, Art. 15 DSGVO Rn. 5.

Antrag zumindest die Art der Daten näher bezeichnen (§ 32 c Abs. 2 AO, § 83 Abs. 2 S. 1 SGB X, Kompetenz fraglich[665]).

Die Behörde hat in der DSGVO-Sphäre die beantragte Auskunft **unverzüglich, spätestens innerhalb einer Monatsfrist** nach Antragseingang – die sie ausnahmsweise um weitere zwei Monate verlängern kann – zu erteilen (Art. 12 Abs. 3 S. 1, 2 DSGVO). Über eine Fristverlängerung ist der Antragsteller mit Gründen zu unterrichten, bei elektronischem Antrag möglichst auch elektronisch (Art. 12 Abs. 3 S. 3, 4 DSGVO). Die Form der Auskunft ist nicht vorgegeben (Art. 12 Abs. 1 S. 2 DSGVO, wiederholt in § 32 d Abs. 1 AO, § 83 Abs. 2 S. 3 SGB X).[666] 299

Die Auskunft erfolgt in jedem Falle zunächst unentgeltlich (Art. 15 Abs. 3 S. 1 DSGVO).[667] Erst ab einer zweiten verlangten „Kopie" *derselben* Auskunft – gedacht ist hier offenbar vor allem an Papierformate – kann ein angemessenes Entgelt dafür verlangt werden (Art. 15 Abs. 3 S. 2 DSGVO). Hierin liegt dann aber bereits kraft Unionsrechts eine Anspruchsgrundlage, die von der Behörde durch Gebührenbescheid verfolgt werden kann.[668]

Will die Behörde die Auskunft **nicht erteilen**, muss hierüber der Antragsteller mit Begründung unterrichtet werden, und zwar in der DSGVO-Sphäre ebenfalls innerhalb der Monatsfrist sowie mit Rechtsbehelfsbelehrung (Art. 12 Abs. 4 DSGVO),[669] in der Richtliniensphäre unverzüglich, jedoch nur, wenn nicht bereits diese Unterrichtung die öffentliche Sicherheit oder Rechtsgüter Dritter gefährden würde (Art. 15 Abs. 3 JIRL, § 57 Abs. 6 S. 1, 2 BDSG[670]). Von der Begründung darf nach § 34 Abs. 2 S. 2 bzw. § 57 Abs. 6 S. 3 300

665 Für die AO stützt sich AusschussE, BT-Drs. 18/12611, S. 87, pauschal auf Art. 23 Abs. 1 DSGVO, für das SGB X auf lit. e und den „Schutz der sozialen Sicherheit", ebd., S. 120.

666 Vgl. Sydow/*Greve*, Art. 12 DSGVO Rn. 18.

667 Ebenso Sydow/*Specht*, Art. 15 DSGVO Rn. 20.

668 Das „Entgelt" fasst im deutschen Verständnis Verwaltungsgebühren und Auslagen zusammen. Versteht man den Ausdruck „angemessen" so, dass der Verantwortliche über einen Spielraum verfügt, spräche wohl nichts dagegen, wenn für die öffentlichen Stellen die zuständige Gesetzgebung diesen Spielraum an deren Stelle ausfüllt. Für den Parallelfall der der Aufsichtsbehörde ebenfalls als *reasonable fee* (hier freilich in der deutschen Fassung eine „angemessene Gebühr") geschuldeten Missbrauchsgebühr nach Art. 57 Abs. 4 DSGVO legen in der Tat einzelne Ausführungsgesetze einen Gebührenrahmen für das unmittelbar kraft Unionsrechts geschuldete Entgelt fest, siehe § 19 Abs. 2 S. 2 BbgDSG, § 25 Abs. 3 HmbDSG.

669 Vgl. Sydow/*Greve*, Art. 12 DSGVO Rn. 26.

670 Entsprechend: § 43 Abs. 6 S. 1 BlnDSG, § 52 Abs. 6 S. 1 HDSIG, § 51 Abs. 5 S. 1 NDSG, § 49 Abs. 6 S. 1 DSG NRW, § 45 Abs. 6 S. 1 LDSG RP, § 33 Abs. 6 S. 1 LDSG SH, § 42 Abs. 5 S. 1 ThürDSG.

BDSG[671] abgesehen werden, wenn sie den Zweck der Auskunftsverweigerung vereiteln würde. Dass die Gründe in jedem Falle aktenkundig gemacht werden sollten, versteht sich eigentlich von selbst, wird aber teilweise auch noch einmal ausdrücklich statuiert (§ 34 Abs. 2 S. 1 BDSG[672] bzw. Art. 15 Abs. 4 JIRL, § 57 Abs. 8 BDSG[673]).

301 Auf die Auskunftsverweigerung hin kann die betroffene Person – anstelle oder auch parallel zu einer Klage oder einer Beschwerde bei der Aufsichtsbehörde, → Rn. 310 ff., 319 f. – von der Behörde verlangen, **statt ihrer selbst zumindest der Aufsichtsbehörde** die Auskunft zu erteilen. Auch von dieser Verpflichtung kann die zuständige oberste Behörde die Behörde allerdings unter Hinweis auf Sicherheitsinteressen befreien (§ 34 Abs. 3 S. 1 BDSG;[674] in der Richtliniensphäre Art. 17 JIRL, § 57 Abs. 7 BDSG[675]).

b) Übertragung des Datenbestands

302 Ein Seitenstück zum Auskunfts-[676] ist der **Übertragungsanspruch**, bei dem ebenfalls der vorhandene Datenbestand im Mittelpunkt steht und weder Bestand noch Verarbeitungstätigkeit geändert werden sollen. Das in Art. 20

671 Entsprechend im Sozialdatenschutz § 83 Abs. 3 S. 2 SGB X und in allen Landesrechten, vgl. § 34 Abs. 4 S. 1 LDSG BW, Art. 10 Abs. 3 S. 1 Nr. 2 BayDSG, § 24 Abs. 1 S. 1 BlnDSG, § 11 Abs. 4 S. 1 BbgDSG, § 9 Abs. 3 S. 1 BremDSGVOAG, § 16 Abs. 2 S. 1 HmbDSG, § 33 Abs. 2 S. 2, § 52 Abs. 6 S. 2 HDSIG, § 6 Abs. 3 DSG M-V, § 9 Abs. 3 NDSG, § 12 Abs. 4 S. 1, § 49 Abs. 6 S. 2 DSG NRW, § 12 Abs. 3 S. 1 LDSG RP, § 11 Abs. 3 S. 1 SDSG, § 9 Abs. 2 S. 1 SächsDSDG, § 15 Abs. 5 S. 1 DSG LSA, § 9 Abs. 3 S. 1 LDSG SH, § 21 Abs. 4 S. 1 ThürDSG.

672 Entsprechend: § 83 Abs. 3 S. 1 SGB X; aus dem Landesrecht: § 34 Abs. 4 S. 2 LDSG BW, Art. 10 Abs. 3 S. 1 Nr. 1 BayDSG, § 24 Abs. 3 S. 4 BlnDSG, § 11 Abs. 4 S. 2 BbgDSG, § 13 Abs. 3 S. 2 BremDSGVOAG, § 16 Abs. 2 S. 2 HmbDSG, § 33 Abs. 2 S. 1 HDSIG, § 12 Abs. 4 S. 2 DSG NRW, § 12 Abs. 3 S. 2 LDSG RP, § 11 Abs. 3 S. 5 SDSG, § 9 Abs. 3 S. 4 LDSG SH.

673 Entsprechend: § 43 Abs. 8 BlnDSG, § 52 Abs. 8 HDSIG, § 51 Abs. 5 S. 3 NDSG (etwas restriktiver), § 49 Abs. 8 DSG NRW, § 45 Abs. 8 LDSG RP, § 33 Abs. 7 LDSG SH, § 42 Abs. 7 ThürDSG.

674 Entsprechend: § 32c Abs. 5 S. 1 AO; nicht vorgesehen aber im Sozialdatenschutz. Aus dem Landesrecht: § 9 Abs. 5 LDSG BW, § 24 Abs. 3 S. 6 BlnDSG, § 11 Abs. 5 BbgDSG, § 16 Abs. 2 S. 4 HmbDSG, § 6 Abs. 4 DSG M-V, § 12 Abs. 4 LDSG RP, § 11 Abs. 3 S. 2 SDSG, § 15 Abs. 6 DSG LSA, § 9 Abs. 3 S. 2, 3 LDSG SH, § 21 Abs. 5 ThürDSG; ohne Beschränkung aber Art. 10 Abs. 2 S. 1 Nr. 3 BayDSG, § 9 Abs. 3 S. 4 BremDSGVOAG, § 33 Abs. 3 HDSIG, § 9 Abs. 2 S. 3 SächsDSDG; keine Parallele in Nordrhein-Westfalen.

675 Entsprechend: § 43 Abs. 7 BlnDSG, § 52 Abs. 7 HDSIG, § 51 Abs. 6 NDSG, § 49 Abs. 7 DSG NRW, § 45 Abs. 7 LDSG RP, § 33 Abs. 6 LDSG SH, § 42 Abs. 6 ThürDSG.

676 Ebenso *Artikel 29-Datenschutzgruppe*, Leitlinien zum Recht auf Datenübertragbarkeit, WP 242 rev. 01, 13.12.2016/5.4.2017, S. 4; Sydow/*Sydow/Wilhelm*, Art. 20 DSGVO Rn. 1.

Abs. 1 DSGVO statuierte, in der Richtliniensphäre nicht vorgesehene Recht ist nach dem amtlichen Text „auf Datenübertragbarkeit" gerichtet. In der Sache[677] geht es aber um die konkrete Datenübertrag*ung* an die betroffene Person oder – soweit technisch machbar – an eine andere von der betroffenen Person benannte – öffentliche oder nichtöffentliche – Stelle (Art. 20 Abs. 2 DSGVO). Geschuldet ist dann die Übermittlung „in einem strukturierten, gängigen und maschinenlesbaren Format".

Für Behörden dürfte der Übertragungsanspruch allerdings eine geringere Rolle spielen als im Wirtschaftsdatenschutzrecht, denn er setzt tatbestandlich erstens positiv voraus, dass die zugrundeliegende behördliche Verarbeitung auf dem Erlaubnistatbestand der **Einwilligung oder** des **Vertrages** beruht (Art. 6 Abs. 1 lit. a, b, 9 Abs. 2 lit. a DSGVO; → Rn. 148 ff.), und zweitens negativ, dass diese Verarbeitung sich nicht auch auf den Erlaubnistatbestand des Art. 6 Abs. 1 lit. e DSGVO stützen könnte (so unter wörtlichem Zitat, wenn auch ohne Normnennung, Art. 20 Abs. 3 S. 2 DSGVO; → Rn. 156 ff.). Die beiden Varianten der positiven Voraussetzung werden für Behörden seltener vorkommen, die negative Voraussetzung dagegen umso häufiger fehlen.[678] 303

c) Änderung des Datenbestands (Berichtigung, Vervollständigung, Löschung, Eingeschränkt-Markierung)

Gegenüber den Auskunfts- und Übertragungsansprüchen, die den behördlichen Datenbestand unangetastet lassen, geben Art. 16, 17, 18 DSGVO bzw. Art. 16 JIRL, § 58 BDSG[679] der betroffenen Person **Änderungsansprüche**, wenn der behördliche Bestand an sie betreffenden Daten sie aus bestimmten Gründen belastet. Verlangt werden können 304

- die **Berichtigung** unrichtig gespeicherter Daten (Art. 16 S. 1 DSGVO bzw. Art. 16 Abs. 1 S. 1 JIRL, § 58 Abs. 1 S. 1, 2 BDSG), worunter auch die Aktualisierung unrichtig *gewordener* Daten fallen soll[680]
- die **Vervollständigung** unvollständig gespeicherter Daten (Art. 16 S. 2 DSGVO bzw. Art. 16 Abs. 1 S. 2 JIRL, § 58 Abs. 1 S. 5 BDSG)

677 Ebenso Sydow/*Sydow*/*Wilhelm*, Art. 20 DSGVO Rn. 25 Fn. 49.

678 So auch Gola/*Piltz*, Art. 20 DSGVO Rn. 5.

679 Entsprechend: § 44 BlnDSG, § 53 HDSIG, § 52 NDSG, § 50 DSG NRW, § 46 LDSG RP, § 34 LDSG SH, § 43 ThürDSG.

680 So Sydow/*Peuker*, Art. 16 DSGVO Rn. 1, 23, unter Verweis auf Art. 5 Abs. 1 lit. d DSGVO; diese Norm stellt freilich selbst nur objektives Recht dar (→ Rn. 259).

- die **Löschung** entbehrlich gewordener (Art. 17 Abs. 1 lit. a DSGVO bzw. § 58 Abs. 2 Var. 2 BDSG) oder sonst (schlechthin oder zumindest fürderhin) rechtswidrig gespeicherter Daten (Art. 17 Abs. 1 lit. b–e DSGVO bzw. Art. 16 Abs. 2 JIRL, § 58 Abs. 2 Var. 1, 3 BDSG)[681] – dabei umfasst der Anspruch, soweit möglich und angemessen, auch die „Rückabwicklung" einer Veröffentlichung durch Information anderer Stellen, denen die Behörde die Daten zugänglich gemacht hat (Art. 17 Abs. 2 DSGVO bzw. Art. 16 Abs. 6 JIRL, § 58 Abs. 5 BDSG, → Rn. 258)[682]
- in der DSGVO-Sphäre auch gezielt[683] die **Markierung als „eingeschränkt"** für Daten, die
  - in ihrer Richtigkeit umstritten sind (Art. 18 Abs. 1 lit. a DSGVO; in Bezug auf bestandskräftige Verwaltungsakte relativiert in § 32 f Abs. 1 S. 1 AO;[684] bestritten werden muss grundsätzlich substanziiert[685])
  - eigentlich nach Art. 17 Abs. 1 DSGVO löschfällig sind, wenn die betroffene Person trotz der unrechtmäßigen Verarbeitung die Markierung bei weiterer Speicherung verlangt (Art. 18 Abs. 1 lit. b DSGVO) oder die Daten noch für die Rechtsverfolgung benötigt (Art. 18 Abs. 1 lit. b, c DSGVO)
  - in einem Widerspruchsverfahren nach Art. 21 DSGVO befangen sind (Art. 18 Abs. 1 lit. d DSGVO) oder
  - nichtautomatisiert gespeichert sind und ihre Löschung unverhältnismäßig aufwändig wäre (§ 35 Abs. 1 S. 2 BDSG[686]).

  Der Ausdruck „Einschränkung der Verarbeitung" insinuiert zwar einen Unterlassungsanspruch (zu solchen → Rn. 308 f.), doch ist nach Art. 4

---

681 Außer Betracht bleiben kann bei öffentlichen Stellen grundsätzlich Art. 17 Abs. 1 lit. f DSGVO, der sich auf die (grundsätzlich gewinnorientierten) „Dienste der Informationsgesellschaft" bezieht, soweit sie Daten von Kindern verarbeiten. Verwiesen wird hier auf Art. 1 Nr. 1 lit. b RL (EU) 2015/1535; vgl. Sydow/*Kampert*, Art. 4 DSGVO Rn. 266 ff.; Sydow/*Peuker*, Art. 17 DSGVO Rn. 28.

682 Hierzu Sydow/*Peuker*, Art. 16 DSGVO Rn. 24, Art. 17 DSGVO Rn. 47 ff.

683 Art. 16 Abs. 3 JIRL, § 58 Abs. 3 BDSG kennen demgegenüber die Einschränkung der Verarbeitung nicht als Ziel eines eigenen Anspruchs, sondern nur als Substitutionsbefugnis der Behörde/Stelle, wo diese sonst löschen müsste.

684 Zu stützen wohl auf Art. 23 Abs. 1 lit. e DSGVO im Hinblick auf eine effektive Steuererhebung; sehr pauschal dazu AusschussE, BT-Drs. 18/12611, S. 84 f. Die Sachlage ist aktenkundig zu machen, die Verarbeitung unter Hinweis auf den streitigen Charakter vorzunehmen (§ 32 f Abs. 1 S. 2, 3 AO).

685 VG Stade, B. v. 9.10.2018 – 1 B 1918/18, NVwZ 2019, 251 Rn. 31.

686 Entsprechend: § 32 f Abs. 2 S. 2 AO sowie fünf Landesrechte: § 10 Abs. 3 S. 2 LDSG BW, § 34 Abs. 1 S. 2 HDSIG, § 10 Abs. 2 DSG NRW, § 11 Abs. 4 SDSG, § 16 Abs. 3 S. 1 Nr. 3 DSG LSA.

Nr. 3 DSGVO bzw. Art. 3 Nr. 3 JIRL, § 46 Nr. 3 BDSG[687] dieser Begriff in ähnlichem Sinne zu verstehen wie das frühere „Sperren".[688] Der Anspruch aus Art. 18 Abs. 1 DSGVO setzt insofern eine technische Ausgestaltung voraus, die die Aufnahme des „eingeschränkt"-Vermerks bei jedem Datensatz ermöglicht.

Die entsprechenden Änderungen des Datenbestands sind sämtlich auch von Amts wegen vorzunehmen, sobald die Behörde von den zugrunde liegenden Umständen Kenntnis erlangt. Wegen der Voraussetzungen der Änderungsansprüche kann deshalb grundsätzlich nach oben verwiesen werden (→ Rn. 252 ff.). 305

Auch die Änderungsansprüche werden durch einen **Antrag** gegenüber der Behörde geltend gemacht, der nicht formgebunden ist.[689] Zumindest in Bezug auf die reversible und nicht mit den Grundsätzen von Transparenz und Richtigkeit (Art. 5 Abs. 1 lit. a, d DSGVO) konfligierende Eingeschränkt-Markierung sollte man der betroffenen Person dabei auch die Möglichkeit zusprechen, ihren Antrag auch nach Stattgabe jederzeit wieder zurückzunehmen (→ Rn. 220). 306

Die Gemeinsamkeit der Ansprüche auf Berichtigung, Löschung und Eingeschränkt-Markierung (Einschränkung) kommt noch in einer **weiteren Mitteilungspflicht** zum Ausdruck, die für diese drei Rechte gemeinsam in Art. 19 S. 1 DSGVO bzw. Art. 16 Abs. 6 JIRL, § 58 Abs. 5 BDSG[690] niedergelegt und bei Erfüllung eines dieser Ansprüche von Amts wegen zu erfüllen ist (mit Ausnahmen für Fälle der Unmöglichkeit und der Unverhältnismäßigkeit, wovon letzterer bei Behörden aber tendenziell eng zu verstehen sein wird[691]). Diese Pflicht hat kompensatorische Funktion und soll die Änderung am Datenbestand zu all denjenigen Stellen weitertragen, denen die Behörde zuvor die Daten übermittelt hat. Über diese Empfänger – wenn auch nicht notwendig über die nunmehrige Mitteilung – ist in der DSGVO-Sphäre auf ihren Antrag wiederum die betroffene Person zu unterrichten (Art. 19 S. 2 DSGVO). Hinzu tritt hier speziell für den Fall, dass die Behörde nunmehr zu 307

687 Entsprechend: § 31 Nr. 3 BlnDSG, § 41 Nr. 3 HDSIG, § 24 Nr. 3 NDSG, § 36 Nr. 3 DSG NRW, § 27 Nr. 3 LDSG RP, § 21 Nr. 3 LDSG SH, § 32 Nr. 3 ThürDSG.

688 Statt aller: Sydow/*Ziebarth*, Art. 4 DSGVO Rn. 79.

689 Vgl. Sydow/*Peuker*, Art. 16 DSGVO Rn. 24, Art. 17 DSGVO Rn. 39.

690 Entsprechend: § 44 Abs. 5 BlnDSG, § 53 Abs. 5 HDSIG, § 32 Abs. 3, auch iVm § 52 Abs. 3 NDSG, § 50 Abs. 5 DSG NRW, § 46 Abs. 5 LDSG RP, § 34 Abs. 5 LDSG SH, § 35 Abs. 4, auch iVm § 43 Abs. 3 ThürDSG.

691 So Gola/*Gola*, Art. 19 DSGVO Rn. 12 (nur für „offensichtlich bloß behördeninterne, formale, belanglose Fehler").

löschende Daten einer Öffentlichkeit zugänglich gemacht hat (etwa im Rahmen einer lebensmittel- oder produktsicherheitsrechtlichen Verbraucherinformation), noch die Pflicht zum Ergreifen angemessener Maßnahmen, die ebenfalls auf die Empfänger und deren eigenständigen Datenumgang abzielen: Die Behörde muss diejenigen anderen Stellen über die Löschung informieren, von denen ihr bekannt ist, dass sie infolge der Veröffentlichung nun die veröffentlichten personenbezogenen Daten verarbeiten (Art. 17 Abs. 2 DSGVO).

d) Unterlassung der Datenverarbeitung („Widerspruchsrecht")

308 Auch das in der DSGVO-Sphäre gegenüber bestimmten Verarbeitungen gegebene **Widerspruchsrecht** (Art. 21 Abs. 1 DSGVO) lässt sich als Anspruch rekonstruieren, nämlich **als Anspruch auf Unterlassung einer bestimmten Datenverarbeitung.** Das Recht auf Widerspruch stellt die gesetzliche Formulierung demgegenüber zwar eher als ein Gestaltungsrecht vor: Nach Erhebung des Widerspruchs wird eine weitere Verarbeitung ggf. rechtswidrig. Die Anspruchsdeutung dürfte dem Regelungsziel letztlich gerechter werden, der betroffenen Person eine effektive Abwehrmöglichkeit gegen Verarbeitungsvorgänge zu geben, denn sie ist für die prozessuale Durchsetzung (Leistungsklage!) dogmatisch besser anschlussfähig (→ Rn. 314).

309 Die Voraussetzungen eines wirksamen, dh die Rechtsfolge der Unterlassungspflicht auslösenden Widerspruchs wurden bereits oben behandelt (→ Rn. 180).

3. Rechtsbehelfe der Betroffenen

a) Klage

310 Ihre subjektiven Rechte muss die betroffene Person gemäß Art. 19 Abs. 4 GG, im unionalen Datenschutzregime auch gemäß Art. 79 Abs. 1 DSGVO bzw. Art. 54 JIRL, effektiv gerichtlich durchsetzen können.[692]

aa) Zuständiges Gericht

311 Für Behörden als Verarbeiter sind **grundsätzlich die Gerichte des eigenen Mitgliedstaats international zuständig,** wie sich für die DSGVO-Sphäre aus

692 Von einem „spezifischen Justizgewährleistungsanspruch" spricht *Krumm*, DB 2017, 2182 (2188).

Art. 79 Abs. 2 DSGVO ergibt. Der Gerichtsstand des Aufenthaltsorts gilt für Behörden nicht, soweit sie in Ausübung hoheitlicher, also Privaten nicht zustehender Befugnisse handeln.[693] Angeknüpft wird dann vielmehr allein an die Niederlassung, die bei deutschen öffentlichen Stellen regelmäßig im Inland liegen wird (vgl. im Kontext des räumlichen Anwendungsbereichs → Rn. 89 zu Art. 3 Abs. 1 DSGVO). Für die deutschen Auslandsvertretungen (jedenfalls in anderen EU-Mitgliedstaaten) kommt es an dieser Stelle zum Schwur, ob man in ihnen Niederlassungen des Auswärtigen Amtes sieht oder nicht; bejahendenfalls müsste nach Art. 79 Abs. 1 DSGVO gegen die Datenverarbeitung einer Botschaft oder eines Generalkonsulats auch im Gaststaat ein gerichtlicher Rechtsbehelf eingelegt werden können und das Unionsrecht dann die völkerrechtliche Staatenimmunität hier überlagern.[694]

Unter den deutschen Gerichten richtet sich die **Rechtswegzuständigkeit** nach 312
allgemeinen Regeln.

Für die Rechtsbehelfe gegenüber Behörden wegen Datenverarbeitungen, die in Erfüllung von Aufgaben der öffentlichen Verwaltung erfolgen, wird dies regelmäßig die Zuständigkeit der Verwaltungsgerichtsbarkeit nach § 40 Abs. 1 S. 1 VwGO bedeuten.[695] Ausdrückliche Sonderzuweisungen gelten für den Finanzdatenschutz zu den Finanzgerichten (§ 32 i Abs. 2 AO) und für den Sozialdatenschutz zu den Sozialgerichten (§ 81 b Abs. 1 SGB X[696]). Beim Wort genommen gelten beide zwar nur in der DSGVO-Sphäre und damit nicht für die jeweiligen Erstreckungsbereiche (→ Rn. 69), doch würde man in diesem Fall wohl auf die gegenüber § 40 VwGO bereits effektiv abdrängenden Rechtswegnormen aus § 33 Abs. 1 Nr. 1, 2 FGO bzw. § 51 Abs. 1, 2 SGG zurückgreifen können.

Im Bereich des nichthoheitlichen (fiskalischen) Handelns sind nach allgemeinen Regeln die Zivilgerichte (§ 13 GVG), speziell für den Arbeitnehmerdatenschutz auch im öffentlichen Dienst die Arbeitsgerichte (§ 2 Abs. 1 Nr. 3 ArbGG) zuständig.

Die **örtliche Zuständigkeit** innerhalb des Verwaltungsrechtswegs modifiziert 313
für die DSGVO-Sphäre § 44 Abs. 1 BDSG grundsätzlich betroffenenfreundlich dahin, dass Gerichtsstände nicht nur am Sitz, sondern an jedem Niederlassungsort und außerdem am gewöhnlichen Aufenthaltsort der betroffenen

693 Vgl. Sydow/*Kreße*, Art. 79 DSGVO Rn. 34.

694 Dagegen im Ergebnis Paal/Pauly/*Martini*, Art. 79 DSGVO Rn. 23 a.

695 Vgl. Sydow/*Kreße*, Art. 79 DSGVO Rn. 25.

696 Insoweit fehlt es an einer gesetzlichen Fachkammerzuweisung, vgl. *Bischofs*, SGb 2019, 76.

Person begründet werden. Für das Verwaltungsdatenschutzrecht ist allerdings zu beachten, dass diese besonderen Gerichtsstände nicht gegenüber „Behörden, die in Ausübung ihrer hoheitlichen Befugnisse tätig geworden sind“, gegeben sind (§ 44 Abs. 2 BDSG), sondern nur bei privatrechtlichem Handeln öffentlicher Stellen (wesbezüglich wiederum kaum je der Verwaltungsrechtsweg gegeben sein wird). Auf dem Finanzrechtsweg entscheidet der Sitz der Finanzbehörde (§ 32 i Abs. 5 S. 2 AO), auf dem Sozialrechtsweg der inländische Wohnsitz oder Aufenthaltsort des Klägers (§ 57 Abs. 1 S. 1 Hs. 1 SGG – insoweit ohnehin ähnlich § 44 Abs. 1 BDSG), hilfsweise der Sitz oder jeder Niederlassungsort der Behörde/Stelle (§ 57 Abs. 3 SGG, § 81 b Abs. 2 SGB X). Im Übrigen – und das heißt insbesondere für die gesamte Richtlinienssphäre – bleibt es bei den allgemeinen Regeln des § 52 VwGO.

bb) Statthafte Klageart

314 Die Klageart bestimmt sich ebenfalls nach allgemeinen Regeln. Da es sich bei den Datenschutzrechten um Ansprüche handelt, sind in allen Gerichtsbarkeiten Leistungsklagen (auf Auskunftserteilung, Berichtigung/Löschung oder Unterlassung der Verarbeitung) für deren Durchsetzung statthaft. In den Verwaltungsgerichtsbarkeiten handelt es dabei nach hier vertretener Auffassung um **allgemeine Leistungsklagen**, weil die geschuldeten behördlichen Handlungen, insbesondere die Datenverarbeitungen, als Realakte zu qualifizieren sind.[697] Auch gegenüber der Ablehnung einer Auskunft (Art. 15 DSGVO bzw. Art. 14, 15 JIRL, § 58 BDSG[698]), einer Berichtigung[699] oder einer Löschung[700] sollte nichts anderes angenommen werden,[701] zumal die Verpflichtungsklage mit ihrer Fristbindung (§ 74 VwGO, § 47 FGO, § 87 SGG) ein Weniger an Rechtsschutz bedeutet. Die ohnehin fragwürdige Regelung des

697 Vgl. BVerwGE 102, 282 [1996].

698 Entsprechend: § 44 BlnDSG, § 53 HDSIG, § 52 NDSG, § 50 DSG NRW, § 46 LDSG RP, § 34 LDSG SH, § 43 ThürDSG.

699 Einen Verwaltungsakt sieht in einer begehrten Berichtigung aber VG Stade, B. v. 9.10.2018 – 1 B 1918/18, juris, Rn. 26.

700 Doch geht HessVGH, U. v. 25.7.2018 – 6 A 673/15, juris, Rn. 24, insoweit von einer Verpflichtungsklage aus.

701 Vgl. allgemein *Kopp/Schenke*, VwGO, 20. Aufl., 2014, Anh. § 42 Rn. 37 f.: nur bei gesetzlicher Ausgestaltung als Verwaltungsakt. AA aber Sydow/*Specht*, Art. 15 DSGVO Rn. 28; *Krumm*, DB 2017, 2182 (2188 Fn. 42). Dass die Ablehnung Regelungscharakter habe, mag zutreffen, doch verliehe dies nicht auch der begehrten Leistung einen solchen; ggf. wäre dann die allgemeine Leistungsklage auf Auskunftserteilung mit einer isolierten Anfechtung des Ablehnungsbescheids zu verbinden, um entgegenstehende Bestandskraft bezüglich des Auskunftsanspruchs zu vermeiden.

§ 9 Abs. 4 IFG, die dort Widerspruch und Anfechtungsklage für zulässig erklärt, ist kaum analogiefähig.[702]

cc) Kein Ausschluss nach § 44 a VwGO

Der Zulässigkeit einer verwaltungsgerichtlichen Klage wegen eines der subjektiven Datenschutzrechte steht die – einen Fall mangelnden Rechtsschutzinteresses vertypende[703] – **Ausschlussklausel des § 44 a S. 1 VwGO** nicht entgegen. Danach können „behördliche Verfahrenshandlungen" nicht selbstständig angegriffen werden, und als solche wird man Verarbeitungen durchaus ansehen können, soweit sie einer Sachentscheidung vorausgehen.[704] Das freilich tun nicht alle, denn ein wichtiger Teil der behördlichen Datenverarbeitung besteht gerade in der Datenhaltung außerhalb konkreter und zugunsten späterer Verwaltungsverfahren;[705] und gerade auf den verfahrensexternen Umgang beziehen sich die meisten subjektiven Datenschutzrechte (Auskunft, Übertragung, Berichtigung/Löschung), so dass sich hier die Frage nach § 44 a VwGO schon vom Streitgegenstand her gar nicht stellen wird.[706] Es geht hier also nur um die Konstellation, dass eine Verarbeitung verfahrensintern stattfindet und dass ein subjektives Recht gerade auf diese Verarbeitung bezogen ist. Infrage kommt vor allem das Widerspruchsrecht (Art. 21 DSGVO, → Rn. 308 f.), das sich auch auf die Unterlassung einer Verwendung von Daten (als Verarbeitung im Sinne von Art. 4 Nr. 2 Var. 9 DSGVO[707]) bezieht und damit auf einen Vorgang, der typischerweise im Rahmen eines Verfahrens stattfindet. 315

Als verfahrensinterne Verarbeitung und damit als Verfahrenshandlung iSv § 44 a S. 1 VwGO kommen dann vor allem in Betracht 316

702 Die Bundesgesetzgebung kann natürlich, wie in § 9 Abs. 4 IFG geschehen, das Prozessrecht insoweit fachrechtlich modifizieren. Die Ablehnungsentscheidung erfüllt aber jedenfalls nicht *deshalb* die Verwaltungsaktsvoraussetzungen; so jedoch BeckOK Informations- und Medienrecht/*Sicko*, § 9 IFG (1.2.2019) Rn. 6.

703 Vgl. zu Sinn und Zweck der Regelung Schoch/Schneider/Bier/*Stelkens/Schenk*, VwGO, § 44 a (2018) Rn. 3 f.

704 Und zwar insofern, als die Verarbeitung Teil der behördlichen Sachverhaltsermittlung ist, die insgesamt § 44 a VwGO unterliegt; vgl. Stelkens/Bonk/Sachs/*Kallerhoff/Fellenberg*, VwVfG, 9. Aufl., 2018, § 24 Rn. 58.

705 Vgl. zur Differenzierung verfahrensexterner und -interner Datenverarbeitung *Bäcker*, Kriminalpräventionsrecht, 2015, S. 494 ff.

706 So im Ergebnis wohl auch *Hufen/Siegel*, Fehler im Verwaltungsverfahren, 6. Aufl., 2018, Rn. 247.

707 Vgl. Sydow/*Reimer*, Art. 4 DSGVO Rn. 65 ff.

- die **Erhebung** von Daten, sofern sie für die Vorbereitung einer konkreten Sachentscheidung erfolgt
- die **Verwendung** von Daten bei der Herbeiführung der Sachentscheidung, zB nach Abfrage aus einer behördlichen Datenbank.

317 In diesen Fällen ist § 44 a S. 1 VwGO *prima facie* anwendbar. Die Ausschlussgründe des Satzes 2 passen hier nicht. Für die Zulässigkeit einer unmittelbar auf Verarbeitungs-Verfahrenshandlungen bezogenen Klage kommt es deshalb darauf an, ob man die einschränkende Auslegung der hM für „Verfahrenshandlungen, die in materielle Rechtspositionen des Betroffenen eingreifen und dadurch eine selbstständige, im Verhältnis zur abschließenden Sachentscheidung andersartige Beschwer enthalten",[708] auf die vorliegende Konstellation anwendet. Als solche materielle Rechtsposition hat man schon bisher das Recht auf informationelle Selbstbestimmung angeführt.[709] Dem könnte man andere, inhaltlich korrespondierende subjektive Datenschutzrechte beigesellen.

318 Im Übrigen wäre ein etwaiger Verstoß gegen ein datenschutzrechtliches Verwertungs- bzw. Verarbeitungsverbot als Verfahrensfehler der Sachentscheidung zu behandeln (→ Rn. 105 f.).

b) Beschwerde bei der Aufsichtsbehörde

319 Außer unmittelbar gegen die Behörde (bzw. deren Rechtsträger) zu klagen, kann die betroffene Person auch „über Bande spielen" und sich bei der Aufsichtsbehörde über den Umgang der Behörde mit den sie betreffenden personenbezogenen Daten beschweren (Art. 77 DSGVO bzw. Art. 52 JIRL, § 60 BDSG;[710] auch Art. 17 GG). Dieser Weg bringt ihr insofern einen Mehrwert, als darüber nicht nur die Einhaltung ihrer subjektiven Datenschutzrechte (→ Rn. 292 ff.), sondern direkt auch die objektive Datenschutzrechtmäßigkeit zur Überprüfung gestellt werden kann (vgl. → Rn. 294).

320 Die Beschwerde kann **bei einer beliebigen Aufsichtsbehörde in der Europäischen Union** eingereicht werden;[711] in Deutschland wären das namentlich die Bundes- und Landesbeauftragten für den Datenschutz (→ Rn. 325). Die

708 BVerwG, U. v. 24.11.2011 – 7 C 12.10, NJW 2012, 792 Rn. 32.

709 Schoch/Schneider/Bier/*Stelkens/Schenk*, VwGO, § 44 a (2018) Rn. 32.

710 Entsprechend: Art. 20 BayDSG, § 46 BlnDSG, § 55 HDSIG, § 55 NDSG, § 61 DSG NRW (iVm Art. 77 DSGVO), § 48 LDSG RP, § 36 LDSG SH, § 8 ThürDSG.

711 Enger Sydow/*Sydow*, Art. 77 DSGVO Rn. 5: beliebiger Mitgliedstaat, dort aber nur innerstaatlich zuständige Aufsichtsbehörde.

angerufene Aufsichtsbehörde hat die Beschwerde, wenn sie selbst nicht zuständig ist, an die zuständige Aufsichtsbehörde weiterzuleiten und die betroffene Person hierüber zu unterrichten (in Art. 77 DSGVO implizit;[712] ausdrücklich sprechen Art. 52 Abs. 2 JIRL, § 60 Abs. 2 BDSG[713] dies aus). In der DSGVO-Sphäre bleibt die angerufene Aufsichtsbehörde in der Pflicht, den Beschwerdeführer „über den Stand und die Ergebnisse der Beschwerde" mit Rechtsbehelfsbelehrung zu unterrichten (Art. 77 Abs. 2; sa Art. 56 Abs. 2, 3 DSGVO).

712 Vgl. Sydow/*Sydow*, Art. 77 DSGVO Rn. 21.

713 Entsprechend: § 46 Abs. 2 BlnDSG, § 55 Abs. 2 HDSIG, § 55 Abs. 3 NDSG, § 48 Abs. 2 LDSG RP, § 36 Abs. 2 LDSG SH, § 8 Abs. 4 ThürDSG.

VI. Das Verhältnis zur Aufsichtsbehörde

1. Stellung und Zuständigkeit der Aufsichtsbehörde

321 Alle Stellen, die personenbezogene Daten verarbeiten, unterliegen der **Datenschutzaufsicht** durch spezielle Aufsichtsbehörden. Hiervon sind auch die öffentlichen Stellen nicht ausgenommen, denen gegenüber sich die Tätigkeit der Aufsichtsbehörden **als eine besondere fachbezogene Rechtsaufsicht** darstellt,[714] die zugunsten des Datenschutzinteresses allerdings als parteilich erscheint.[715] Die hier errichtete zusätzliche Verwaltungskontrolle gleicht einer Rechtsaufsicht insbesondere deshalb, weil sie – im Gegensatz zu einer Fachaufsicht – allein die Rechtmäßigkeit des Datenverarbeitungsgebarens zu überwachen hat – im Gegensatz etwa zu einem Rechnungshof – über gewisse Kontrollmittel verfügt,[716] mit denen sie auf die datenverarbeitenden Behörden unmittelbar rechtsförmig einwirken kann (→ Rn. 334 ff.).[717] Alle Behörden sind insofern gegenüber ihrer jeweiligen Aufsichtsbehörde **formell polizeipflichtig,**[718] wie es im Fachrecht auch sonst gelegentlich vorkommt.[719] Von einer Datenschutzaufsicht exemt sind nur die Aufsichtsbehörden selbst

714 Vgl. bereits *Reimer*, DÖV 2018, 881 (889).

715 So bereits *Zöllner*, Der Datenschutzbeauftragte im Verfassungssystem, 1995, S. 54–56.

716 Zur Konzeption und Systematik der Kontrollstrukturen vgl. *Kempny*, Verwaltungskontrolle, 2017, bes. S. 213 ff. zu Kontroll*mitteln*.

717 An der Verfassungsmäßigkeit solcher Regelungen zweifelt *Rudolf*, FS Maurer, 2001, S. 269 (279), weil die Datenschutzbeauftragten „nicht in einem hierarchischen Verhältnis" zur kontrollierten Behörde stünden; allerdings wird ein solches Verhältnis ja durch die Einräumung entsprechender Befugnisse gerade erst *begründet*. Soweit nunmehr das Unionsrecht Befugnisse verleiht, dürfte die Verfassungsrechtsfrage im Übrigen weitgehend obsolet geworden sein.

718 Dazu in diesem Zusammenhang *Martini/Wagner/Wenzel*, VerwArch 109 (2018), S. 163 (176) mwN.

719 Vgl. zu Anordnungen nach § 24 BImSchG gegenüber Hoheitsträgern BVerwGE 117, 1 [2002].

(lediglich eine Kontrolle ihres Finanzgebarens ist in Art. 52 Abs. 6 DSGVO, Art. 42 Abs. 6 JIRL vorgesehen).[720]

Die Aufsichtsbehörden haben, soweit sie kraft Unionsrechts eingerichtet werden müssen (Art. 51 DSGVO, Art. 41 JIRL), eine **aus der übrigen öffentlichen Verwaltung herausgehobene Stellung.** Sie dürfen nicht in eine hierarchische Verwaltungsorganisation eingeordnet, insbesondere nicht einem Ministerium unterstellt werden, sondern sind „völlig unabhängig" (Art. 52 Abs. 1 DSGVO, Art. 42 Abs. 1 JIRL), namentlich weisungsfrei (Art. 52 Abs. 2 DSGVO, Art. 52 Abs. 2 JIRL), angemessen auszustatten (Art. 52 Abs. 4 DSGVO, Art. 42 Abs. 4 JIRL) und befugt, ihr eigenes, ebenfalls anderen Weisungsbindungen nicht unterliegendes Personal auszuwählen (Art. 52 Abs. 5 DSGVO, Art. 42 Abs. 5 JIRL). 322

Die **internationale Zuständigkeit** knüpft grundsätzlich an das Hoheitsgebiet der Mitgliedstaaten an (Art. 55 Abs. 1 DSGVO, Art. 45 Abs. 1 JIRL), so dass jede Aufsichtsbehörde grundsätzlich für die Verarbeitungen durch Verantwortliche zuständig ist, die dort ihren Sitz haben.[721] Für die meisten deutschen Behörden, die ihre Tätigkeit nur im Inland ausüben, wird damit generell die Zuständigkeit der deutschen Aufsichtsbehörden begründet; für die deutschen Auslandsvertretungen in einem anderen EU-Mitgliedstaat könnte demnach auch dessen Datenschutzaufsicht zuständig sein (vgl. → Rn. 89, 311). Ergänzend ist allerdings für Behörden in der DSGVO-Sphäre eine Sonderregelung getroffen, soweit Verarbeitungen nach Art. 6 Abs. 1 lit. c oder e DSGVO erfolgen: Hier wird nach Art. 55 Abs. 2 DSGVO „die Aufsichtsbehörde des betroffenen Mitgliedstaats zuständig", womit der Staat gemeint ist, in dem die Behörden ihren Sitz haben.[722] Da dies die wichtigsten Verarbeitungserlaubnistatbestände für öffentliche Stellen sein dürften (→ Rn. 130, 156), werden deutsche Behörden so gut wie stets die Zuständigkeit einer deutschen Aufsichtsbehörde annehmen können.[723] Anders liegt es aber für öffentliche Unternehmen, soweit diese sich im Ausland betätigen und Art. 6 Abs. 1 lit. f DSGVO in Anspruch nehmen (→ Rn. 84, 115). 323

720 Eine weitere Ausnahme betrifft das Justizdatenschutzrecht, nämlich die Gerichte „im Rahmen ihrer justiziellen Tätigkeit" (Art. 55 Abs. 3 DSGVO).

721 Vgl. ErwGrd 122 S. 1 DSGVO; Paal/Pauly/*Körffer*, Art. 55 DSGVO Rn. 2.

722 ErwGrd 128 S. 2 DSGVO.

723 Als Ausnahme verbleibt nach dem Vorstehenden wohl nur die Verarbeitung (allein) aufgrund Einwilligung, Vertrags oder Lebensgefahr (Art. 6 Abs. 1 lit. a, b, d DSGVO) durch eine Auslandsvertretung.

324 In Deutschland sind – wie es seiner „verfassungsmäßigen, organisatorischen und administrativen Struktur entspricht“[724] – sowohl im Bundes- als auch im Landesbereich Aufsichtsbehörden errichtet worden. Diese Unterscheidung kommt im Verwaltungsdatenschutzrecht besonders zum Tragen, weil hier nicht wie im Wirtschaftsdatenschutzrecht gemäß Art. 83 GG allgemein die Vollzugszuständigkeit bei den Landesbehörden liegt, sondern **grundsätzlich die Aufsichtsbehörde derselben bundesstaatlichen Ebene wie die beaufsichtigte Behörde** zuständig ist (vgl. § 9 Abs. 1 S. 1 BDSG: Bundesbeauftragter nur für „die öffentlichen Stellen des Bundes“). Einzige Ausnahme ist die Beaufsichtigung auch der Landesfinanzbehörden und ggf. weiterer Steuerbehörden nach Landesrecht durch den Bundesbeauftragten (§ 32 h Abs. 1 S. 1, Abs. 3 AO).[725]

325 Da sich bisher keine Länder auf die Errichtung einer gemeinsamen Aufsichtsbehörde verständigt haben, beaufsichtigen das Verwaltungsdatenschutzrecht derzeit dementsprechend im Wesentlichen 17 Stellen (einzelne Sonderaufsichtsbehörden treten hinzu). Alle sind als monokratische Behörden ausgestaltet worden;[726] überall hat man dafür die Bezeichnung als „**Beauftragte**“ gewählt, was nach wie vor verwechslungsträchtig ist im Hinblick auf die (inner)behördlichen Datenschutzbeauftragten, aber die Unabhängigkeit im Verhältnis zur jeweiligen Regierung verdeutlichen soll. Die Bezeichnungen unterscheiden sich im Hinblick auf etwaige weitere Aufgaben (teilweise Kombination mit der Informationsfreiheit bzw. in Brandenburg der Akteneinsicht), sonst nur im Detail (Genusdifferenzierung, Artikelgebrauch).

Im Einzelnen:

im Bund	die oder der Bundesbeauftragte für den Datenschutz und die Informationsfreiheit (§§ 8 ff. BDSG)
in Baden-Württemberg	die oder der Landesbeauftragte für den Datenschutz (§§ 20 ff. LDSG BW)

724 ErwGrd 117 S. 2 DSGVO.

725 Die Verwaltungskompetenz des Bundes – ggf. aus Art. 87 Abs. 3 oder, eher noch, Art. 108 Abs. 4 S. 1 GG herzuleiten – wird in der Gesetzesbegründung nicht problematisiert, vgl. AusschussE, BT-Drs. 18/12611, S. 91; kritisch auch *Krumm*, DB 2017, 2182 (2189), der die Kompetenz teilweise ablehnt; Klein/*Rüsken*, AO, 14. Aufl., 2018, § 32 h Rn. 3.

726 Die Unionsrechtsakte rechnen auch mit einer Kollegialbehörde, vgl. Art. 52–54 DSGVO, Art. 42–44 JIRL, wo jeweils von den „Mitgliedern“ der Aufsichtsbehörde die Rede ist. Hieran meint Mecklenburg-Vorpommern wohl, begrifflich anschließen zu sollen, siehe § 14 Abs. 3 DSG M-V u.ö.

in Bayern	der Landesbeauftragte für den Datenschutz (Art. 33 a BayVerf, Art. 15 ff. BayDSG)[727]
in Berlin	die oder der Berliner Beauftragte für Datenschutz und Informationsfreiheit (§§ 7 ff. BlnDSG)
in Brandenburg	die oder der Landesbeauftragte für den Datenschutz und für das Recht auf Akteneinsicht (§§ 14 ff. BbgDSG)
in Bremen	die oder der Landesbeauftragte für Datenschutz und Informationsfreiheit (§§ 16 ff. BremDSGVOAG)
in Hamburg	die oder der Hamburgische Beauftragte für Datenschutz und Informationsfreiheit (§§ 19 ff. HmbDSG)
in Hessen	die oder der Hessische Datenschutzbeauftragte (§§ 8 ff. HDSIG)
in Mecklenburg-Vorpommern	die Landesbeauftragte für den Datenschutz oder der Landesbeauftragte für den Datenschutz als Mitglied der Aufsichtsbehörde (§§ 15 ff. DSG M-V)
in Niedersachsen	die oder der Landesbeauftragte für den Datenschutz (§§ 18 ff. NDSG)
in Nordrhein-Westfalen	die oder der Landesbeauftragte für Datenschutz und Informationsfreiheit (§§ 25 ff., 60 f. DSG NRW)
in Rheinland-Pfalz	die oder der Landesbeauftragte für den Datenschutz und die Informationsfreiheit (§§ 14 ff. LDSG RP)
im Saarland	die oder der Landesbeauftragte für Datenschutz (§§ 16 ff. DSG SL)
in Sachsen	der Sächsische Datenschutzbeauftragte (§§ 14 ff. SächsDSDG)

727 Doch werden der Bayerische Rundfunk und dessen Beteiligungsunternehmen durch den Rundfunkdatenschutzbeauftragten nach Art. 21 BayRG und die Bayerische Landeszentrale für neue Medien und deren Beteiligungsunternehmen durch den Medienbeauftragten für den Datenschutz nach Art. 20 BayMG jeweils als besondere Aufsichtsbehörden überwacht.

in Sachsen-Anhalt	der Landesbeauftragte für den Datenschutz (§§ 20 ff. DSG LSA)
in Schleswig-Holstein	die oder der Landesbeauftragte für Datenschutz (§§ 17 f. LDSG SH)
in Thüringen	der Landesbeauftragte für den Datenschutz (§§ 3 ff. ThürDSG)

2. Befugnisse der Aufsichtsbehörde

326 In der DSGVO-Sphäre verfügen die Aufsichtsbehörden ungeachtet der Gesetzeslage im Bund oder Land über einen **Mindestbestand an Befugnissen kraft Unionsrechts,** die die allgemeine materiellrechtliche Pflicht zur Zusammenarbeit mit der Aufsichtsbehörde (Art. 31 DSGVO bzw. Art. 26 JIRL, § 68 BDSG) mit Leben füllen und die von der Gesetzgebung beider Ebenen höchstens noch erweitert werden können (ausdrücklich: Art. 58 Abs. 6 DSGVO); in der Richtliniensphäre hat die Bundes- oder Landesgesetzgebung ihnen einen (geringeren) Mindestbestand einzuräumen. Diese Befugnisse sind in Begriffen der deutschen Verwaltungsrechtsdogmatik überwiegend auf befehlende Regelungen (zum Verwaltungsaktcharakter → Rn. 351), teilweise auch auf bloße Realakte gerichtet. Die Verordnung gliedert sie nach ihrem Zweck in Untersuchungsbefugnisse (Art. 58 Abs. 1 DSGVO bzw. Art. 47 Abs. 1 JIRL), Abhilfebefugnisse (Art. 58 Abs. 2 DSGVO bzw. Art. 47 Abs. 2 JIRL) sowie – etwas unspezifischer – Genehmigungs- und Beratungsbefugnisse (Art. 58 Abs. 3 DSGVO; „Beratungsbefugnisse" auch nach Art. 47 Abs. 3 JIRL).

327 Die meisten dieser Befugnisse haben **auch gegenüber öffentlichen Stellen** Bedeutung.[728] Wiederum in Parallele zur Rechtsaufsicht (→ Rn. 321) zielen die Befugnisse im Wesentlichen darauf, dass sich die Aufsichtsbehörde zunächst über Sachverhalte unterrichten (→ Rn. 328 ff.) und etwaige Rechtsverstöße dann unterbinden kann (→ Rn. 334 ff.). Die Frage nach der Durchsetzung entsprechender Anordnungen wird anschließend für Untersuchungs- und Abhilfebefugnisse gemeinsam erörtert (→ Rn. 342 ff.). Einige Besonderheiten ergeben sich in diesem Zusammenhang bezüglich des Rechtsschutzes der beaufsichtigten Behörde (→ Rn. 346 ff.).

728 Außer Betracht bleiben kann insbesondere die Bußgeldverhängung nach Art. 58 Abs. 2 lit. i DSGVO (→ Rn. 99).

a) Befugnisse zur Informationsbeschaffung

Während die aufsichtliche **Datenschutzüberprüfung** als solche noch ohne Rechtsfolge bleibt (Art. 58 Abs. 1 lit. b DSGVO, ohne Pendant in der Richtliniensphäre),[729] ist die Aufsichtsbehörde grundsätzlich überall zur **Anforderung erforderlicher Informationen** (Art. 58 Abs. 1 lit. a DSGVO bzw. Art. 47 Abs. 1 S. 2 Var. 2 JIRL, § 16 Abs. 4 Nr. 2 BDSG) sowie zum **Zugang** befugt, und zwar sowohl bezüglich der zu verarbeitenden personenbezogenen Daten (Art. 58 Abs. 1 lit. e DSGVO bzw. Art. 47 Abs. 1 S. 2 Var. 1 JIRL, § 16 Abs. 4 Nr. 1 Var. 2 BDSG) als auch zu Geschäftsräumen und Computern („Datenverarbeitungsanlagen und -geräte" – Art. 58 Abs. 1 lit. f DSGVO bzw. § 16 Abs. 4 Nr. 1 Var. 1 BDSG). Bereits die unionsrechtlichen Zugangsrechte werden dabei als Betretungsrechte (die von der betroffenen Behörde auch in Ansehung ihres Hausrechts zu dulden sind) aufgefasst und nicht als bloße Ansprüche auf Zugangsgewährung (die von der Behörde erst noch durch Gestattung zu erfüllen wären).[730] Einzelne Landesrechte machen dies sogar noch deutlicher als § 16 Abs. 4 BDSG.[731] 328

Die **DSGVO-Ausführungsgesetzgebung** konkretisiert diese Untersuchungsbefugnisse dahin, dass die öffentlichen Stellen nicht nur der monokratisch verfassten Aufsichtsbehörde selbst (dh dem Behördenleiter in eigener Person), sondern auch deren „Beauftragten" die Informationen bereitstellen und den Zugang gewähren müssen (§ 16 Abs. 4 BDSG[732]). Hiermit dürfte insbesondere dem Verweis in Art. 58 Abs. 2 lit. f DSGVO auf das „Verfahrensrecht des Mitgliedstaats" Genüge getan sein; mehr ist mangels Grundrechtsberechtigung der Behörden oder sonstigen öffentlichen Stellen auch nach Art. 13 GG keinesfalls gefordert.[733] Im Übrigen stellen sich die genannten deutschen 329

729 So wohl auch Sydow/*Ziebarth*, Art. 58 DSGVO Rn. 20; BeckOK DatenschutzR/*Eichler*, Art. 58 DSGVO (1.2.2019) Rn. 8 f. (auch zur Verbindung mit dem Einsatz anderer Befugnisse).

730 Paal/Pauly/*Körffer*, Art. 58 DSGVO Rn. 16; BeckOK DatenschutzR/*Eichler*, Art. 58 DSGVO (1.2.2019) Rn. 15; Ehmann/Selmayr/*Selmayr*, Art. 58 DSGVO Rn. 17.

731 So namentlich Art. 16 Abs. 1 S. 3 BayDSG („hat ungehinderten Zutritt"), § 21 Abs. 5 S. 3 Nr. 3 BremDSGVOAG („aufsuchen" usf. gegenüber „verlangen" in Nr. 1, 2).

732 Im Detail unterschiedlich: § 26 Abs. 1 S. 2 LDSG BW, Art. 16 Abs. 1 S. 2 BayDSG, § 13 Abs. 4 BlnDSG, § 21 Abs. 1 BbgDSG, § 21 Abs. 5 S. 3 BremDSGVOAG, § 24 Abs. 1 HmbDSG, § 14 Abs. 4 S. 2 HDSIG, § 20 Abs. 4 S. 2, 3 NDSG, § 27 Abs. 2 S. 2, 3 DSG NRW, § 17 Abs. 3 LDSG RP, § 20 Abs. 4 S. 2 SDSG, § 19 Abs. 1 SächsDSDG, § 23 Abs. 1 DSG LSA, § 64 Abs. 3 LDSG SH, § 7 Abs. 2 S. 1 ThürDSG. Keine Regelung in Mecklenburg-Vorpommern.

733 Die Zitierung des Wohnungsgrundrechts in § 18 Abs. 1 S. 2 Nr. 2 LDSG SH soll sich dementsprechend nur auf etwaige private Auftragsverarbeiter beziehen, siehe LT-Drs. (SH) 19/429, S. 148.

Vorschriften in der DSGVO-Sphäre bestenfalls als deklaratorische Wiederholungen der bereits kraft Unionsrechts bestehenden Befugnisse dar. Das gilt auch für den Hinweis auf die gegenständliche Reichweite der Zugangsrechte, die auch dem Kommunikationsgeheimnis oder einem besonderen Amts- wie dem Steuergeheimnis unterliegende Daten erfassen (§ 16 Abs. 3 BDSG); auch dies ist bereits unionsrechtlich abschließend verfügt.

330 Soweit die Ausführungsgesetzgebung gegenüber Art. 58 Abs. 2 lit. e und f DSGVO **Einschränkungen der Zugangsbefugnisse aus Sicherheitsgründen** vornimmt,[734] dürfte dies jedenfalls bezüglich lit. e mangels Öffnungsklausel und wohl auch bezüglich lit. f, wo nur auf mitgliedstaatliches „Verfahrensrecht" verwiesen wird, innerhalb der DSGVO-Sphäre unanwendbar sein (anderes gilt aber, soweit solche Einschränkungen die Richtliniensphäre[735] oder die unionsrechtsfreie Sphäre betreffen). Zulässig aufgrund der Öffnungsklausel des Art. 90 DSGVO[736] ist aber wohl die Einschränkung dieser Befugnisse **gegenüber den Geheimnisträgern des § 203 Abs. 1, 2 a, 3 StGB** durch § 29 Abs. 3 S. 1 BDSG, die dessen weiter Fassung nach wohl auch für behördliche Bedienstete gilt, die zu diesen (Berufs-)Gruppen gehören. Als Verwaltungsakt (zur Qualifikation → Rn. 351) wäre eine entsprechende Anordnung strafbaren Handelns freilich ohnehin nach § 44 Abs. 2 Nr. 6 VwVfG (und Parallelvorschriften) nichtig. Die Länder folgen dem Bund bei dieser Einschränkung aber nicht durchgehend.[737]

331 In der **Richtliniensphäre** begründen § 16 Abs. 4 BDSG und die entsprechenden Vorschriften[738] die Pflicht zur Zugangsgewährung.

332 Überdies sind in DSGVO- wie Richtliniensphäre das Verarbeitungsverzeichnis (gemäß Art. 30 Abs. 4 DSGVO bzw. Art. 25 Abs. 3 UAbs. 2 JIRL, § 70 Abs. 4 BDSG; → Rn. 268 ff.) und in der Richtliniensphäre auch das dort zu führende Auslandsübermittlungsprotokoll (gemäß Art. 37 Abs. 3, 38 Abs. 3 JIRL; → Rn. 273) auf Anfrage zur Verfügung zu stellen.

---

734 Siehe Art. 16 Abs. 2 S. 2 BayDSG, § 23 Abs. 2 S. 2 DSG LSA, § 7 Abs. 5 S. 2 ThürDSG (jeweils wegen Sicherheit des Bundes oder eines Landes) sowie § 14 Abs. 5 S. 2 HDSIG, § 27 Abs. 4 S. 3 DSG NRW (jeweils für V-Leute). Nicht hierher gehört § 20 Abs. 3 S. 3 SDSG, da diese Vorschrift wegen ihrer Verweisung auf § 3 SDSG nur außerhalb der DSGVO-Sphäre anwendbar ist.

735 Hierauf beschränkt: § 57 Abs. 7 NDSG.

736 So auch RegE BDSG, BT-Drs. 18/11325, S. 101.

737 Ausdrücklich anders § 25 Abs. 5 LDSG BW (nur Notare), § 21 Abs. 3 BbgDSG, § 20 Abs. 1 DSG M-V (jeweils generell nicht). Bundesrechtsähnliche oder -gleiche Ausnahmen nur in § 27 Abs. 3 DSG NRW, § 17 Abs. 4 LDSG RP.

738 Siehe als Spezialregelung § 57 Abs. 4 NDSG. Im Übrigen sind teilweise auch hier die in Fn. 782 genannten Vorschriften anwendbar.

In der **unionsrechtsfreien Sphäre** sind die Befugnisse der Aufsichtsbehörden gegenüber Art. 58 Abs. 1 DSGVO, der eigentlich kraft Verweisung in § 1 Abs. 8 BDSG (§ 35 Abs. 2 S. 2 SGB I) vollumfänglich anwendbar wäre, etwas eingeschränkt worden. Im Ausgangspunkt sind gemäß § 1 Abs. 8 BDSG iVm Art. 31 DSGVO auch die Behörden der Bundeswehr zur Zusammenarbeit mit der Aufsichtsbehörde verpflichtet; für die Nachrichtendienste gilt das Gleiche gemäß einer Spezialregelung (§ 26 a Abs. 3 S. 1 BVerfSchG, auch iVm § 32 BNDG, § 12 a MADG). Die Pflichten der Nachrichtendienste, Auskunft zu geben sowie Akteneinsicht und Zugang zu gewähren, sind jedoch unter den Vorbehalt gestellt, dass die jeweilige oberste Behörde den Dienst im Einzelfall davon unter Hinweis auf Sicherheitsbelange befreien kann (§ 26 a Abs. 3 S. 3 BVerfSchG,[739] auch iVm § 32 BNDG, § 12 a MADG).[740] Entsprechende Regelungen finden sich teilweise im Landesrecht.[741] 333

b) Befugnisse zur Rechtsdurchsetzung

Ist die Aufsichtsbehörde der Ansicht, es geschehe oder drohe ein Verstoß, so kann sie mit anderen Maßnahmen reagieren, die – imperativisch oder auch zunächst nur schlicht-hoheitlich – die Behörde dazu veranlassen sollen, den vermeintlichen Verstoß abzustellen bzw. zu vermeiden. 334

aa) DSGVO-Sphäre

Unterhalb der Stufe einer befehlenden Regelung stehen in der DSGVO-Sphäre die drei unionsrechtlich unterschiedenen **mahnenden Erklärungen** gegenüber der Behörde: 335

- der aufsichtsbehördliche **Hinweis** auf einen „vermeintlichen" Verstoß (Art. 58 Abs. 1 lit. d DSGVO – von der Unionsgesetzgebung also noch den Untersuchungsbefugnissen zugeordnet)
- die aufsichtsbehördliche **Warnung** *vor* einem voraussichtlichen Verstoß (Art. 58 Abs. 2 lit. a DSGVO)

739 An der JIRL-Konformität zweifeln *Johannes/Weinhold*, Das neue Datenschutzrecht bei Polizei und Justiz, 2018, § 1 Rn. 378; das übersieht aber wohl, dass die nachrichtendienstliche Datenverarbeitung außerhalb des Anwendungsbereichs des Unionsrechts liegt (→ Rn. 44).

740 Eine ganz ähnliche Regelung ist für die DSGVO-Sphäre geschaffen worden, soweit es um die ersatzweise Erteilung von Auskünften an die Aufsichtsbehörde statt an die Betroffenen geht, siehe § 34 Abs. 3 S. 1 BDSG und → Rn. 301.

741 Siehe Art. 15 Abs. 2, Art. 16 Abs. 2 S. 2 BayDSG (dazu auch bei→ Rn. 330), § 21 Abs. 2 BbgDSG, § 20 Abs. 3 S. 3 SDSG, § 23 Abs. 2 S. 2 DSG LSA, § 7 Abs. 5 S. 2 ThürDSG.

- die aufsichtsbehördliche **Verwarnung** als „förmlicher Tadel“[742] *nach* einem begangenen Verstoß (Art. 58 Abs. 2 lit. b DSGVO).[743]

336 Der erkennbare systematische Unterschied zu den darauffolgenden Verbotsbefugnissen wie Art. 58 Abs. 2 lit. f DSGVO erweist, dass diese drei Ermahnungen selbst keinen Befehl aussprechen.[744] Von der konkreten Gestalt der aufsichtsbehördlichen Äußerung wird man abhängig machen müssen, ob daran jeweils eine **feststellende Regelung** liegen soll,[745] die dann prinzipiell bestandskraftfähig wäre und von der Behörde gerichtlich angegriffen werden müsste, falls sie später noch mit einer abweichenden Rechtsauffassung zu ihrer Datenverarbeitungspraxis rechtlich gehört werden können möchte.

337 Jedenfalls dort, wo die beaufsichtigte Behörde mit Selbstverwaltungsrechten ausgestattet ist, müssten diese weniger einschneidenden Maßnahmen wohl zuerst gewählt werden. Mangels Grundrechtsträgerschaft wird dagegen bezüglich der öffentlichen Stellen eine „Verhältnismäßigkeit“ (näherhin: Erforderlichkeit) als solche hier normalerweise kein Maßstab sein können.[746]

338 Fruchten die mahnenden Erklärungen nicht, kann die Aufsichtsbehörde sodann im Sinne einer befehlenden Regelung eine Reihe von **Anordnungen** treffen, mit denen Datenschutzverstöße unterbunden werden sollen. Diese knüpfen teilweise an ein rechtswidriges Tun (durch unerlaubte Verarbeitungen), teilweise an ein rechtswidriges Unterlassen (der Erfüllung datenschutzrechtlicher Pflichten) an. Angeordnet werden können danach

- die Unterlassung bestimmter Verarbeitungen, ganz oder teilweise, endgültig oder vorübergehend (**Verbots-Generalklausel** des Art. 58 Abs. 2 lit. f DSGVO, dort „Beschränkung der Verarbeitung“ genannt), insbesondere der Übermittlung von Daten an einen Empfänger in einem Drittland oder an eine internationale Organisation (Art. 58 Abs. 2 lit. j DSGVO),
- die Anpassung bestimmter Verarbeitungen an die DSGVO (Art. 58 Abs. 2 lit. d DSGVO), was sich inhaltlich mit der qualitativen Teilunterlassung nach Art. 58 Abs. 2 lit. f DSGVO decken dürfte,

742 *Martini/Wenzel*, PinG 2017, 92 (96); ähnlich Auernhammer/*von Lewinski*, Art. 58 DSGVO Rn. 24.

743 Einer bundes- oder landesrechtlichen Ausführungsvorschrift bedarf es dazu nicht, dazu mwN *Martini/Wenzel*, PinG 2017, 92 (95).

744 Unklarheit des Verbindlichkeitsgrads moniert Paal/Pauly/*Körffer*, Art. 58 DSGVO Rn. 18.

745 Grundsätzlich dafür *Martini/Wenzel*, PinG 2017, 92 (96); dagegen tendenziell Gola/*Nguyen*, Art. 58 DSGVO Rn. 17.

746 Wohl zu pauschal insofern Sydow/*Ziebarth*, Art. 58 DSGVO Rn. 39; BeckOK DatenschutzR/*Eichler*, Art. 58 DSGVO (1.2.2019) Rn. 20.

- die Benachrichtigung der betroffenen Person von einem Datenschutzverstoß (Art. 58 Abs. 2 lit. e DSGVO) – das aktualisiert die Pflicht gemäß Art. 34 DSGVO (→ Rn. 94 ff.),
- die Erfüllung der objektiven Verarbeitungspflichten (Art. 58 Abs. 2 lit. g DSGVO) – das aktualisiert die Pflichten gemäß Art. 16–19 DSGVO zu Berichtigung, Löschung usw (→ Rn. 252 ff.),
- die Erfüllung der subjektiven Datenschutzrechte entsprechend den Anträgen der betroffenen Person (Art. 58 Abs. 2 lit. c DSGVO) – das aktualisiert die Pflichten gemäß Art. 15 ff. DSGVO (→ Rn. 292 ff.).

Die deutsche Ausführungsgesetzgebung hat hierzu ergänzende Regelungen 339 erlassen. So muss im Bundesbereich die Aufsichtsbehörde vor Maßnahmen nach Art. 58 Abs. 2 lit. b–g, i, j DSGVO (also Verwarnungen und Anordnungen) nicht nur der verarbeitenden Behörde nach § 28 Abs. 1 VwVfG (und Parallelvorschriften),[747] sondern stets auch „der zuständigen Rechts- oder Fachaufsichtsbehörde" eine angemessene Stellungnahmefrist geben, sofern nicht bestimmte, § 28 Abs. 2 Nr. 1, Abs. 3 VwVfG nachempfundene Ausnahmen vorliegen (§ 16 Abs. 1 S. 1, 2 BDSG).[748] Eine Einbindung der allgemein für die Behörde zuständigen Rechts- oder Fachaufsichtsbehörde sieht auch das Landesrecht hier teilweise vor.[749]

bb) Übrige Datenschutzsphären

Außerhalb der DSGVO-Sphäre steht den Aufsichtsbehörden grundsätzlich 340 nur ein deutlich schwächeres Arsenal für die Einwirkung auf andere Behörden zu Gebote.[750] Mangels unmittelbar anwendbaren Unionsrechts ergeben sich Befugnisse hier nur aus den deutschen Gesetzen, die sich mit deren Einräumung hier aber zurückhalten – mit Ausnahme derjenigen Länder, die das DSGVO-Regime *einschließlich der Aufsichtsbefugnisse* auf die übrigen Datenschutzsphären erstrecken.[751]

747 Soweit es sich um Verwaltungsakte handelt, → Rn. 351.

748 Das hält offenbar für unionsrechtswidrig HdbDSR/*Bock*, § 20 Rn. 118.

749 Ähnlich § 25 Abs. 4 LDSG BW, Art. 16 Abs. 4 BayDSG (hier fakultativ), § 22 BbgDSG, § 14 Abs. 1 S. 5 HDSIG, § 20 Abs. 2 DSG M-V, § 20 Abs. 2 S. 2 NDSG, § 28 Abs. 2 DSG NRW, § 17 Abs. 1 S. 5 LDSG RP, § 20 Abs. 2 S. 2 SDSG, § 7 Abs. 1 S. 3 ThürDSG.

750 Vgl. *Johannes/Weinhold*, Das neue Datenschutzrecht bei Polizei und Justiz, 2018, § 1 Rn. 115. Für die JIRL-Sphäre halten § 16 Abs. 2 BDSG für unionsrechtlich ungenügend *Schulze/Lohoff/Bauge*, ZD 2019, 199.

751 Namentlich § 19 Abs. 1 DSG M-V.

341 Gegenüber öffentlichen Stellen des Bundes[752] sind nur – an Art. 58 Abs. 2 lit. a DSGVO angelehnt – eine **Warnung** der Behörde/Stelle (§ 16 Abs. 2 S. 4 BDSG) sowie eine **Beanstandung** möglich, die die Aufsichtsbehörde an die zuständige oberste Bundesbehörde zu richten hat (§ 16 Abs. 2 S. 1 BDSG[753]). Nur die so angegangene oberste Behörde muss auf die Beanstandung mit einer Stellungnahme reagieren, während eine beaufsichtigte nachgeordnete Behörde von einer unmittelbaren Ingerenz der Aufsichtsbehörde auf diese Weise abgeschirmt wird. Anders stellt nur teilweise das Landesrecht die Selbstverwaltungsbehörden, bei denen die Abschirmung nicht Privileg, sondern Beeinträchtigung wäre.[754] Verbots- oder überhaupt Regelungswirkung kommt der Beanstandung im Übrigen jedenfalls nicht zu.[755]

c) Durchsetzung aufsichtsbehördlicher Anordnungen

342 Mit ihren befehlenden Regelungen ist die Aufsichtsbehörde darauf angewiesen, dass ihr von der beaufsichtigten Behörde auch Folge geleistet wird – selbst dann, wenn sie Gehorsam „auf bestimmte Weise und innerhalb eines bestimmten Zeitraums“ verlangt (Art. 58 Abs. 2 lit. d DSGVO bzw. Art. 47 Abs. 2 lit. b JIRL). Gewiss ist die angesprochene Behörde hierzu angesichts ihrer Bindung an Recht und Gesetz nach Art. 20 Abs. 3 GG verpflichtet. Gleichwohl stellt sich – und zwar in allen Datenschutzsphären – prinzipiell die Frage nach Durchsetzungsmöglichkeiten der Aufsichtsbehörde, sollte eine Behörde doch einmal die Grenzen ihres rechtlichen Dürfens überschreiten.

343 Zu denken ist zunächst an den **Verwaltungszwang**, da es um die Erzwingung von Handlungen, Duldungen oder Unterlassungen geht. Dafür braucht es zunächst einen befehlenden Verwaltungsakt, der in der Gestalt der aufsichtsbehördlichen Anordnung aber regelmäßig vorliegen wird (mit einem Vorbehalt bezüglich der unmittelbaren Bundes- und Landesverwaltung, dazu im Rechtsschutzzusammenhang → Rn. 351). In Betracht kämen hier vor allem Zwangsgelder, die gegen den Rechtsträger der beaufsichtigten Behörde zu verhängen wären. Allerdings nimmt das Vollstreckungsrecht des Bundes ebenso wie das der Länder die Behörden vom Verwaltungszwang gesetzlich

752 Einschließlich der Nachrichtendienste (unionsrechtsfreie Sphäre), da § 27 BVerfSchG, § 32 BNDG, § 13 MADG insoweit keine Ausnahme vom BDSG vorsehen.

753 Ähnlich § 14 Abs. 2 S. 1 Nr. 1 HDSIG, § 58 Abs. 5 S. 2 Nr. 1 NDSG.

754 Hier ist die Kommunalaufsicht dann nur zu unterrichten: § 14 Abs. 2 S. 1 Nr. 2, S. 2 HDSIG, § 58 Abs. 5 S. 2 Nr. 2, S. 3 NDSG.

755 *Johannes/Weinhold*, Das neue Datenschutzrecht bei Polizei und Justiz, 2018, § 1 Rn. 116.

aus (vgl. nur § 17 VwVG), weil die Gesetzgebung insoweit auf die Rechtstreue der Behörden vertraut[756] und eine Aufweichung der Zuständigkeitsordnung vermeiden will. Zwangsgelder drohen insofern erst bei Nichtbefolgung einer verwaltungs*gerichtlichen* Entscheidung (§ 172 VwGO).

344 Effektiver dürfte demgegenüber jedenfalls im Selbstverwaltungsbereich eine Durchsetzung mithilfe der **Rechtsaufsicht** sein, die Maßnahmen bis hin zur Einsetzung eines Staatskommissars (zB nach § 124 GO NRW) treffen und dadurch die Erfüllung der Anordnung sicherstellen kann.

345 Denkbar wäre schließlich, dass die Aufsichtsbehörde selbst ein **Verwaltungsgericht** anruft. Ihr Rechtsschutzziel könnte ein – dann nach § 172 VwGO vollstreckbares – Leistungsurteil auf Befolgung oder ein Feststellungsurteil sein. Mangels eigener Zwangsmittel dürfte es der Aufsichtsbehörde hier auch nicht am Rechtsschutzbedürfnis fehlen; anzweifeln könnte man allerdings ihre Klagebefugnis, da ihr die Befugnisse der Idee nach nicht wie subjektive Rechte zustehen. Da es sich insoweit nicht um Prozessrecht handelt, kann eine solche Klagebefugnis aber auch jeweils landesgesetzlich eingeführt werden – so ließe sich die Vorschrift des § 19 Abs. 5 S. 2 HDSIG halten.[757]

3. Rechtsschutz gegen die Aufsichtsbehörde

a) Speziell geregelter Rechtsweg, § 20 BDSG

346 Auch den Behörden der Mitgliedstaaten ist durch Art. 78 DSGVO bzw. Art. 53 Abs. 1 JIRL (§ 61 Abs. 1 BDSG) die Garantie eines wirksamen Rechtsbehelfs gegen sie betreffende Maßnahmen der Aufsichtsbehörden eingeräumt – eine **Garantie**, die öffentlichen Stellen, die sich nicht auf Art. 19 Abs. 4 GG berufen können, in Deutschland normalerweise nicht zukommt.[758]

347 Im Streitverhältnis zwischen Behörde und Aufsichtsbehörde ist dabei – kraft der Prozessrechtskompetenz aus Art. 74 Abs. 1 Nr. 1 GG[759] – ausdrücklich und insoweit bundeseinheitlich der **Rechtsweg** zu den Verwaltungsgerichten

756 So deutlich zur Datenschutzaufsicht LT-Drs. (RP) 17/5703, S. 59.

757 Als Schaffung einer eigenen Klageart wäre die Vorschrift dagegen wohl kompetenzwidrig, → Rn. 357.

758 Vgl. Paal/Pauly/*Frenzel*, § 20 BDSG Rn. 5.

759 So auch RegE BDSG, BT-Drs. 18/11325, S. 72.

eröffnet worden (§ 20 Abs. 1 S. 1 BDSG),[760] so dass hier landesgesetzliche Regelungen kompetenziell ausgeschlossen sind (→ Rn. 356 f.). Nur für die gerichtliche Kontrolle der besonderen DSGVO-Untersphären des Finanz- und des Sozialdatenschutzes (→ Rn. 17 ff. bzw. 21 ff.) sind Sonderregelungen getroffen worden: Zwar nicht für den gesamten Zuständigkeitsbereich der Sozialgerichtsbarkeit, wohl aber für den allergrößten Teil davon (Angelegenheiten nach § 51 Abs. 1 und 2 SGG) macht § 81 a Abs. 1 S. 1 SGB X eine Gegenausnahme,[761] während im Übrigen auch sozialdatenschutzrechtliche Streitigkeiten vor die Verwaltungsgerichte zu bringen sind (§ 81 a Abs. 1 S. 2 SGB X). Für Streitigkeiten über die Datenverarbeitung im Bereich des Steuergeheimnisses eröffnet § 32 i Abs. 1 AO den Finanzrechtsweg.

348 Für den Verwaltungsrechtsstreit mit einer Aufsichtsbehörde gelten einige **prozessuale Spezialregelungen**. Dies betrifft zunächst die Beteiligtenkonfiguration: Dem als Rechtsperson gedachten Kläger/Antragsteller ist die Aufsichtsbehörde selbst als Beklagte/Antragsgegnerin gegenüberstellt (**Behördenprinzip**, § 20 Abs. 4, 5 S. 1 Nr. 2 BDSG[762]). Die örtliche Gerichtszuständigkeit richtet sich sodann ausschließlich[763] nach dem Sitz der Aufsichtsbehörde (§ 20 Abs. 3 BDSG[764] – für den gesamten Bundesbereich daher VG Köln, FG Köln bzw. SG Köln[765]). Soweit die Anfechtungsklage stattfindet, wird insoweit bundeseinheitlich vom Widerspruchsverfahren abgesehen (§ 20 Abs. 6 BDSG[766]) und überdies eine Anordnung der sofortigen Vollziehung ausgeschlossen (§ 20 Abs. 7 BDSG[767]).[768]

760 Die in § 20 Abs. 1 S. 2 BDSG für Bußgeldverfahren gemachte Ausnahme betrifft die Behörden nicht, → Rn. 99.

761 Offen gelassen wurde allerdings die funktionale Zuständigkeit einer Fachkammer; zum Problem *Bischofs*, SGb 2019, 76.

762 Entsprechend: § 81 a Abs. 4, 5 S. 1 Nr. 2 SGB X, § 32 i Abs. 6 Nr. 2 AO. Die AO verzichtet – wie auch die FGO – auf eine ausdrückliche Regelung der Beteiligungsfähigkeit wie in § 20 Abs. 4 BDSG, § 81 a Abs. 4 SGB X. Diese dürfte neben der Anordnung der Beteiligung als solcher aber ohnehin entbehrlich sein.

763 Eine punktuelle Gegenausnahme enthält nur § 81 a Abs. 3 SGB X für Datenverarbeitungen in Angelegenheiten des sozialen Entschädigungsrechts oder des Schwerbehindertenrechts, wo die Sonderregelung nur für Klagen eines Landes gelten soll.

764 Entsprechend: § 32 i Abs. 5 S. 1 AO, § 81 a Abs. 3 SGB X.

765 Wegen § 8 Abs. 1 S. 2 BDSG (Dienstsitz Bonn) gemäß § 17 Nr. 5, § 18 Nr. 2 bzw. § 20 Abs. 2 Nr. 7 JustG NRW. Zum FG ebenso *Myßen/Kraus*, DB 2017, 1860 (1871).

766 Entsprechend: § 32 i Abs. 9 AO, § 81 a Abs. 6 SGB X.

767 Entsprechend: § 32 i Abs. 10 AO, § 81 a Abs. 7 SGB X.

768 Die Vorschrift lautet insoweit „darf […] nicht". Verstünde man dies technisch als Dürfens-, nicht als Könnensbeschränkung, dann wäre eine entsprechende Anordnung der Aufsichtsbehörde wirksam, aber im Verfahren nach § 80 Abs. 5 S. 1 Var. 2 VwGO aufhebbar.

Zwei **prozessuale Besonderheiten** ergeben sich, wenn Aufsichtsbehörde und beaufsichtigte Behörde zum selben Rechtsträger gehören, ihr Verhältnis sich also **innerhalb**[769] **der unmittelbaren Bundes- und Landesverwaltung** bewegt:[770] 349

- Zunächst liegt hier weder die gewöhnliche Konstellation eines Gegenüberstehens *verschiedener* Rechtssubjekte im Sinne von § 61 VwGO, § 70 SGG (und sei das eine Rechtssubjekt kraft Spezialregelung eine Behörde) noch die ebenfalls anerkannte Konstellation eines Gegenüberstehens von Organen *desselben* Rechtssubjekts (verwaltungsrechtlicher Organstreit) vor. Vielmehr tritt hier ein Verwaltungsträger *seinem eigenen Organ* entgegen – das ist gewiss nicht rechtsstrukturell ausgeschlossen, aber doch ungewöhnlich.[771] Angesichts des erkennbaren Willens der Gesetzgebung, die DSGVO-Anforderungen einschließlich des Art. 78 umzusetzen,[772] wird man allerdings davon ausgehen müssen, dass ein solcher Rechtsstreit möglich ist.[773] Ein grundsätzlich unzulässiger In-sich-Prozess[774] liegt nicht vor, weil ja gerade nicht der Rechtsträger mit sich selbst, sondern mit einer *anderen* Stelle (die ihm nur eben vermögensmäßig usw zugerechnet wird) im Streit liegt.[775] 350

Verbreiteter ist wohl die Deutung als Könnensbeschränkung, etwa bei Paal/Pauly/*Frenzel*, § 20 BDSG Rn. 12 f.

769 Soweit Landes(finanz)behörden gemäß § 32 Abs. 1 S. 1, Abs. 3 AO vom Bundesbeauftragten für Datenschutz und Informationsfreiheit beaufsichtigt werden, gehören zwar beide Seiten zur unmittelbaren Staatsverwaltung, aber nicht zu *derselben*.

770 Anders wäre es, wenn der Bund oder ein Land seine Aufsichtsbehörde mit Rechtsfähigkeit ausstatten, also zum eigenen Verwaltungsträger aufwerten sollte. Das ist bislang aber nirgends geschehen. In Schleswig-Holstein ist das Unabhängige Landeszentrum für Datenschutz zwar eine rechtsfähige Anstalt des öffentlichen Rechts (gemäß § 1 Errichtungsgesetz ULD v. 2.5.2018, GVOBl., 162), doch berufen §§ 17, 71 DSG SH nicht die Anstalt, sondern deren Organ – die oder den Landesbeauftragte(n) – zur Aufsichtsbehörde.

771 Ähnlich sind immerhin die Situationen, dass ein Land für einen eigenen Betrieb gewerblicher Art (§ 1 Abs. 1 Nr. 6, § 4 KStG – als Steuersubjekt gilt hier der Rechtsträger, vgl. *Hidien*, in: Hidien/Jürgens [Hrsg.], Die Besteuerung der öffentlichen Hand, 2017, § 4 Rn. 15) gegen ein eigenes Finanzamt (§ 63 FGO) oder dass die Bundesnetzagentur als Bundesoberbehörde gegen den Bund klagt (§ 4 Abs. 3 a BEVVG – vgl. *Ludwigs*, NVwZ 2016, 1665 [1670]; die Gesetzesbegründung ist hinsichtlich des Beklagten, für den das Rechtsträgerprinzip gelten müsste, leider unscharf, siehe BT-Drs. 18/8334 [2016], 264).

772 Vgl. RegE BDSG, BT-Drs. 18/11325, S. 93.

773 Ebenso im Ergebnis Paal/Pauly/*Frenzel*, § 20 BDSG Rn. 5.

774 Vgl. BVerwGE 31, 263 [1969]; 45, 207 [1974]; sa RegE VwGO, BT-Drs. III/55, S. 37; *Schenke*, Verwaltungsprozessrecht, 16. Aufl., 2019, Rn. 528 ff.

775 Ebenso Paal/Pauly/*Frenzel*, § 20 BDSG Rn. 9.

Ohnehin anders stellt sich die Lage im Finanzprozessrecht dar, wo regelmäßig die Finanzbehörden selbst als beteiligungsfähig gelten (vgl. § 63 FGO) und ein Rechtsstreit mit dem Bundesbeauftragten als Aufsichtsbehörden dann auf beiden Seiten sich auf Organebene abspielen würde.[776]

351 ■ Das Folgeproblem stellt sich dann bei der Suche nach der richtigen Klageart: Ein Verwaltungsakt im Sinne einer Regelung mit Rechtswirkung nach außen (vgl. § 35 S. 1 VwVfG)[777] wird normalerweise nur angenommen, wenn zwischen erlassender und empfangender Stelle die Personengrenze gekreuzt wird;[778] just das passiert in der fraglichen Konstellation *innerhalb* der unmittelbaren Bundes- bzw. Landesverwaltung aber nicht.[779] Für diese sonst kaum vorkommende Fallgestaltung sollte man erwägen, das Verwaltungsaktsmerkmal der Rechtswirkung nach außen dahin zu präzisieren, dass die beteiligten Stellen nicht unbedingt zu juristischen Personen (mit voller Zivilrechtsfähigkeit und eigenem Haushalt) verselbständigt sein müssen, sondern dass es genügt, wenn das Gesetz die *prozessuale* Verselbständigung ausspricht.[780]

b) Zulässigkeitsanforderungen

352 Die **Klagearten** für ein Vorgehen gegen die Aufsichtsbehörde richten sich im Übrigen nach den allgemeinen Regeln.

353 Gegen Verwaltungsakte – wie sie jedenfalls im Verhältnis zu anderen Verwaltungsträgern, insbesondere also zur gesamten mittelbaren Bundes- und Landesverwaltung einschließlich der Kommunen, unproblematisch vorliegen – ist die Anfechtungsklage nach § 42 Abs. 1 Var. 1 VwGO (§ 40 Abs. 1 Var. 1 FGO, § 54 Abs. 1 S. 1 Var. 1 SGG) ohne Weiteres statthaft. Das gilt dann namentlich für die Anforderung von Informationen, das Verbot von Verarbeitungen und die Anordnung von Handlungen (→ Rn. 338) als befehlende Verwaltungsakte und womöglich auch für die Warnung oder Verwarnung, soweit man diese als feststellende Verwaltungsakte qualifiziert

776 Offener wohl *BMF*, Schreiben v. 12.1.2018 – IV A 3-S 0030/16/10004-07, Rn. 109, wonach „die betroffene Finanzbehörde oder [!] ihr Rechtsträger" klagebefugt sei.

777 Zu Qualifikationsfragen *Rusteberg*, ZJS 2012, 449.

778 Vgl. nur Stelkens/Bonk/Sachs/*Stelkens*, VwVfG, 9. Aufl., 2018, § 35 Rn. 146, 191.

779 Die Gesetzgebung könnte auch dieses Problem einfach vermeiden, indem sie die Aufsichtsbehörden rechtlich verselbständigte, s. o. Fn. 820.

780 Vgl. zur Problematik auch Stelkens/Bonk/Sachs/*Stelkens*, VwVfG, 9. Aufl., 2018, § 35 Rn. 190 mwN; dort das Kriterium, ob „eine vergleichbare Maßnahme auch gegenüber einem Privaten hätte ergehen können" (Herv. nicht übernommen).

(→ Rn. 336). Hier ist nicht zuletzt auf die Klagefrist zu achten (§ 74 VwGO, § 47 FGO, § 87 SGG).

Gegen andere Maßnahmen – namentlich Betretung, Ermahnung – kann allgemeine Feststellungsklage nach § 43 Abs. 1 VwGO (§ 41 Abs. 1 FGO, § 55 Abs. 1 Nr. 1 SGG) oder allgemeine Leistungsklage erhoben werden, je nachdem, ob es im Schwerpunkt um die Bewertung einer konkreten (vergangenen oder gegenwärtigen) Maßnahme oder um die Verhinderung eines künftigen Handelns der Aufsichtsbehörde geht. 354

Die **Klagebefugnis** der beaufsichtigten Behörde ergibt sich in jedem Fall zumindest aus Art. 78 DSGVO bzw. aus Art. 53 Abs. 1 JIRL (§ 61 Abs. 1 BDSG).[781] Der grundrechtsgestützte Adressatengedanke verfängt im Verhältnis zwischen Hoheitsträgern dagegen nicht. 355

c) Ergänzendes Landesrecht

Spezialregelungen des Landesrechts werfen die Frage auf, ob den Ländern angesichts der erschöpfenden Bundesregelungen auf dem Gebiet der konkurrierenden Gesetzgebungszuständigkeit nach Art. 74 Abs. 1 Nr. 1 GG dafür überhaupt eine Kompetenz verbleibt. Gemäß Art. 72 Abs. 1 GG ist dies normalerweise hinsichtlich der Beteiligungsfähigkeit (§ 61 Nr. 3 VwGO), der Beklagtenzuständigkeit (§ 78 Abs. 1 Nr. 2 VwGO) und des Vorverfahrens (§ 68 Abs. 1 S. 2 Var. 1 VwGO) der Fall. Doch werden im datenschutzbezogenen Sonderverwaltungsprozessrecht diese Öffnungsklauseln durch § 20 Abs. 4–6 BDSG gerade verdrängt. Für landesgesetzliche Bestimmungen wie § 20 Abs. 3 S. 1, § 57 Abs. 8 S. 1 NDSG,[782] § 31 b Abs. 3 DSG LSA[783] dürfte daher kein Raum sein. Gegenstandslos, wenn auch in der Sache unschädlich, sind dementsprechend auch landesgesetzliche Verweisungen auf § 20 BDSG.[784] 356

Keine Gesetzgebungskompetenz haben die Länder auch für die Einführung zusätzlicher, der VwGO nicht bekannter Klagearten. Soweit das hessische Landesrecht der Aufsichtsbehörde einen Weg eröffnen möchte, bei Nichtbe- 357

781 Vgl. Sydow/*Sydow*, Art. 78 DSGVO Rn. 41 f. mwN zu verschiedenen Konstruktionen mit im Wesentlichen gleichem Ergebnis.

782 Wortlaut jeweils: „Auch Behörden und sonstige öffentliche Stellen des Landes können gerichtlich gegen sie betreffende verbindliche Entscheidungen der von der oder dem Landesbeauftragten für den Datenschutz geleiteten Behörde vorgehen."

783 Wortlaut: „Auch eine Landesbehörde kann gegen eine sie betreffende Anordnung des Landesbeauftragten für den Datenschutz Anfechtungsklage erheben."

784 § 20 BbgDSG, § 19 Abs. 2 HDSIG, § 9 Abs. 1 S. 2 ThürDSG.

achtung ihrer Entscheidungen durch deren Adressaten „die gerichtliche Feststellung der Rechtmäßigkeit der getroffenen verbindlichen Entscheidung [zu] beantragen" (§ 19 Abs. 5 S. 2 HDSIG), dürfte dies als Schaffung einer besonderen Klageart unwirksam sein. Die Aufsichtsbehörde kann höchstens – sofern sie dafür beteiligungsfähig gestellt ist – gemäß § 43 Abs. 1 Var. 1 VwGO gegen den Adressaten ihrer Entscheidung eine allgemeine Feststellungsklage mit dem Antrag erheben festzustellen, es bestehe zwischen ihnen ein Rechtsverhältnis des Inhalts, dass der Adressat der Entscheidung Folge zu leisten verpflichtet sei; hierfür kommt die hessische Regelung dann als Zuerkennung einer Klagebefugnis in Betracht (vgl. → Rn. 345).

Ausgewähltes Schrifttum

1. Gesetzgebungsmaterialien

a) Bund

Gesetzentwurf der Bundesregierung, Entwurf eines Gesetzes zur Anpassung des Datenschutzrechts an die Verordnung (EU) 2016/679 und zur Umsetzung der Richtlinie (EU) 2016/680 (Datenschutz-Anpassungs- und -Umsetzungsgesetz EU – DSAnpUG-EU), 24.2.2017, BT-Drs. 18/11325 (ua Begründung zum BDSG).

Stellungnahme des Bundesrates und Gegenäußerung der Bundesregierung, Entwurf eines Gesetzes zur Anpassung des Datenschutzrechts an die Verordnung (EU) 2016/679 und zur Umsetzung der Richtlinie (EU) 2016/680 (Datenschutz-Anpassungs- und -Umsetzungsgesetz EU – DSAnpUG-EU), 23.3.2017, BT-Drs. 18/11655.

Beschlussempfehlung und Bericht des Ausschusses für Arbeit und Soziales (11. Ausschuss) zu dem Gesetzentwurf der Bundesregierung – Drucksachen 18/12041, 18/12481 –, Entwurf eines Gesetzes zur Änderung des Bundesversorgungsgesetzes und anderer Vorschriften, 31.5.2017, BT-Drs. 18/12611 (ua Begründungen zum neuen Datenschutzrecht in AO und SGB X).

Gesetzentwurf der Bundesregierung, Entwurf eines Zweiten Gesetzes zur Anpassung des Datenschutzrechts an die Verordnung (EU) 2016/679 und zur Umsetzung der Richtlinie (EU) 2016/680 (Zweites Datenschutz-Anpassungs- und -Umsetzungsgesetz EU – 2. DSAnpUG-EU), 1.10.2018, BT-Drs. 19/4674.

b) Länder

Baden-Württemberg: Gesetzentwurf der Landesregierung, Gesetz zur Anpassung des allgemeinen Datenschutzrechts und sonstiger Vorschriften an die Verordnung (EU) 2016/679, 19.4.2018, LT-Drs. 16/3930.

Bayern: Gesetzentwurf der Staatsregierung für ein Bayerisches Datenschutzgesetz, 12.12.2017, LT-Drs. 17/19628.

Berlin: Antrag der Fraktion SPD, der Fraktion Die Linke und der Fraktion Bündnis 90/Die Grünen, Gesetz zur Anpassung des Berliner Datenschutzgesetzes und weiterer Gesetze an die Verordnung (EU) 2016/679 und zur Umsetzung der Richtlinie (EU) 2016/680 (Berliner Datenschutz-Anpassungs-

und -Umsetzungsgesetz EU – BlnDSAnpUG-EU), 9.5.2018, AGH-Drs. 18/1033.

Brandenburg: Gesetzentwurf der Landesregierung, Entwurf eines Gesetzes zur Anpassung des Allgemeinen Datenschutzrechts an die Verordnung (EU) 2016/679 und zur Umsetzung der Richtlinie (EU) 2016/680, 15.9.2017, LT-Drs. 6/7365.

Bremen: Mitteilung des Senats, Entwurf eines Bremischen Ausführungsgesetzes zur EU-Datenschutzgrundverordnung, 30.1.2018, Bürgerschafts-Drs. 19/1501.

Hamburg: Mitteilung des Senats an die Bürgerschaft, Entwurf eines Gesetzes zur Anpassung des Hamburgischen Datenschutzgesetzes sowie weiterer Vorschriften an die Verordnung (EU) 2016/679, 16.1.2018, Bürgerschafts-Drs. 21/11638.

Hessen: Gesetzentwurf der Fraktionen der CDU und BÜNDNIS 90/DIE GRÜNEN für ein Hessisches Gesetz zur Anpassung des Hessischen Datenschutzrechts an die Verordnung (EU) Nr. 2016/679 und zur Umsetzung der Richtlinie (EU) Nr. 2016/680 und zur Informationsfreiheit, 5.12.2017, LT-Drs. 19/5728.

Mecklenburg-Vorpommern: Gesetzentwurf der Landesregierung, Entwurf eines Gesetzes zur Anpassung des Landesdatenschutzgesetzes und weiterer datenschutzrechtlicher Vorschriften im Zuständigkeitsbereich des Ministeriums für Inneres und Europa Mecklenburg-Vorpommern an die Verordnung (EU) 2016/679 und zur Umsetzung der Richtlinie (EU) 2016/680, 12.1.2018, LT-Drs. 7/1568(neu).

Niedersachsen: Gesetzentwurf [der Landesregierung], Entwurf eines Gesetzes zur Neuordnung des niedersächsischen Datenschutzrechtes, 28.3.2018, LT-Drs. 18/548.

Nordrhein-Westfalen: Gesetzentwurf der Landesregierung, Entwurf eines Gesetzes zur Anpassung des allgemeinen Datenschutzrechts an die Verordnung (EU) 2016/679 und zur Umsetzung der Richtlinie (EU) 2016/680 (Nordrhein-Westfälisches Datenschutz-Anpassungs- und Umsetzungsgesetz EU – NRWDSAnpUG-EU), 20.2.2018, LT-Drs. 17/1981.

Rheinland-Pfalz: Gesetzentwurf der Landesregierung, Landesdatenschutzgesetz (LDSG), 16.3.2018, LT-Drs. 17/5703.

Saarland: Gesetzentwurf der Regierung des Saarlandes, Gesetz zur Anpassung des Saarländischen Datenschutzgesetzes an die Verordnung (EU) 2016/679, 7.3.2018, LT-Drs. 16/279.

Sachsen: Gesetzentwurf der Staatsregierung, Gesetz zur Anpassung landesrechtlicher Vorschriften an die Verordnung (EU) 2016/679 des Europäischen Parlaments und des Rates vom 27. April 2016 zum Schutz natürlicher Personen bei der Verarbeitung personenbezogener Daten, zum freien Datenverkehr und zur Aufhebung der Richtlinie 95/46/EG, 29.9.2017, LT-Drs. 6/10918.

Sachsen-Anhalt: Gesetzentwurf Landesregierung, Entwurf eines Gesetzes zur Umsetzung der Richtlinie (EU) 2016/680 und zur Anpassung von bereichsspezifischen Datenschutzvorschriften an die Richtlinie (EU) 2016/680 sowie zur Regelung der Datenschutzaufsicht im Bereich des Verfassungsschutzes, 31.7.2018, LT-Drs. 7/3207.

Schleswig-Holstein: Gesetzentwurf der Landesregierung, Entwurf eines Gesetzes zur Anpassung des Datenschutzrechts an die Verordnung (EU) 2016/679 und zur Umsetzung der Richtlinie (EU) 2016/680, 10.1.2018, LT-Drs. 19/429.

Thüringen: Gesetzentwurf der Landesregierung, Thüringer Gesetz zur Anpassung des Allgemeinen Datenschutzrechts an die Verordnung (EU) 2016/679 und zur Umsetzung der Richtlinie (EU) 2016/680 (Thüringer Datenschutz-Anpassungs- und -Umsetzungsgesetz EU – ThürDSAnpUG-EU -), 17.1.2018, LT-Drs. 6/4943.

2. Kommentare und Handbücher

Auernhammer	Auernhammer, Herbert (Begr.), Datenschutz-Grundverordnung, Bundesdatenschutzgesetz und Nebengesetze. Kommentar, hrsg. von Martin Eßer/Philipp Kramer/Kai von Lewinski, 6. Aufl., Köln 2018.
BeckOK DatenschutzR	Wolff, Heinrich Amadeus/Brink, Stefan (Hrsg.), Beck'scher Online-Kommentar Datenschutzrecht.
Gierschmann	Gierschmann, Sibylle/Schlender, Katharina/Stentzel, Rainer/Veil, Winfried (Hrsg.), Kommentar Datenschutz-Grundverordnung, Köln 2018.
Gola	Gola, Peter (Hrsg.), Datenschutz-Grundverordnung. VO (EU) 2016/679. Kommentar, 2. Aufl., München 2018.
HdbDSR	Specht, Louisa/Mantz, Reto (Hrsg.), Handbuch Europäisches und deutsches Datenschutzrecht. Bereichsspezifischer Datenschutz in Privatwirtschaft und öffentlichem Sektor, München 2019.

Kühling/Buchner	Kühling, Jürgen/Buchner, Benedikt (Hrsg.), Datenschutz-Grundverordnung/BDSG. Kommentar, 2. Aufl., München 2018.
Paal/Pauly	Paal, Boris/Pauly, Daniel (Hrsg.), Datenschutz-Grundverordnung/Bundesdatenschutzgesetz. Kompakt-Kommentar, 2. Aufl., München 2018.
Schaffland	Schaffland, Hans-Jürgen (Hrsg.), Datenschutz-Grundverordnung (DS-GVO). Kommentar, Berlin 1977ff. (Loseblatt).
Simitis/Hornung/ Spiecker	Simitis, Spiros/Hornung, Gerrit/Spiecker genannt Döhmann, Indra (Hrsg.), Datenschutzrecht. DSGVO mit BDSG, Baden-Baden 2019.
Sydow	Sydow, Gernot (Hrsg.), Bundesdatenschutzgesetz. Handkommentar, Baden-Baden 2019 (im Erscheinen).
	Sydow, Gernot (Hrsg.), Europäische Datenschutzgrundverordnung. Handkommentar, 2. Aufl., Baden-Baden 2018.

3. Spezialliteratur zum Verwaltungsdatenschutzrecht

a) DSGVO-Sphäre

Berger, Ariane, Die Datenschutzgrundverordnung – Herausforderung für die Kommunen, Der Landkreis 2017, 693–698.

Bock, Kirsten, Datenschutz in der Verwaltung von Bund, Ländern und Kommunen, in: Louisa Specht/Reto Mantz (Hrsg.), Handbuch Europäisches und deutsches Datenschutzrecht. Bereichsspezifischer Datenschutz in Privatwirtschaft und öffentlichem Sektor, München 2019, § 20.

Brendle-Weith, Anne-Katrin, Datenschutz im Besteuerungsverfahren. Anpassungen der Abgabenordnung an die DS-GVO, ZD 2019, 112–116.

Golla, Sebastian, Datenschutz in Forschung und Hochschullehre, in: Louisa Specht/Reto Mantz (Hrsg.), Handbuch Europäisches und deutsches Datenschutzrecht. Bereichsspezifischer Datenschutz in Privatwirtschaft und öffentlichem Sektor, München 2019, § 23.

Freund, Renate/Shagdar, Ariunzaya, Sozialdatenschutz – europäisch? Sozialdatenschutzrecht im Lichte der Datenschutz-Grundverordnung, SGb 2018, 195–205 (Teil I), 267–279 (Teil II).

Kipker, Dennis-Kenji/Pollmann, Maren, Sozialdatenschutz, in: Louisa Specht/Reto Mantz (Hrsg.), Handbuch Europäisches und deutsches Datenschutzrecht. Bereichsspezifischer Datenschutz in Privatwirtschaft und öffentlichem Sektor, München 2019, § 26.

Krumm, Marcel, Grundfragen des steuerlichen Datenverarbeitungsrechts, DB 2017, 2182–2195.

Kugelmann, Dieter, Anwendungsbereich und Spielräume der Landesdatenschutzgesetze, in: Seckelmann, Margrit (Hrsg.), Digitalisierte Verwaltung – Vernetztes E-Government, 2. Aufl., 2019, Kap. 18 = S. 423–438 (enthält auch Ausführungen zur JIRL).

Lück, Dominik, Datenschutzreform 2018 – Auswirkungen auf die kommunale Praxis, KommJur 2018, 81–86.

Martens, Kay-Uwe, Anwendungsbereich des Entwurfs der Datenschutz-Grundverordnung im öffentlichen Bereich. Dateibegriff führt zur praktischen Bedeutungslosigkeit, PinG 2015, 213–219.

Meinhold, Stefan, Informationszugangsrecht und Datenschutzgrundverordnung im Einklang, LKV 2018, 341–345.

Myßen, Michael/Kraus, Fabian, Steuerliches Datenschutzrecht: Verfahrensrechtsanpassung an die Datenschutz-Grundverordnung, DB 2017, 1860–1871.

Peifer, Markus, Auswirkungen der EU-Datenschutz-Grundverordnung auf öffentliche Stellen, GewArch 2014, 142–146.

Reimer, Philipp, Verwaltungsdatenschutzrecht. Die behördliche Datenverarbeitung als Thema für das Allgemeine Verwaltungsrecht, DÖV 2018, 881–890.

Richter, Achim/Fries, Susanne, Datenschutz in Nordrhein-Westfalen. Praxis-Handbuch für Behörden und Verwaltung. Mit Erläuterungen zur neuen Europäischen Datenschutz-Grundverordnung, 2. Aufl., Regensburg 2017 (zum nordrhein-westfälischen Recht, mit gewissem Schwerpunkt auf dem Beschäftigtendatenschutz).

Roßnagel, Alexander (Hrsg.), Das neue Datenschutzrecht, 2018, § 7 (Datenschutz im öffentlichen Bereich).

Sassenberg, Elke, Datenschutz in Schule und Schulverwaltung, in: Louisa Specht/Reto Mantz (Hrsg.), Handbuch Europäisches und deutsches Datenschutzrecht. Bereichsspezifischer Datenschutz in Privatwirtschaft und öffentlichem Sektor, München 2019, § 24.

Steinhauer, Eric, Datenschutz in Kultureinrichtungen, Bibliotheken und Archiven, in: Louisa Specht/Reto Mantz (Hrsg.), Handbuch Europäisches und deutsches Datenschutzrecht. Bereichsspezifischer Datenschutz in Privatwirtschaft und öffentlichem Sektor, München 2019, § 25.

Wolff, Heinrich Amadeus, Dogmatische Umsetzungsfragen der europäischen Datenschutzreform aus der Sicht der Länder, BayVBl 2017, 797–801.

b) Richtliniensphäre

Albers, Marion, Sicherheitsbehördliche Vernetzung und Datenschutz, in: Seckelmann, Margrit (Hrsg.), Digitalisierte Verwaltung – Vernetztes E-Government, 2. Aufl., 2019, Kap. 23 = S. 509–534.

Bäcker, Matthias/Hornung, Gerrit, EU-Richtlinie für die Datenverarbeitung bei Polizei und Justiz in Europa, ZD 2012, 147–152.

Piltz, Carlo, Die neuen Protokollierungspflichten nach der Richtlinie 2016/680/EU für öffentliche Stellen. Darstellung und kritische Reflektion der Umsetzungsvorschläge auf Bundes- und Landesebene, NVwZ 2018, 696–702.

Roggenkamp, Jan Dirk, Datenschutz und präventive Tätigkeit der Polizei, in: Louisa Specht/Reto Mantz (Hrsg.), Handbuch Europäisches und deutsches Datenschutzrecht. Bereichsspezifischer Datenschutz in Privatwirtschaft und öffentlichem Sektor, München 2019, § 21.

Schwichtenberg, Simon, Die „kleine Schwester" der DSGVO: Die Richtlinie zur Datenverarbeitung bei Polizei und Justiz, DuD 2016, 605–609.

Weinhold, Robert/Johannes, Paul C., Europäischer Datenschutz in Strafverfolgung und Gefahrenabwehr – Die neue Datenschutz-Richtlinie im Bereich Polizei und Justiz sowie deren Konsequenzen für deutsche Gesetzgebung und Praxis, DVBl 2016, 1501–1506.

Weinhold, Robert/Johannes, Paul C., Das neue Datenschutzrecht bei Polizei und Justiz. Europäisches Datenschutzrecht und deutsche Datenschutzgesetze, Baden-Baden 2018.

Wysk, Peter, Tausche Freiheit gegen Sicherheit? Die polizeiliche Videoüberwachung im Visier des Datenschutzes, VerwArch 109 (2018), S. 141–162.

c) Auf der Grundlage des bisherigen Rechts (Auswahl)

Albers, Marion, Umgang mit personenbezogenen Informationen und Daten, in: Wolfgang Hoffmann-Riem/Eberhard Schmidt-Aßmann/Andreas Voßkuhle (Hrsg.), Grundlagen des Verwaltungsrechts, Bd. 2, 2. Aufl., München 2012, § 22.

Engelien-Schulz, Thomas, Zu den Prinzipien und Grundsätzen des bereichsspezifischen und allgemeinen Datenschutzrechts, VR 2009, 366–374 (sehr praxisnah, für einen allerersten Überblick und zumindest insoweit nicht durchgehend überholt).

Forgó, Nikolaus/Krügel, Tina/Rapp, Stefan, Zwecksetzung und informationelle Gewaltenteilung. Ein Beitrag zu einem datenschutzgerechten E-Government, Baden-Baden 2006.

Holznagel, Bernd, Informationsbeziehungen in und zwischen Behörden, in: Wolfgang Hoffmann-Riem/Eberhard Schmidt-Aßmann/Andreas Voßkuhle (Hrsg.), Grundlagen des Verwaltungsrechts, Bd. 2, 2. Aufl., München 2012, § 24, bes. Rn. 74 ff.

Kuhrau, Sascha, Datenschutz in der Verwaltungspraxis. Lexikalische Arbeitshilfe für die Praxis, Heidelberg 2016.

Wohlfarth, Jürgen/Eiermann, Helmut/Schaust, Michael, Datenschutz in der Gemeinde. Recht, Informationstechnik, Organisation, 2. Aufl., Baden-Baden 2016.

Yildirim, Nuriye, Datenschutz im Electronic Government, Wiesbaden 2004.

Zilkens, Martin, Datenschutz in der Kommunalverwaltung. Recht – Technik – Organisation, 4. Aufl., Berlin 2014.

Stichwortverzeichnis

Die Zahlen bezeichnen die Randnummern.

Kolibri 360 GmbH
Ferdinand-Jühlke-Straße 7
99095 Erfurt, Deutschland
produktsicherheit@kolibri360.de